权威·前沿·原创

皮书系列为
"十二五""十三五""十四五"时期国家重点出版物出版专项规划项目

BLUE BOOK

智 库 成 果 出 版 与 传 播 平 台

都市圈蓝皮书

BLUE BOOK OF METROPOLITAN AREA

成都都市圈建设报告（2023）

REPORT ON THE CONSTRUCTION OF CHENGDU IN METROPOLITAN AREA (2023)

主　　编／杨开忠　姚　凯　李　好
执行主编／廖茂林　周　灵　卢晓莉

社会科学文献出版社
SOCIAL SCIENCES ACADEMIC PRESS (CHINA)

图书在版编目（CIP）数据

成都都市圈建设报告 . 2023 / 杨开忠，姚凯，李好
主编 . --北京：社会科学文献出版社，2024.3
　（都市圈蓝皮书）
　ISBN 978-7-5228-3257-9

　Ⅰ.①成…　Ⅱ.①杨…②姚…③李…　Ⅲ.①城市群
-区域经济一体化-研究报告-成都-2023　Ⅳ.
①F299.277.11

中国国家版本馆 CIP 数据核字（2023）第 257079 号

都市圈蓝皮书

成都都市圈建设报告（2023）

主　　编／杨开忠　姚　凯　李　好
执行主编／廖茂林　周　灵　卢晓莉

出 版 人／冀祥德
组稿编辑／张雯鑫
责任编辑／张　超
责任印制／王京美

出　　版／社会科学文献出版社·皮书出版分社（010）59367127
　　　　　地址：北京市北三环中路甲 29 号院华龙大厦　邮编：100029
　　　　　网址：www.ssap.com.cn
发　　行／社会科学文献出版社（010）59367028
印　　装／天津千鹤文化传播有限公司

规　　格／开　本：787mm×1092mm　1/16
　　　　　印　张：15.75　字　数：236 千字
版　　次／2024 年 3 月第 1 版　2024 年 3 月第 1 次印刷
书　　号／ISBN 978-7-5228-3257-9
定　　价／249.00 元

读者服务电话：4008918866

王　俊（苏州市社会科学院）

廖祖君（四川省社会科学院）

彭劲松（重庆市社会科学院）

边继云（河北省社会科学院）

孙传旺（厦门大学）

曾献君（福建理工大学）

钱　慧（上海同济城市规划设计研究院）

刘培学（南京财经大学）

王　楠（北京工商大学）

李京倍（简阳市社会科学界联合会）

刘　丽（重庆市第二师范学院）

编制单位　中国社会科学院生态文明研究所
成都市社会科学院

指导单位　四川省同城化办公室

主要编撰者简介

杨开忠 经济学博士，国际欧亚科学院院士，享受国务院政府特殊津贴专家。主要从事空间经济学与区域科学、城镇化和区域发展、生态文明研究。现任中国社会科学院习近平生态文明思想研究中心主任，中国社会科学院生态文明研究所党委书记、研究员，中国社会科学院国家未来城市实验室理事长，北京大学教授，兼任中国区域科学协会会长、中国区域经济学会副会长、全国国土空间规划编制专家、国家气候变化专家委员会委员、北京专家联谊会副理事长、北京市社会科学界联合会常务理事等职。曾任国家中长期科学技术规划纲要起草小组成员、国家规划专家委员会委员、北京大学秘书长、北京大学校务委员会副主任兼秘书长、首都经济贸易大学副校长、北京市发展和改革委员会副主任兼北京市经济与社会发展研究所所长等职。主持完成国家重点研发计划应急项目、国家社会科学基金重大项目等多项，发表或出版学术论著300多篇（部），曾获多项省部级及以上奖励。

姚　凯 成都市社科联（院）一级巡视员，曾任成都市社科联（院）党组书记、副主席（院长），成都市成华区委政研室副主任，成都市成华区委政研室（体改委）主任，成都市成华区教育局党组书记、局长，成都市成华区委常委、宣传部长，成都市金牛区委常委、组织部长，成都市金牛区委常委、常务副区长，成都市教育局党组副书记、副局长，成都工业职业技术学院党委书记等职。

李　好　经济学博士，成都市社科联（院）党组成员、副主席、副院长，美国约翰·霍普金斯大学访问学者。主要研究方向为国际经济学和区域经济学。主研完成国家社会科学基金重大项目 1 项、一般项目 2 项；主持完成省部级课题 10 余项。在《人民日报》《中国社会科学报》《亚太经济》等报刊发表论文 50 余篇，在人民出版社、中国社会科学出版社等出版学术专著 8 部、教材 1 部。研究成果获教育部高等学校科学研究优秀成果奖（人文社会科学）三等奖 1 项，四川省社会科学优秀成果奖等其他省部级一等奖 1 项、二等奖 1 项、三等奖 6 项；教学成果获省部级二等奖 1 项。咨政报告获得省部级以上领导签批 30 余篇，被《国家高端智库成果要报》以及中办、国办及部委、省委重要内参采纳 10 余篇。

廖茂林　经济学博士，副研究员，中国社会科学院生态文明研究所可持续发展经济学研究室副主任，中国社会科学院大学硕士生导师，英国皇家国际事务研究所（Chatham House）访问学者，中国社会科学院生态文明研究智库国际部副主任，中国社会科学院所级国情调研基地负责人，机械工业环保产业发展中心专家委员会委员。在《管理世界》《中国人口·资源与环境》《城市发展研究》等中文核心期刊和 *Journal of Environmental Management*、*Applied Ecology and Environmental Research* 等英文 SCI/SSCI 期刊发表论文 70 余篇，多篇成果被人大复印报刊资料转载。担任《系统工程理论与实践》、《中国行政管理》、*International Journal of Natural Resource Ecology and Management* 等期刊审稿专家。独立主持国家自然科学基金面上项目、国家高端智库重点项目、国家社科重大项目子课题等研究项目，获中国社会科学院优秀对策信息类三等奖 5 项。主要研究方向为可持续发展城市建设和绿色发展，主要研究成果有《基础设施投资是否还能促进经济增长？》等。

周　灵　经济学博士，研究员，成都市社会科学院科研处处长，中国城市经济学会公园城市专委会秘书长。主要研究方向为环境经济学和产业经济学。作为主研人员参与完成国家社会科学基金项目 2 项，主持和参与完成省部级项目 7 项，主持完成市级项目 20 余项。在《财经理论与实践》《经济体制改革》《经济问题探索》等期刊发表论文 20 余篇，出版专著 5 部。获四川省社会科学优秀成果三等奖 2 项，成都市社会科学优秀成果一等奖 3 项、三等奖 1 项。主要研究成果有《经济发展方式转变框架下的环境规制研究》（专著）、《瑞士低碳城市发展实践与经验研究》（专著）、《环境规制对企业技术创新的影响机制研究——基于经济增长视角》（论文）等。

卢晓莉　成都市社会科学院同城化研究所（城乡融合所）副所长，副研究员，成都市金沙智库研究会副秘书长。长期从事社会福利、社会保障、公共服务、法治建设研究。在《农村经济》《开放导报》等报刊发表学术文章 20 余篇，主持或参与国家、省、市级课题 20 余项，获省级、市级社科研究优秀成果奖十余次。主要代表性成果有《西部农村和谐文化建设的重点、难点与对策研究》《农村税费改革后的乡镇管理体制变革研究——以成都为例》《NGO 参与汶川地震过渡安置研究》《医养结合型智慧社区养老模式初探》《农村"留守老人"养老服务的地方实践及启示》《论家庭福利保障制度构建——基于国家和地方双重视角》等。

摘　要

　　"推动成渝地区双城经济圈建设"是党的二十大的重要安排。2023 年习近平总书记来川视察时再次强调，"要坚持'川渝一盘棋'，加强成渝区域协同发展"，"尽快成为带动西部高质量发展的重要增长极和新的动力源"。成都都市圈既是成渝地区双城经济圈的重要极核，也是四川省的极核主干，建强动能更加充沛的现代化成都都市圈是深入贯彻落实成渝地区双城经济圈建设国家战略部署，推进新时代治蜀兴川再上新台阶的应有之义。本报告紧紧围绕"成长期的成都都市圈"这一主题，深入研究成都都市圈发展演变规律，系统总结成都都市圈由起步期步入成长期的先进经验与困难短板，并对成长期的成都都市圈建设提出切实可行的对策建议，为成长期成都都市圈的建设提供理论指导，为我国现代化都市圈建设提供参考借鉴。

　　课题组基于大量的实地调研与充分的资料搜集，提出随着生产力的发展，都市圈将由单中心向多中心转变、由竞争向竞合转变，并将经历起步期、成长期、成熟期三个发展阶段。认为成都都市圈历经三年发展，已由起步期步入成长期，在顶层设计、交通基础设施建设、生产要素集聚能力、区域引领带动能力以及公共服务和生态环境方面取得的成效为成长期都市圈建设打下了良好的基础。指出成都都市圈在成长期还面临整体竞争力有待提升、结构性失衡现象较为突出、重点领域发展水平有待提升以及高端要素集聚水平有待提升等问题。建议成都都市圈构建以顶层设计为引领，以交通圈、产业圈、生活圈以及创新共同体建设为重点任务，以高能级开放平台、高效率要素市场化配置体系、高质量营商环境、高水平区域协作为支撑的

"1+4+4"体系，促进成都都市圈由单中心向多中心转变、由竞争关系向竞合关系转变，加快建强动能更加充沛的现代化成都都市圈。

围绕成都都市圈与重庆都市圈协同发展、成都都市圈引领四川省五区共兴等成都都市圈区域协调发展重要内容，本报告进行了深入研究，认为成都都市圈和重庆都市圈应加强机制协同、"双城"协同、产业协同、城乡协同、开放协同、生态协同，引领带动成渝地区双城经济圈实现高质量发展。提出成都都市圈引领促进四川省五区协同共兴，必须加快向资源地延伸创新链条推进协同创新、依据资源禀赋推动产业对接和特色产业齐头并进、加快水陆空交通和能源水利基础设施提档升级、高标准打造四川省全域绿色体系。报告还对创新发展、产业协作、交通通勤网络建设、公共服务共建共享等成都都市圈成长期建设四大重点领域进行了深入分析，认为在创新发展方面，成都都市圈应围绕国家产业创新中心推进产业建圈强链、建设"数字都市圈"打造未来创新高地、着力发展都市圈产业创新的"软链接"平台与网络建设三个方面，激发创新动能永葆发展活力。在产业协作方面，成都都市圈应围绕进一步夯实产业协作根基、深化产业协同创新、优化产业空间布局、提升协作载体能级、促进产业链协同发展以及强化体制机制保障等六个方面，强化产业协作。在交通通勤网络建设方面，提出中心城区轨道交通占公共交通分担率超85%、中心城区建成区平均通勤时间低于15分钟，通勤效率更高、通勤方式更为多样的成都都市圈通勤网络优化目标。在公共服务共建共享方面，成都都市圈应在通勤交通、协同共治、文旅枢纽、特色均衡和平急两用措施等方面发力，使生活圈建设成果惠及都市圈内全体人民。

本报告紧扣成都都市圈步入成长期这一现实特征，对成都都市圈的建设理论和实践进行了深入研究和系统总结，既对都市圈的发展演变规律进行了学理探究，又对都市圈建设的实践探索进行了经验总结，是现代化都市圈建设及中国实践的理论研究和经验总结的重要尝试。

关键词： 成都都市圈　共同体建设　产业协作　高质量发展

Abstract

"Driving forward the construction of the Chengdu-Chongqing economic circle" is a crucial initiative outlined in the 20th National Congress of the Communist Party of China. During his 2023 inspection in Sichuan, Xi Jinping, General Secretary of the Communist Party of China Central Committee, reiterated the need to "adhere to a unified strategy for Sichuan Province and Chongqing Municipality, enhance the coordinated regional development of Chengdu and Chongqing," and "strive to become an important growth pole and a new power source for driving high-quality development in the western region". The Chengdu metropolitan area is one of the cores of the Chengdu-Chongqing economic circle but also serves as the hub of Sichuan Province. Strengthening the robust dynamism of the modern Chengdu metropolitan area is vital for implementing national strategic plans for the Chengdu-Chongqing economic circle, but also a necessary step in advancing the governance and development of Sichuan to new heights in the new era. This report focuses on the theme of the Chengdu metropolitan area in the growth stage, conducting an in-depth examination of its development and evolution pattern. It provides a systematic summary of the challenges faced and experiences gained as it transitions from its initial stage to a period of growth in constructing the Chengdu metropolitan area. The report not only introduces practical countermeasures and recommendations but also provides theoretical guidance for the construction of the Chengdu metropolitan area during its growth stage. Moreover, it is a valuable reference for developing modern metropolitan areas in China.

After conducting substantial field research and collecting sufficient data, the research team has proposed that the metropolitan area will undergo a transformation

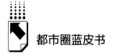

from monocentric to polycentric, accompanied by a shift from competition to co-opetition as productivity develops. It will experience three development stages: the initial stage, growth stage, and maturity stage. After three years of development, it is believed that the Chengdu metropolitan area has progressed from the initial stage to the growth stage. The achievements in top-level design, transportation infrastructure construction, aggregation capacity of factors of production, influence on neighboring regions, public services, and ecological environment have laid a solid foundation for the development of the metropolitan area during the growth stage. The research team has pointed out that in its growth stage, the Chengdu metropolitan area still faces challenges such as the need to enhance overall competitiveness, address structural imbalances, improve the level of development of critical areas, and enhance the aggregation of high-end production factors. It is suggested that the Chengdu metropolitan area should establish a "1 + 4 + 4" framework—guided by top-level design, entails the construction of transportation, industry, living, and innovation communities as the primary tasks, and supported by a high-level open platform, an efficient market-oriented factor allocation system, a high-quality business environment, and high-level regional cooperation. This initiative aims to promote the transformation of the Chengdu metropolitan area from a monocentric to a polycentric model and from a competitive to a co-opetitive relationship, thereby enhancing the robust dynamism of the modern Chengdu metropolitan area.

The report comprehensively examines the main aspects concerning the regional coordinated development of the Chengdu metropolitan area. It emphasizes the coordinated development between the Chengdu metropolitan area and Chongqing metropolitan areas, along with the Chengdu metropolitan area's role in leading the concurrent development of the five regions within Sichuan Province. The Chengdu metropolitan area and Chongqing metropolitan area should strengthen mechanism coordination, twin-city coordination, industrial coordination, urban-rural coordination, open coordination, and ecological coordination and lead the Chengdu-Chongqing economic circle to achieve high-quality development. Regarding the Chengdu metropolitan area spearheading the coordinated development of the five districts in Sichuan Province, the report underscores the imperative to extend the innovation chain into resource-rich areas to foster collaborative innovation, enhance collaboration and connectivity among industries based on resource endowments, and facilitate the concurrent advancement of specialized industries, expedite the upgrading of water, land, and air transportation, as well as energy and water conservancy infrastructure, and build a high-standard green system across all domains for Sichuan province. The report has conducted a detailed analysis of four key areas of the Chengdu metropolitan area during its growth stage: innovative development, industrial collaboration, the construction of transportation and commuting networks, and the co-construction and sharing of public services. In terms of innovation, the Chengdu metropolitan area should, under the guidance of the National Industrial Innovation Center construction, advance on three aspects: constructing diverse industrial ecosystems with a focus on key industry chains, establishing a "Digital Metropolitan Area" to create the future innovation highland, and concentrating on the development of the "soft links" platforms and network infrastructure for industrial innovation within the metropolitan area. These efforts aim to perpetuate developmental vitality by stimulating the perpetual energy of innovation. In terms of industry, the Chengdu metropolitan area should enhance industrial collaboration by addressing six aspects: consolidating the groundwork for industrial cooperation, deepening collaborative innovation in industries, optimizing the spatial layout of industries, raising the level of vehicles for industrial collaboration, promoting the coordinated development of industrial chains, and fortifying system and mechanism safeguards. In terms of transport commuting, the optimization goals for the Chengdu metropolitan area's commuting network are as follows: the rail transit in the central urban area should account for more than 85% of the share of public transportation, and the average commuting time within the urban built-up area should be less than 15 minutes, so as to improve commuting efficiency and provide more diverse commuting options. In terms of public services, the Chengdu metropolitan area should make efforts in commuting transportation, collaborative governance, cultural and tourism hub, balanced distinctiveness, and dual-purpose facilities for emergency and everyday use so that the achievements of living circles construction benefit all the people in the metropolitan area.

This report focuses on the current reality of the Chengdu metropolitan area entering a growth stage, conducting in-depth research and systematically summarizing its construction's theoretical and practical aspects. The report not only explores the theoretical patterns of metropolitan areas but also synthesizes the experiences gained from the practical endeavors in constructing the Chengdu metropolitan area. It is a significant attempt at the theoretical research and empirical summarization of modern metropolitan construction and China's practices.

Keywords: Chengdu Metropolitan Area; Community Building; Industrial Cooperation; High Quality Development

目　录 ⟅⟆

Ⅰ　总报告

B.1 成长期的成都都市圈………　雷　霞　李　好　周　灵　卢晓莉 / 001

　　一　都市圈的发展规律及特征 ……………………………… / 003

　　二　步入成长期的成都都市圈 ……………………………… / 007

　　三　国内外都市圈发育成长的重要经验及启示 …………… / 017

　　四　成长期成都都市圈建设的对策建议 …………………… / 022

Ⅱ　重点领域篇

B.2 成都都市圈国土空间规划建设报告

　………… 成都市规划和自然资源局　成都市规划设计研究院 / 036

B.3 成都都市圈立体交通体系建设报告………… 成都市交通运输局 / 044

B.4 成都都市圈产业协作共兴建设报告…… 成都市经济和信息化局 / 054

B.5 成都都市圈公共服务共同体建设报告

　………………… 成都市人力资源和社会保障局

　　　　成都市教育局　成都市卫生健康委员会

　　　　成都市医疗保障局　成都市文化广电旅游局 / 065

B.6 成都都市圈创新共同体建设报告

............成都市科学技术局　资阳市科学技术局 / 076

B.7 成都都市圈协同开放格局建设报告.............成都市商务局 / 082

B.8 成都都市圈生态环境建设报告

............成都市生态环境局　成都市水资源局 / 089

B.9 成都都市圈完善体制机制建设报告

............成都市委政研室（改革办）/ 098

Ⅲ 专题篇

B.10 强化双圈互动　共同引领成渝地区双城经济圈建设

——成都都市圈和重庆都市圈协同发展研究.........雷　霞 / 105

B.11 成都都市圈引领促进四川省五区协同共兴研究

............廖祖君　毛梓年 / 124

B.12 坚持创新突破永葆都市圈发展活力

——来自纽约都市圈、伦敦都市圈、巴黎都市圈的经验

及启示............刘培学　孙博文 / 146

B.13 强化产业协作激发都市圈协同发展动能

——来自东京都市圈、纽约都市圈、上海大都市圈等

都市圈的经验及启示.........钱　慧　肖建宇　赖楚杨 / 166

B.14 成都都市圈通勤网络优化研究

——基于首都、广州、西安三大都市圈的经验及启示

............张　珩　王　楠 / 187

B.15 构建均衡共享优质生活圈促进都市圈共享发展

——基于南京都市圈、武汉都市圈、长株潭都市圈的

经验及启示.........李　好　卢晓莉　廖茂林　刘培学 / 209

皮书数据库阅读**使用指南**

总 报 告

General Report

B.1

成长期的成都都市圈

雷霞 李好 周灵 卢晓莉*

摘 要： 成都都市圈是成渝地区双城经济圈的重要极核，也是四川省的极核主干。深化成都都市圈建设，有利于推动"五区共兴"促进高水平区域协调发展，有助于尽快建成带动西部高质量发展的重要增长极和新的动力源。自 2020 年成渝地区双城经济圈战略明确培育现代化都市圈以来，成都都市圈建设已历经三年，由起步期步入成长期。全国领先的顶层设计、外畅内通的交通基础设施、初具雏形的现代产业协作体系、不断增强的生产要素集聚能力、逐渐凸显的引领带动能力以及持续优化的公共服务水平及生态环境为成都都市圈持续快速发

---

* 雷霞，博士，成都市社会科学院助理研究员，主要从事区域经济、政府作用等方面的研究；李好，博士，成都市社科联（院）党组成员、副主席、副院长，主要研究方向为国际经济学和区域经济学；周灵，博士，成都市社会科学院科研处处长，中国城市经济学会公园城市专委会秘书长，研究员，主要从事环境经济学、产业经济学等方面的研究；卢晓莉，成都市社会科学院同城化研究所（城乡融合所）副所长，成都市金沙智库研究会副秘书长，副研究员，主要从事社会福利、社会保障、公共服务、法治建设等方面的研究。

展打下了坚实的基础。整体竞争力不强、重点领域发展水平有待提升、结构性失衡现象较为突出以及高端要素积聚能力有待增强是成长期成都都市圈建设面临的重要问题。未来，成都都市圈应充分把握由夯基垒台向整体成势转变的良好发展态势，顺应客观规律，在充分借鉴国内外都市圈建设经验的基础上，构建以顶层设计为引领，以交通圈、产业圈、生活圈以及创新共同体建设为重点任务，以高能级开放平台、高效率要素市场化配置体系、高质量营商环境、高水平区域协作为支撑的"1+4+4"体系，建强动能更加充沛的现代化都市圈。

关键词： 成都都市圈　区域协作　体制机制改革

　　党的十八大以来，习近平总书记四次来川考察，为治蜀兴川把脉定向。2023年7月，习近平总书记来川视察时再次指出，"要坚持'川渝一盘棋'，加强成渝区域协同发展，构筑向西开放战略高地和参与国际竞争新基地，尽快成为带动西部高质量发展的重要增长极和新的动力源"。① 作为我国第三个、中西部第一个国家级都市圈，成都都市圈既是成渝地区双城经济圈的重要极核，也是四川省的极核主干。② 积极主动对标以习近平同志为核心的党中央对成渝地区双城经济圈建设的新要求，充分把握成都都市圈由起步期的夯基垒台转向成长期的整体成势的趋势规律，助力成渝地区双城经济圈建设走深走实、引领四川实现"五区共兴"，对建设具有国际竞争力和区域带动力的现代化成都都市圈具有重要意义。

---

① 《坚持"川渝一盘棋"加强成渝区域协同发展》七一网，https://cq12380.12371.gov.cn/Print.aspx? id=634609。
② 成都都市圈位于四川盆地，属于成都平原经济区"内圈"，是"天府之国"的中心，涵盖成都和德阳、眉山、资阳4个城市，总面积3.31万平方公里。

一　都市圈的发展规律及特征

都市圈是一个开放巨系统，处于不断演变过程中。① 纵向来看，都市圈的发展演变基本遵循由小到大、由简单到复杂、由低级到高级的运动过程，具体表现为空间结构由简单单中心向复杂多中心转变、城市之间功能关系由单纯的竞争向复杂的竞合转变，在此过程中，空间结构与功能关系相互影响。随着空间结构的进一步网络化发展，城市之间的联系更加紧密、合作关系更凸显。横向来看，尽管同一时期的都市圈形态各异，仍然可基于都市圈发展的空间结构变化与功能关系演变的共性规律，审视其呈现的发展特征，确定不同都市圈所处的发展阶段（见图1）。

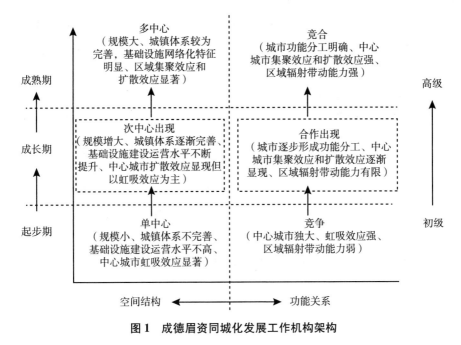

图1　成德眉资同城化发展工作机构架构

---

① 国家发改委 2019 年出台的《关于培育发展现代化都市圈的指导意见》指出，"都市圈是城市群内部以超大特大城市或辐射带动功能强的大城市为中心、以 1 小时通勤圈为基本范围的城镇化空间形态"。都市圈是城市群的核心区域及城市群高质量发展的核心支撑，是城市群发展的必经阶段。

（一）纵向剖析：都市圈的发展演变规律

1. 空间结构——由单中心向多中心转变

都市圈是围绕中心城市形成的社会经济联系紧密的城镇体系。都市圈的空间结构处于动态演变过程中。在都市圈发展初期，人口、资本、技术等各类要素向中心城市集聚，形成以中心城市为核心的单中心空间结构。这一时期，由于都市圈的整体规模不大，中心城市基本可以满足向整个都市圈提供金融、贸易、行政、文化以及精神服务等各项中心功能的需求。随着生产力的发展，都市圈规模不断扩大，受限于空间承载能力，单一中心无法承载不断扩大的要素规模，也无法满足整个都市圈的中心功能需求，在市场和政府的双重作用下，都市圈部分中心功能逐渐外移、不断分化，形成由一个主中心和若干次中心构成的多中心空间结构（见图2）。[①] 值得注意的是，尽管都市圈的结构逐渐网络化，但是整体上仍然保持以主中心为核心的同心圆结构。

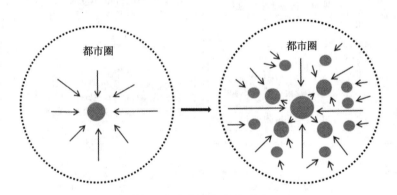

图2　都市圈空间结构演变

资料来源：笔者绘制。

2. 功能关系——由竞争向竞合转变

相似的资源禀赋与区位条件，导致都市圈发展之初各城市之间的关系以

---

① 张京祥、邹军、吴君焰、陈小卉：《论都市圈地域空间的组织》，《城市规划》2001年第5期；马振涛：《关于都市圈发展演变规律的三个基本认识》，《决策咨询》2021年第5期。

竞争为主。产业承接和转移是各个城市特别是外围城市提升竞争力的主要途径。各城市为获得更多的项目和产业，采取更大的税收优惠和财政补贴以及提供更优良的营商环境等一系列手段和措施以期在与其他城市竞争中占据优势。得益于都市圈的整体规模不断扩大，不同城市可能在不同产业和项目的竞争中获胜，竞争关系促进了各个城市发展。然而，随着产业分工的进一步细化，传统的竞争关系逐渐呈现利大于弊的发展趋势，都市圈内各城市之间的关系也由竞争向竞合转变。① 一方面，长期以来的城市竞争让各个城市为产业和项目提供的各类优惠与补贴接近极限，单纯的城市竞争已经无法帮助城市在都市圈时代取胜。充分利用都市圈的集群效应，吸引更多产业和产业集群在都市圈内发展，在延链、补链、强链的过程中融入都市圈产业链，进而提升自身竞争力，成为各个城市的最优选择。另一方面，产业分工的细化导致产业链的长度、深度和广度不断拓展，产业链和产业集群的规模不断扩张，最终突破单一城市的空间承载范围向都市圈扩张。这也意味着，都市圈内各个城市在市场的作用下以产业链和产业集群发展为导向，形成了一定的分工。基于比较优势强化自身在都市圈发展中的功能分工及作用，进而提升竞争力，成为都市圈内各个城市的最佳选择。

（二）横向审视：都市圈发展的阶段性特征

根据都市圈的空间结构、中心城市的集聚与扩散效应、都市圈的辐射引领作用，张晓兰、朱秋将东京都市圈的发展分为雏形期、扩张期以及成熟期三个阶段。② 薛俊菲、顾朝林、孙加凤将都市圈成长过程分为雏形期、成长期、发育期和成熟期四个阶段。③ 马振涛将都市圈的发展分为"强核—外溢—布网—整合—耦合"五个阶段。④ 本文在各位学者研究的基础上，充分

① 王应贵、娄世艳：《东京都市圈人口变迁、产业布局与结构调整》，《现代日本经济》2018年第3期。
② 张晓兰、朱秋：《东京都市圈演化与发展机制研究》，《现代日本经济》2013年第2期。
③ 薛俊菲、顾朝林、孙加凤：《都市圈空间成长的过程及其动力因素》，《城市规划》2006年第3期。
④ 马振涛：《关于都市圈发展演变规律的三个基本认识》，《决策咨询》2021年第5期。

考虑成都都市圈的建设特征及建设任务，将都市圈的发展演化划分为起步期、成长期与成熟期三个阶段，处于不同发展时期的都市圈具备不同的发展特征。

1. 起步期——中心城市快速发展

起步期是都市圈发展的初始阶段。这一时期，都市圈的规模较小，基础设施建设运营水平不高，中心城市的虹吸效应显著且扩散效应有限，城市之间分工不明确，城镇体系发育不完善，区域辐射带动能力有限。

2. 成长期——城镇体系基本成型

成长期是都市圈由初级向高级的过渡阶段。这一时期，都市圈的规模逐渐增大，基础设施建设基本成网、运营水平不断提升，中心城市的集聚效应显著且扩散效应逐步增强，城市之间基本建立起分工协作体系，基本形成大中小城市和小城镇共同发展的格局，区域辐射带动能力逐渐显现。

3. 成熟期——都市圈协同发展

成熟期是都市圈发展的高级阶段。这一时期，都市圈的规模大，基础设施网络化发展特征明显、同城化运营水平高，中心城市的集聚效应和扩散效应显著，城市之间的分工协作体系完善，城镇体系发育完善，区域辐射带动能力强（见表1）。

表1 都市圈不同发展阶段的特征

发展阶段	规模	基础设施	中心城市功能	城镇体系	城市分工协作水平	区域辐射带动能力
起步期	较小	建设运营水平不高	虹吸效应显著且扩散效应有限	城镇体系发育不完善	分工不明确	有限
成长期	逐渐增大	建设基本成网、运营水平不断提升	集聚效应显著且扩散效应逐步增强	基本形成大中小城市和小城镇共同发展格局	基本建立分工协作体系	逐渐显现
成熟期	大	网络化特征明显、运营水平高	集聚效应和扩散效应显著	城镇体系发育完善	分工协作体系较为完善	强

资料来源：笔者绘制。

二 步入成长期的成都都市圈

自 2020 年成渝地区双城经济圈战略明确培育现代化都市圈以来，成都都市圈快速发展，顺利完成《成德眉资同城化发展暨成都都市圈建设三年行动计划（2020~2022 年）》相关任务。2023 年初，四川省推进成德眉资同城化发展领导小组第六次会议审议通过了《成德眉资同城化发展暨成都都市圈建设成长期三年行动计划（2023~2025 年）》，成都都市圈由起步期步入成长期。

（一）成长期成都都市圈的发展基础

1. 全国领先的顶层设计

一是建立了较为完善的多层次协商机制。2020 年 1 月 14 日，四川省推进成德眉资同城化发展领导小组正式成立，半年后，四川省推进成德眉资同城化发展领导小组办公室正式挂牌，这也标志着成都都市圈建立了"省委省政府领导、领导小组统筹、同城化办公室协调、省直部门指导、成德眉资四市主体推进"工作机制，同城化办公室实现"常态化运作+实体化运行"，分领域组建省市联动参与的 15 个专项合作组，实现"行业协调+综合调度"（见图 3）。截至 2023 年 10 月，四川省推进成德眉资同城化发展领导小组已经召开七次会议，审议了《成德眉资同城化发展暨成都都市圈建设三年行动计划（2020~2022 年）》《成德眉资同城化发展暨成都都市圈建设成长期三年行动计划（2023~2025 年）》等成都都市圈建设的重大事项和重要议题，引领成都都市圈由夯基垒台向整体成势转变。

二是构建了较为完整的"1+1+N"都市圈规划体系。成都都市圈秉持"一盘棋"思维，明确重大规划均由四市共同商议编制、协同实施的原则，现已经建立起以发展规划为统领，国土空间规划为基础，交通、公共服务、生态环境保护等各类专项规划和实施方案为支撑的成都都市圈"1+1+N"规划体系。早在 2019 年底便陆续启动了规划同编工作。2021 年 6 月以来，《成都都市圈发展规划》《成渝地区双城经济圈多层次轨道交通规划》相继

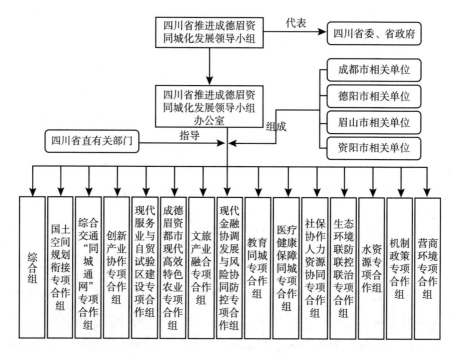

图3　成德眉资同城化发展工作机构架构

资料来源:《成都都市圈建设报告（2022）》。

得到国家发改委批复并正式印发，现代农业、生态环境等专项规划印发实施，初步构建起都市圈规划体系。规划体系的编制与实施有效保障了成都都市圈建设顺利推进。

2.外畅内通的交通基础设施

一是构建了综合立体的对外交通体系。成都都市圈建成了两大4F级国际机场，2022年，成都双流机场、成都天府机场两大机场都位列全国机场游客"吞吐量"前十。成都都市圈还形成了西进欧洲、北上蒙俄、东联日韩、南拓东盟的国际班列线路网络，与重庆都市圈共建的中欧班列（成渝）运行线路拓展近40条，辐射亚欧超100个城市，已经形成辐射欧亚、串联东盟、多向互联的国际流通体系，取得了率先成为唯一实现双向运输平衡班列、全国开行量最多、最均衡、货值最高、结构最优等一系列成效。都市圈内公路四通八达，除成渝、成自泸赤等国家高速公路外，还有连通四川成都与西藏拉萨之间汽车通行的第一条公路川藏线。

二是基本建成了同城同网的对内交通体系。以成都为中心，向德阳、眉山、资阳分别规划布局的"11轨8高7快""7轨7高7快""10轨4高3快"正在加快建设，市域30分钟、平原城市群1小时、成渝1小时高铁交通圈基本形成，成都成为国内首个依托既有枢纽环线铁路实现公交化运营的城市，成都都市圈也将成为全国首个中心城市到全部区域副中心城市均运营市域铁路的都市圈。

2019～2022年，区域高速公路路网密度由5.9公里/百平方公里增加至7.4公里/百平方公里，动车日开行对数由88对增加至134对，分别增长了25.4%、52.3%（见图4）。综合立体的交通网络为成都都市圈快速发展提供了有力保障。

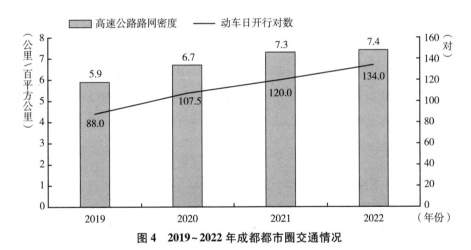

图4 2019～2022年成都都市圈交通情况

资料来源：笔者根据历年四川省统计年鉴及成德眉资同城化暨成都都市圈建设官方网站整理得出。本报告相关数据来源，除非特别说明，2022年数据来源于相关地区统计公报，2022年以前的数据来源于四川省、重庆市统计年鉴。

3. 初具雏形的现代产业协作体系

基于四市产业发展现状与资源禀赋优势，四市联合编制发布了《成都都市圈重点产业产业链全景图》，明确以成都为主导，绘制新型显示、轨道

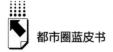
交通、航空装备、新能源汽车、绿色食品（调味品）、医美服务等6条产业链全景圈；以德阳为主导，绘制清洁能源装备产业链全景图；以眉山为主导，绘制锂电产业链全景图；以资阳为主导，绘制医疗器械（口腔医疗）产业链全景图。其中，成德高端能源装备产业集群以及成渝地区电子信息先进制造业集群入选工信部45个先进制造业集群。

区域产业合作平台建设成效显著，初步构建了"总部+基地""产品+配套"等产业协作、园区合作模式，近1500家企业开展了跨市域产业协作。毗邻地区融合发展成为农业发展典范，2022年，彭什两地川芎种植面积达10万亩，占全国川芎种植面积的70%以上。不断增强的协作需求以及逐渐完善的协作模式为成都都市圈发展注入了强劲动力。

2019~2022年，成都都市圈生产总值由2.2万亿元增加至2.6万亿元，年均增速6.8%；人均GDP由7.4万元增长至8.7万元，年均增速5.5%（见图5）。2020~2022年，成都都市圈规上工业营业收入由19511.9亿元增加至24308.8亿元，年均增速11.6%；高新技术产业营收占规上工业营收的比重由42.8%快速增长至61.6%（见图6）。2019~2022年，成都都市圈社会消费品零售总额由12183.0亿元增加至13219.7亿元，年均增长2.8%（见图7）。

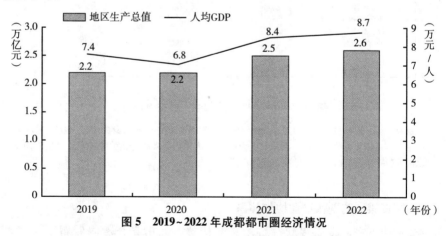

图5 2019~2022年成都都市圈经济情况

资料来源：笔者根据成德眉资四市历年统计年鉴及统计公报整理得出。

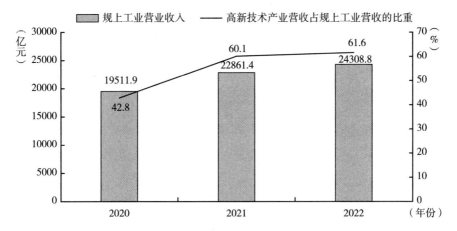

图 6 2020~2022 年成都都市圈工业情况

资料来源：笔者根据成德眉资四市历年统计年鉴及 2022 年统计公报整理得出。

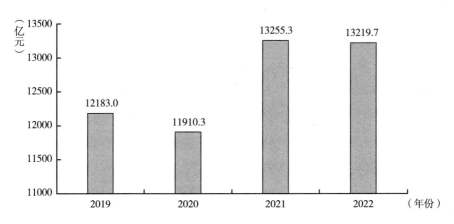

图 7 2019~2022 年成都都市圈社会消费品零售总额情况

资料来源：笔者根据成德眉资四市历年统计年鉴及 2022 年统计公报整理得出。

4. 不断增强的生产要素集聚能力

一是人口规模不断扩大。2019~2022 年，成都都市圈常住人口由 2917 万人增加至 2997 万人。其中，2022 年，常住人口城镇化率达 71.7%，步入城镇化后期；常住人口占四川省和成渝地区双城经济圈的比重分别由 34.8%、30.4%上升至 35.8%、30.9%（见表 2）。

表2 成都都市圈及四川、成渝地区双城经济圈常住人口变化情况

单位：万人

年份	成都都市圈常住人口	四川常住人口	成渝地区双城经济圈常住人口
2019	2917	8375	9600
2022	2997	8374	9700

资料来源：笔者根据成都都市圈、四川、成渝地区双城经济圈相关城市历年统计年鉴、2022年统计公报及《成渝地区双城经济圈建设规划纲要》整理得出。

二是外资吸引能力较强。2022年，成都新设外商投资企业566家，外商直接投资（FDI）25.9亿美元，居中西部前列，占全省外商直接投资比重超73%。

三是科创资源较为充足。2022年，成都都市圈聚集了2000余家科创平台，有效国家高新技术企业超1.2万家，汇聚了76所高校、12家国家重点实验室。充足的要素资源为成都都市圈快速发展提供了坚实的基础。

5.逐渐凸显的引领带动能力

一是成都都市圈作为成渝地区双城经济圈重要极核的功能进一步凸显。2022年，成都都市圈的地区生产总值和常住人口规模分别占成渝地区双城经济圈的33.8%、30.9%，成都都市圈的人均GDP为8.7万元，是成渝地区双城经济圈（8.0万元）的1.09倍。此外，成都都市圈和重庆都市圈协同发展取得了一定成效。两大都市圈现已建成综合立体的交通网络体系。两大中心城市的旅程可控制在1小时之内，最小发车间隔5分钟。两大都市圈拥有三大4F级国际机场，2022年，重庆江北机场、成都双流机场、成都天府机场三大机场都位列全国机场游客"吞吐量"前十。中欧班列（成渝）累计开行量已突破2万余列，开行量约占全国累计量的40%，运行线路拓展近40条，惠及国内30多个城市和地区，辐射全球超100个国家（地区）300余个港口。①

二是成都都市圈的四川省极核主干功能显著。2022年，成都都市圈经济总量占成都平原经济区与四川省的比重分别为75.62%、46.19%；城镇常

---

① 数据来源于2022年全国民用运输机场生产统计公报、《人民日报》（2022年7月1日第10版）。

住人口占成都平原经济区与四川省的比重分别为 48.05%、77.6%。成都—阿坝工业园区、甘孜—眉山工业园区、成都—甘孜工业园区、德阳—阿坝产业园区、成都—凉山飞地产业园区、雅安芦天宝飞地产业园区等建设有效促进了"五区共兴"。此外，成德眉资同城化发展强化了示范带动效应，带来了内江自贡同城化，雅安市雨城区、名山区和经开区"三区同城化"，凉山州"西德冕喜"同城化等"干中学"效应，有效推动了区域经济发展水平提升与差距缩减。

6. 持续优化的公共服务水平及生态环境

一是优质教育资源共享水平不断提升。通过设立分校、结对发展等模式，成都优质资源不断输入德眉资。2022 年，成都都市圈普通小学生师比、中学生师比分别为 16.2、12.0，四市结对学校增至 254 对。

二是医疗卫生资源共建共享持续推进。一方面，成都都市圈医疗卫生资源不断增多，2022 年，成都都市圈每万人口医院床位数、执业（助理）医师数分别达 69.0 张、35.6 人。另一方面，医疗卫生共享水平不断提升，四市共建 18 个医联体、6 个专科联盟，25 家医疗机构互认 99 项检查检验结果，超 2 万家定点医药机构开通异地就医联网结算；在全国率先实现职工医保参保关系异地转移"一站式"通办、突发公共卫生事件风险评估摘要和疫情相关信息按月共享。

三是社会保障共建共享水平不断提升。成都都市圈首创住房公积金同城化贷款异地使用政策，四市公积金缴存职工可在都市圈内非缴存地购房；全国第二个建立跨区域救助机制，养老、工伤保险待遇领取人可在居住地完成待遇领取资格认证；全国第三个实现同城享受异地养老床位补贴，养老保险关系转移实现"网上办""零跑路"。

四是生态环境联防共治成效显著。生态型都市圈是成都都市圈的重要特征，其坚定不移走生态优先、绿色发展之路，将以绿色低碳的公园城市形态夯实现代化都市圈建设的绿色本底。一方面，成德眉资四市协同开展环境共保共治。2022 年实现区域内国、省考核断面水质优良占比达 100%；2020～2022 年，都市圈内平均空气优良天数比例高于 83%、PM2.5 平均浓度低于

$36\mu g/m^3$。另一方面，成都都市圈通过国土空间修复、增景增绿等不断夯实生态本底。截至2022年，实现保护性修复龙门山大熊猫栖息地11万亩、龙泉山城市森林公园增绿增景20万亩。

（二）成长期的成都都市圈建设面临的困难

1. 都市圈整体竞争力有待提升

经济规模不大。2022年，成都都市圈GDP为2.6万亿元，人均GDP 8.7万元，分别为上海大都市圈的19.5%（13.3万亿元）、51.2%（17.0万元）；深圳都市圈的50.1%（5.1万亿元）、66.9%（13.0万元）。

高质量发展水平有待提升。根据《现代化成都都市圈高质量发展指数》，成都都市圈发展水平指数得分76.1，低于上海大都市圈（86.9）、深圳都市圈（79.6）。创新、协调、绿色、开放、共享发展指数以及安全韧性指数等与上海大都市圈和深圳都市圈还存在一定差距（见表3）。

表3　成都都市圈和上海大都市圈、深圳都市圈发展指数

发展指数	成都都市圈	上海大都市圈	深圳都市圈
发展水平指数	76.1	86.9	79.6
创新发展指数	66.2	93.4	75.9
协调发展指数	71.1	86.2	89.1
绿色发展指数	80.5	79.4	82.9
开放发展指数	76.8	96.1	74.3
共享发展指数	69.1	88.7	70.2
安全韧性指数	80.1	87.1	85.8

资料来源：清华大学中国新型城镇化研究院，《现代化成都都市圈高质量发展指数》。

2. 结构性失衡现象较为突出

成都与德眉资三市的差距显著。2016年以来，成都GDP占都市圈的比重一直保持在76%以上，且比重呈上升趋势，2021年甚至达到了79.6%。尽管2022年有所回落，但这一比重仍然高达79.4%。从人均来看，成都市人均GDP为9.79万元，分别是德阳、眉山、资阳的1.2倍、1.8倍、2.4

倍。此外，成都的人口、货物贸易进出口总额等关键指标占都市圈的比重也在70%以上。

中心城区与县域差距明显。《2023年赛迪创新百强区研究报告》表明，成都都市圈共有10个区上榜（见表4）。同期颁布的《2023中国县域经济百强研究》表明，成都都市圈内仅有简阳市、彭州市和金堂县上榜，分别列第87位、92位、95位。中心城区与县域不但在绝对规模上有差距，而且在全国的相对实力也差距明显。

城乡差距显著。一是城乡居民收入差距较大。2022年，成德眉资四市城镇居民可支配收入分别是农村居民可支配收入的1.78倍、1.93倍、1.38倍以及1.90倍（见图8）。二是城乡公共服务差距大。成都都市圈特别是德眉资三市农村教育资源、医疗设施建设以及农村养老体系等与城市、与成都存在显著差距。

表4　成都都市圈百强区

序号	区	排名	序号	区	排名
1	成都市武侯区	15	6	成都市金牛区	67
2	成都市龙泉驿区	43	7	成都市成华区	86
3	成都市双流区	50	8	成都市新都区	87
4	成都市青羊区	62	9	成都市郫都区	89
5	成都市锦江区	65	10	德阳市旌阳区	91

资料来源：《2023年赛迪创新百强区研究报告》。

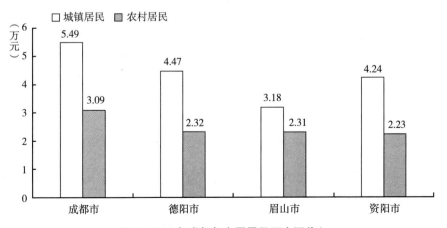

图8　2022年成都都市圈居民可支配收入

3. 重点领域发展水平有待提升

产业建圈强链有待提升。一是产业政策协同水平有待提升。得益于更高的发展水平和城市能级，成都的一般公共预算支出远高于德眉资，政策激励标准也普遍高于德眉资。如蒲江丹棱建设现代农业融合发展示范区过程中，眉山的丹棱就无法享受和成都的蒲江同样的土地保障政策。二是产业结构相似度过高。德眉资三市特别是德眉二市的产业结构相似度高，且德眉间产业相似度呈持续升高态势。三是产业协同布局有待优化。相似的产业结构导致产业布局重复较高，尽管相关产业规划从统筹发展视角进行了布局优化，但现有产业协作尚处于规划实施初期，相邻地区的产业低水平重合、竞争现象严重。

创新能力有待提升。一是基础研发和创新孵化平台建设不足。成都拥有国家级实验室 12 个，相比上海（32 个）、南京（19 个）等先发都市圈中心城市，基础和源头创新的载体支撑较弱。二是科创企业发展不足，截至 2022 年底，成都都市圈仅有科创板企业 16 家，与上海大都市圈（117 家）、深圳都市圈（34 家）相比存在较大差距。

4. 高端要素集聚水平有待提升

科技创新市场主体实力偏弱。2022 年，成都都市圈拥有国家级制造业单项冠军示范企业 10 家、国家级专精特新"小巨人"企业 202 家，与上海大都市圈（98 家、1182 家）、深圳都市圈（22 家、590 家）、南京都市圈（47 家、189 家）等先发都市圈相比还存在较大差距。

金融要素保障不足。截至 2022 年，成都都市圈有 A 股上市企业 123 家，仅为上海大都市圈、深圳都市圈和南京都市圈的 12%、28%、46%。现有科创板企业 16 家，与上海大都市圈（117 家）、深圳都市圈（34 家）、广州都市圈（26 家）相比同样存在较大差距。

人才吸引力不足。成都都市圈人才吸引力指数为 70.5，与上海大都市圈（90.4）、深圳都市圈（87.7）相比还存在较大差距。暂未围绕主导产业发展需求出台梯级人才培育政策和有机协同机制，人才引育各自为政的现象仍然突出。国际化的人才队伍建设较为薄弱（见图 9）。

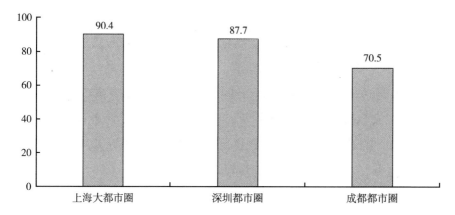

图9　2022年三大都市圈人才吸引力指数

三　国内外都市圈发育成长的重要经验及启示

（一）国际都市圈发育成长的重要经验

1. 强化规划的引导作用

通过完善的规划机制解决城市及都市圈无序蔓延发展的问题进而提升都市圈整体竞争力是各大都市圈的共同选择。纽约区域规划协会（Regional Plan Association of New York，RPA）负责制定纽约都市圈城市规划，引导都市圈发展。自1921年成立至今，RPA已经发布了四次规划，从土地利用、经济发展、交通建设以及环境保护等各个方面对纽约都市圈的发展提供规划建议。其中，最近一次规划于2017年发布，重点强调"区域转型"，引导纽约都市圈由全球金融中心向宜居地转变。

2. 强调多中心化发展

随着都市圈的发展壮大，原中心城市及城市中心已经无法承载越来越多的要素集聚，多中心化发展成为都市圈发展的重要趋势，也是都市圈完善城镇体系、优化中心城市功能、提升辐射带动能力的重要路径。例如，东京都市圈二战结束后便形成了以东京为核心的单中心结构，随着经济的

迅速发展，通过 5 次首都圈基本规划以及 2 次首都圈整备规划调整，最终形成集政治、经济、文化、商务、娱乐等多功能于一体的以东京都心 3 区为核心圈层（10km 半径圈），以横滨、埼玉、千叶 3 个复合功能新都心和柏市、町田等 6 个居住、商业、交通功能为主的功能型城市为第二圈层（50km 半径圈），以八王子、横须贺、相模原等 7 个综合产业型新城为第三圈层（50km 半径圈），以筑波等科学研究型新城、小田原等外围物流节点以及宇都宫市、太田市等外围工业地带为第四圈层（50～100km 半径圈）的放射+环状结构。[①]

3.注重增长动能转换

都市圈的产业发展遵循库兹涅茨法则[②]，随着都市圈的发展壮大，都市圈的主导产业由轻变重，由资本密集型产业向技术密集型、科技创新型产业转变。随着增长动能的转换，都市圈的产业高度化水平不断提升，都市圈的竞争力进一步增强，城市协作水平进一步提升，区域辐射带动能力也进一步增大。例如，内战结束后，韩国便开始了工业化进程，首尔都市圈也逐渐成型。早期，首尔都市圈秉承"增长第一"以及"出口第一"的原则，实施以轻纺工业出口为导向的经济战略。大批工业区建设，提高了首尔的人口和产业集聚能力，形成了以轻纺织产业为主导的首尔都市圈。20 世纪 70 年代开始，首尔都市圈快速发展，投资少见效快的轻纺工业边际收益下降，首尔都市圈战略重点转向以石油化工、钢铁、重型机械制造、造船以及建筑服务为主的重化工业。20 世纪 80 年代开始，受世界经济环境转变的影响，韩国再一次进行产业结构调整，实施高新技术产业发展战略，大力发展技术密集型产业，是世界级企业三星、LG 等的核心据点。

---

① 庆应义塾大学湘南藤泽研究所：《国际大都市规划建设研究年度报告——以东京为目标城市》，2022。
② 库兹涅茨法则的基本内容：随着时间的推移，农业部门的国民收入在整个国民收入中的比重和农业部门劳动力在全部劳动力中的比重不断下降；工业部门国民收入在整个国民收入中的比重大体上是上升的，但是，工业部门劳动力在全部劳动力中的比重则大体不变或略有上升；服务部门的劳动力在全部劳动力中的比重和服务部门的国民收入在整个国民收入中的比重基本上是上升的。

4. 实现都市圈耦合发展

随着都市圈的发展与扩张，其辐射带动区域不断扩大，相邻都市圈之间的物理距离将越来越小，甚至接壤或重叠。这种情况下，相邻都市圈将通过协同发展提升自身竞争力。地理范围的连片再加上功能上的协同，都市圈及其辐射区域耦合发展，并成长为城市群。在都市圈耦合发展成长为城市群的过程中，其区域辐射带动能力进一步加强，城镇体系更加完善、城市分工协作水平进一步提升，都市圈也进一步向高级演化。例如，工业革命以后特别是二战后欧洲西北部地区的巴黎都市圈、兰斯塔德都市圈以及莱茵—鲁尔都市圈快速发展，随着经济规模的不断扩大以及交通基础设施网络的不断完善，三大都市圈逐渐连成一片，形成了面积达 145 万平方公里，总人口4600 多万，10 万人口以上城市超 40 座的国际化城市群。

（二）国内都市圈发育成长的重要经验

1. 顶层设计为引领

坚持加强统筹协调，形成多层次多领域的工作推进机制和沟通协商平台是国内都市圈快速提升整体发展水平的共识。如南京都市圈成立了"党政联席领导会议—市长联席会议—秘书处和区县政府"三级协调机制，并设立了综合协调专业委员会、基础设施专业委员会、产业发展专业委员会等17 个专业委员会协调都市圈专业领域发展事宜。杭州都市圈则形成了"市长联席会议决策—政府秘书长工作会议协商—协调会办公室议事—专业委员会项目合作"四级运作机制。①

2. 产业协作为核心

深化产业协作，共同建设现代化产业体系是国内都市圈建设的努力方向，也是都市圈优化城市分工协作、提升区域辐射带动能力、完善城镇体系的核心抓手。广佛两市通过整合毗邻地区产业园区，共同建设了

---

① 殷耀宁、曾光：《国内重要都市圈一体化发展体制机制创新的主要经验及对江西的启示》，《产业创新研究》2022 年第 2 期。

科技创新产业示范区和数字经济创新示范区,构建了"广州创新大脑+佛山转化中心"的发展模式。长株潭都市圈通过共同打造产业链以及组建产业发展联盟推进产业共兴。长株潭三市发布《关于深入实施"三高四新"战略 全面推进长株潭重大产业协同发展的意见》,明确重点打造10条产业链;长沙高新区、株洲高新区、湘潭高新区成立横跨三地的国家级高新区"联盟"。

3.交通设施为支撑

推进基础设施互通互联是国内都市圈建设的首要任务,也是全面提升都市圈发展水平、强化城市联系的重要支撑。武汉都市圈交通基础设施基本实现了一体化发展。武汉都市圈基本建成了1小时通勤圈,串联起武汉、鄂州、黄石、黄冈四市的武黄高速已实现免费通行,助力打造"武鄂黄黄"城市结合体。此外,武汉都市圈还在打造轨道上的都市圈,推进干线铁路、城际铁路、市域(郊)铁路、城市轨道交通"四网"融合,市域铁路公交化运营。福州都市圈将交通互联互通作为实现同城化发展、构建一体化发展格局的基础。通过轨道交通和公路、港口等基础设施建设,对内构建以福州为圆心的1小时通勤圈,对外打造国际性综合交通枢纽。

4.公共服务与生态环境为保障

实现公共服务共建共享以及生态环境联防共治是国内都市圈建设的重要内容,也是都市圈推进城市协作的重要突破口。杭州都市圈通过强化合作办学、举办跨区域教育交流论坛等方式提升教育同城化水平。此外,杭州都市圈建立了重要文化活动的联动机制、公共文化设施共建共享机制、文化创意产业的错位发展机制等,成立了杭州都市圈公共图书馆服务联盟,共同探索对非物质文化遗产的保护性开发。南京都市圈以跨区互认和信息互联为目标,推动居民电子病历、预约挂号、健康档案等系列相关信息在都市圈范围内的互联互通和衔接。[①] 此外,南京都市圈联合推出宁镇扬(南京、镇江、扬州)三市的图书馆借书卡、旅游年卡、公共交通卡、博物馆参观卡等系

---

① 孙艳芳:《南京都市圈体育旅游协同发展研究》,南京体育学院硕士学位论文,2016。

列一卡通，极大增加了南京都市圈内居民的休闲游乐动力、出行游览频率，也推动了体育文化旅游业的发展。① 北京都市圈建立了以流域为保护对象的流域生态补偿修复机制，设立跨省流域重点项目环评会商制度，构建定期会商、通报和联合处置机制。

（三）国内外都市圈对成都都市圈的重要启示

国内外先发都市圈的经验表明，成都都市圈应通过构建先进的规划体系、提升高端要素配置能力、强化产业分工协作、打造便利高效的交通网络、推进公共服务共建共享与生态环境联防共治，实现都市圈快速发展。

1.完善的顶层设计将引领都市圈的发展方向

国内外都市圈建设表明，完善的顶层设计及先进的、动态的规划体系可促进都市圈顺利演进。成都都市圈应遵循都市圈发展规律，持续完善"决策—协调—执行"运行机制，并借鉴国际都市圈的动态性、前瞻性的规划理念，建立既符合都市圈特色和发展导向，又具有阶段特征和需求导向的规划体系。

2.产业分工协作是都市圈发展的核心动力

依据都市圈的发展规律，强化科技创新的引领作用，稳步提升都市圈产业结构高度化水平，是当代都市圈发展的共同选择。成都都市圈应充分发挥资源禀赋优势，强化科技创新策源能力与科技成果转化能力，改造提升传统产业，培育发展新兴产业，强化都市圈产业分工协作，建设现代化产业体系。

3.合理的空间布局是提升都市圈竞争力的关键

都市圈的发展既离不开中心城市的引领示范作用，也离不开外围城市的支撑作用。随着都市圈的发展壮大，构建以一个主中心和若干副中心为一体的、功能更加细化的网络化空间结构成为发展趋势。成都都市圈应进一步做强成都的中心城市功能，打造国际性经济、金融、商贸、科技创新、信息集

---

① 孙艳芳：《南京都市圈体育旅游协同发展研究》，南京体育学院硕士学位论文，2016。

散中心，还应培育工业城市、住宅城市、科创中心、流通中心等各种类型的功能城市，构建布局更加优化、功能分工更加合理的城镇体系。

4. 便利高效的交通网络是都市圈发展的保障

交通基础设施发展的主要任务不但要打通内部交通大网络，还要构建对外大通道，从而形成真正内畅外联、辐射力强的综合立体交通网。成都都市圈在建设过程中，应以满足极限通勤人群需求为目标，合理布局规划建设都市圈轨道交通网络，完善各地之间以轨道交通为主体的交通连接，形成多层次、多制式的交通网络，使之紧密衔接，互相配合，发挥交通网络的综合效益。

5. 推进公共服务共建共享与生态环境联防共治是都市圈建设的重要内容

都市圈的发展过程也应是人民群众美好生活需求被不断满足的过程。我国行政区划对公共服务与生态环境治理的影响深刻且巨大，都市圈的发展过程应稳步破除行政壁垒，实现公共服务与生态环境保护一体化发展。成都都市圈不但要持续深化教育、卫生医疗以及社会保障、生态环境治理等领域的共建共享探索，而且要积极拓展文体、人力资源、绿色发展等领域的同城化探索，构建良好的利益共享、成本共担、数据共享机制，建立公共服务与生态环境保护标准化监管体系，在更大范围、更深层次内实现公共服务共建共享与生态环境联防共治。

四　成长期成都都市圈建设的对策建议

顺应都市圈发展规律，充分把握成都都市圈由起步期步入成长期、由夯基垒台向整体成势转变的良好发展态势，构建以顶层设计为引领，以交通圈、产业圈、生活圈以及创新共同体建设为重点任务，以高能级开放平台、高效率要素市场化配置体系、高质量营商环境、高水平区域协作为支撑的"1+4+4"体系，促进成都都市圈由单中心向多中心转变、由竞争关系向竞合关系转变、由产业驱动向产业与创新引领转变，加快建强动能更加充沛的现代化成都都市圈。

（一）秉持顶层设计引领：深化体制机制改革

1. 以经济区与行政区适度分离改革为引领

一是持续优化运营协商机制。将四川省成德眉资同城化发展领导小组办公室设为领导成都都市圈建设的常设机构，进一步拓展机构运营职责范围，对内协调统筹成都都市圈建设，对外与重庆都市圈以及其他都市圈协同合作，此外，还应负责引领带动成都平原经济区建设相关事宜以及作为整体参与四川省"五区共兴"战略推进以及成渝地区双城经济圈建设。

二是完善规划管理体制。以"1+1+N"规划体系为基础，建立健全都市圈跨市主要轴带和毗邻区域规划统一制定、联合报批、协同实施的管理体系，强化规划引领作用和刚性管控要求，加快形成"轴带串联、多点支撑"空间格局。重点建立交界地带规划融合机制，进一步加强毗邻地区产业、交通、功能空间、公共服务等专项领域的衔接，共同编制融合发展总体规划、国土空间规划和专项规划，制定年度计划和项目清单，推进区域协同发展。

三是优化要素保障机制。围绕土地一体化市场目标，探索建立都市圈建设用地指标统筹使用管理机制。协同推进产业用地市场化配置改革，全面推动实施"标准地"供地模式和新型产业用地制度，四市统筹推进城乡建设用地增减挂钩，探索以空间发展权交易为手段的城乡区域空间保护机制。促进金融服务同城化，推动四市共同建设金融服务平台，支持符合条件的金融机构跨行政区设立分支机构。依法适当扩大都市圈专项债券发行规模，多渠道筹集同城化发展资金。鼓励发展产业基金，支持跨区域重点项目和平台建设。构建都市圈数据市场，加快促进四市在城市各功能领域的数据共享。探索开展数据跨行政区交易试点。优化人力资源同城协作机制，建立四市共享的人力资源库以及人力资源需求清单，促进人力资源有序流动和高效配置。

四是探索财税分享机制。构建都市圈重大项目财政资金共担共享机制。出台跨区域项目财政资金共同支持政策，探索建立财政协同投入机制，通过政策协同引导、协作企业利益结算等方式实现共赢。分类制定税收分成的实施办法。围绕"总部+基地"、共建产业合作园区、产业梯度转移等差异化

合作模式，分类确定税收分享比例，动态调整税收分成。率先在都市圈内先行先试省内需分步实施或试点的财税改革政策，进一步完善税收分享配套政策。细化跨区域项目经济指标核算分成办法。对飞地经济、园区共建等跨区域合作模式下产生的主要经济指标，在政府内部考核时综合考虑权责关系、出资比例和资源环境因素等，进行协商划分或允许双方分别计入。

2. 以毗邻地区融合发展为推力

一是充分释放成德眉资同城化综合试验区改革政策红利。从"十四五"时期国家推进都市圈建设全局出发，对标国家层面对都市圈同城化制度建设的总体要求，加强与国家有关部门的工作沟通，深入研究全国都市圈体制机制改革和制度建设的共性领域和关键环节，把深化成德眉资同城化制度建设作为政治使命和责任担当，积极承担国家都市圈体制机制改革试验任务，在一些重点领域和改革深水区积极争取国家层面给予综合改革试点授权，力争形成一批在全国率先突破、叫得响立得住、可复制可推广的改革成果，积极为全国都市圈同城化制度创新提供经验示范。

二是优化完善"三带"产业协同机制。编制跨区域产业生态圈建设行动计划，围绕产业链、供应链上下游协同和产业融合发展，推动都市圈在先进制造、大旅游、大农业领域建圈强链，协调招商引资、项目建设、人才引进、技术创新、政策扶持等工作，打造若干具有竞争力的超级产业集群。推动组建都市圈产业园区建设联盟，形成跨层级、跨地域、覆盖全产业链的园区协作系统。支持四市通过一区多园、双向飞地等方式，与区域相邻、产业相关的产业园区联动发展，探索异地共建等不同形式的园区共建机制。探索以"轻资产"模式为主，向德眉资园区输出成都品牌园区管理经验和运营模式。支持都市圈企业开展跨区域兼并重组，推动企业集团化，打造都市圈品牌企业。制定都市圈统一的产业指导目录，建立区域招商项目共享机制，推动四市共搭招商平台、共享招商资源，加强招商引资政策对接，推进集群式招商、协同式落地，减少项目流失、无序竞争，共同打造承接产业转移示范区。探索"研发主要在成都、应用辐射全域"产业技术创新机制，协同建设产业创新发展联盟，形成产业技术需求联合发布机制，推动四市联合申报重大项目，促进产业链跨区域布局。

三是深入实施毗邻地区县域全方位合作机制。构建城乡基础设施一体化发展机制。推动都市圈基础设施规划和建设标准对接，形成一体化规划建设机制，实现四市市政公用设施向城郊村、中心镇延伸。按照城乡基础设施定位，健全都市圈公共基础设施项目投资分担机制，推动城乡基础设施项目打包融资、一体开发，探索进行 REITs 试点。完善城乡基础设施分类管护机制，提高除经营性设施外设施管护的市场化程度。完善农民持续增收机制。

四是构建城乡融合发展平台共建机制。推广四川成都西部片区国家城乡融合发展试验区建设经验，在都市圈内统筹布局建设各级各类城乡协调发展功能平台，发挥四市城区辐射带动作用，促进城乡要素跨界配置和产业联动协同发展，形成一批城乡融合典型项目。建立美丽乡村和各类农业园区发展水平协同提升机制，联合开展农村一二三产业融合发展示范项目，共同打造城乡产业协同发展示范区。依托成德眉资公共资源交易平台，形成农村产权依法流转和配置机制。

3. 以理顺政府和市场的关系为加速器

一是顺应市场。为市场经济的运行与发展提供良好的制度环境。加强产权保护，进一步完善成德眉资知识产权预警机制，提升都市圈跨区域产权保护效率，树立市场经济主体的信心，更大程度激发市场主体的积极性与创造性。优化营商环境，加快推进统一的营商环境评价标准建设，加快推进都市圈营商环境联合评价，以评价结果倒逼同城化改革。协同推动商事制度改革，实行统一的市场准入负面清单和企业登记标准，开设都市圈企业登记绿色通道。协同优化行政审批流程，探索实行行政审批无差别化受理。协同开展都市圈市场监管，推动地方标准共建，形成市场监管数据共享机制和征信联动机制。探索构建公平竞争审查协作制度和联合执法机制，共建都市圈公平竞争环境。完善市场经济体制，引导要素自主有序流动。进一步推动土地要素市场化改革，进一步完善城乡建设用地市场、深化产业用地市场化配置改革。稳妥推进农村集体经营性建设用地入市，依托成都农交所逐步形成城乡统一建设用地市场；支持四市统筹用地指标，优化建设用地布局，完善建

设用地二级市场,盘活存量用地和低效用地,探索建立建设用地多功能复合利用开发模式;协同推进产业用地市场化配置改革,全面推行"标准地"供地模式和新型产业用地制度,全域推进城乡建设用地增减挂钩,探索以空间发展权交易为手段的城乡区域空间保护机制。促进金融服务同城化,推动四市共同建设金融服务平台,联合开展金融创新试验,支持符合条件的金融机构跨区域设立分支机构,探索设立都市圈绿色发展基金,构建都市圈金融风险联防联控机制,推动信用体系一体化;落实金融财政互动政策,依法适当扩大都市圈专项债券发行规模,多渠道筹集同城化发展资金;支持组建都市圈投资运营公司,探索设立都市圈发展基金,支持跨区域重点项目和平台建设。建设统一的技术和数据市场。推动都市圈技术要素市场建设,促进技术与资本融合发展,探索通过天使投资、创业投资、知识产权证券化、科技保险等方式推动科技成果资本化;深化科技成果使用权、处置权和收益权改革,开展赋予科研人员职务科技成果所有权或长期使用权试点;探索在都市圈开展数据交易试点,形成统一规范的数据管理、隐私保护、安全审查和定价交易制度,逐步构建都市圈数据市场。

二是培育市场。推动推进型主导产业的发展。正如佩鲁所言,推进型主导产业的发展将带动一个区域或相关产业的发展。[1] 因此,确定推进型主导产业,并促进其发展是政府培育市场的重要方式。认真推进并动态更新《成都都市圈重点产业产业链全景图》,推进"一产一政""一企一政",实时跟踪产业及重点企业发展状况,适时调整产业政策。推动组建都市圈产业园区建设联盟,形成跨层级、跨地域、覆盖全产业链的协作系统。支持四市通过一区多园、双向飞地等方式,与区域相邻、产业相关的产业园区联动发展,探索异地共建等不同形式的园区共建机制。保障事关国民经济命脉的产业的安全性。强化国有资本对事关国民经济命脉安全的产业的直接控制;充分利用成渝地区钒、钛、锂、钾、锰等资源优势,江河山地等自然特点,支持国有资本平台加强对相关自然资源的研究与开发,鼓励

[1] Perroux, François, "Note sur la notion de poles croissance", *Economic Appliquee*, 1955: 1-2.

都市圈相关民营企业发展，强化成都都市圈在成渝地区打造国家重要初级产品供给战略基地过程中的引领力。有序淘汰产能落后产业。探索制定统一的准入制度与负面清单，稳步推进都市圈环保标准同城化，倒逼相关企业实施技术改良或转变发展方式，甚至通过企业关闭、产业转移等方式推进"腾笼换鸟"。

三是与市场融合发展。一方面，政府要通过产业政策等引导市场的发展方向；另一方面，政府要为产业内部提供良好的竞争环境，实现内部的公平竞争。值得注意的是，与市场融合发展要求政府积极发挥主观能动性，要及时发现"市场失灵"，并及时纠正"市场失灵"；还要灵敏感受"政府失灵"，在预计政府作用达不到预期效果的时候，积极调整策略，使政府作用与预期目标尽量靠近。探索更加高效的政府与市场融合发展模式，通过产业政策形成百花齐放的局面，再通过建立良好的市场规则、引进先进企业等方式对行业进行洗牌，最终在市场机制的作用下，实现产业的发展与壮大。

（二）聚焦重点任务：深化关键领域合作

1. 打造互通互联的交通圈

一是建立健全要素保障机制。资金保障方面，推动四川交通投资基金向成德眉资重大高快速路建设、轨道交通接驳和建设等领域倾斜，组建成德眉资交通同城化投资基金，重点向短距离跨市界道路建设等领域倾斜，形成多层次、多渠道的资金保障体系。由成德眉资按比入股、合资成立交通同城化公司，具体负责交界区域短距离跨市界道路、地铁建设，确保实现标准相通、时序相同。土地保障方面，逐步改进政府投资土地整治模式，通过以奖代补、补改结合等方式，拓宽补充耕地途径，多渠道落实补充耕地指标，建立跨区域耕地占补平衡机制。

二是推进交通建设运营共建共享。加快构建成德眉资半小时交通圈，扩容加密，增强高速公路主通道通行能力，推动成德眉资重大高快速路建设，合理开通区域公交专线，强化交通接驳能力，推动交通运输线路衔接一体化，打通断点，毗邻地区县乡干道对接成网，加快完善城际快速路网体系。

探索同城化轨道交通运营管理"一张网",提升运输能力,健全运营补偿和结算机制。

2. 打造高能级产业生态圈

一是探索建立资源高效利用的引导机制。以"政府引导、市场主导"为引领,及时出台成德眉资产业发展规划布局指导意见,引导"成都产业转移,德眉资产业承接"和"成都产业主导,德眉资产业配套",加快形成"研发设计在成都、生产制造在德眉资"和"总部+基地"的产业发展良性竞合关系,构建功能互补、错位发展的产业生态圈。

二是推动产业要素的有效流动和聚合。基于供应链上下游供需关系以及产业链的上下游合作关系,加快培育并遴选一批产业链龙头企业、单项冠军企业作为产业链"领航"企业,牵头建设产业链上下游企业共同体、产业联盟。围绕"领航"企业,建设产业链龙头企业配套企业库,积极开展产业链对接系列活动,推动政府"链长"与企业"领航"协调对接,积极破解土地、资金等要素制约,加速项目建设进度。推动"领航"企业与上下游企业开展供需对接与技术合作,提升本地配套能力,推动产业链协同创新。加强清单式分层分类管理,结合国家第六批单项冠军企业申报工作,建立分层分类、动态跟踪管理的企业梯队培育清单,推动更多有基础、有潜力的企业实现从高成长、创新型、科技型、专精特新"小巨人"到单项冠军的梯次升级。

三是促进产业协同创新发展。推进成德眉资共同参与"校企双进"活动,共同探索搭建线上线下活动平台,通过线上进行高频次的持续性的高校院所科技成果发布,线下促进四市企业技术需求与高校院所科技创新资源对接。加快环高校知识经济圈建设,鼓励区域科技型企业在成都布局建设以研发与转化为核心的科技创新平台,促进与在蓉高校院所优势互补、协同创新。聚焦核心电子器件、高端通用芯片及基础软件产品、新一代移动通信、集成电路、高档数控机床与基础制造装备、国家网络空间安全、量子通信与量子计算机、航空发动机及燃气轮机等重点领域,推动四市加强技术攻关及联合研制,力争率先实现突破。

3. 打造优质共享的生活圈

一是建立教育合作机制。统筹优化四市校点布局，完善名校"一对一"结对共建模式，支持在蓉优质民办学校以品牌连锁、委托管理等多种形式跨地区建设分校或校区，鼓励探索中考统考、高中统一招生，持续推动成都七中网校、石室祥云等数字化资源在德眉资推广应用，建设一批跨区域虚拟教育学习社区，打造教育同城化发展示范区。

二是建立社会保险参保信息共享机制。深入推进异地就医联网直接结算，加快符合条件的定点医药机构扩面提效、向基层延伸，实现"应纳尽纳、便民利民"。有序推进都市圈基本公共服务领域、项目、内容、数量等衔接一致。加速推动城市数字化协同，为社会和市民提供一体化、全方位的公共管理服务。

4. 加快建设创新共同体

一是加快推进国家科技基础设施群建设。依托国家第一阶梯向第二阶梯过渡、川藏高原边缘等地理优势争取更多国家级大科学装置、重大科技基础设施布局，合力开展关键技术的攻关和科技成果转化。探索建立"实验室+基金+公司+基地"转化模式，推进原创成果在成都都市圈就地转化。聚焦电子信息、装备制造、新材料等重点产业领域，共建一批区域性研发平台、中试基地、技术创新中心、工程技术研究中心、新型研发机构。探索天府大道科创走廊科技基础资源、大型科研仪器共享共用，鼓励成德眉资科技型中小企业充分利用成都重大科研基础设施和大型科研仪器开展研发活动。加快推动科技信息资源整合，主动共享科技专家库、科普资源等。

二是推动跨区域创新成果转化。推进跨区域产学研用合作。统筹整合高等院校、科研院所等资源，推动形成跨区域、跨部门、跨产业、跨学科的政产学研用联盟，共同开展技术研发和科技成果转移转化。支持符合条件的领军企业牵头，围绕新型显示、航空装备、锂电、医疗器械等重点产业链关键环节，组建产学研协同、上下游衔接的创新联合体，持续强化产业链供应链。探索建立成都企业联合德眉资地区企业"双主体"申报成都市重大科

技项目的长效机制。

三是推进科技创新改革示范。推进科技成果产权制度改革，将成都"先共享确权，后转移转化"模式经验扩大到成都都市圈，进一步探索赋予科研人员科技成果所有权或长期使用权，明晰科技成果在单位与科技人员间的产权比例，完善科技成果所有权、使用权、处置权和收益权管理制度，探索建立知识价值、成果权属与利益分配机制。创新知识产权转移转化机制，构建"政府+企业+高校+知识产权经纪人+知识产权运营中心"五位一体的知识产权转移转化机制，搭建"摸需求—挖成果—建平台—推转移—促转化"的转移转化渠道。探索新型研发机构"团队控股"运行机制，面向全球高端人才团队，探索建立以政府投入为主，多个市场化运行的轻资产研究型运营公司，集管理、研发、转化、生产于一体的新型研发机构。共同培育和选拔知识产权经纪人、技术经理人。

（三）强化发展支撑：提升资源集聚能力

1. 建设高能级开放平台

一是复制推广自贸试验区经验。高标准建设中国（四川）自由贸易试验区，梳理总结自贸区试点在制度创新、平台构建、产业协作以及人才引进方面的经验，向德眉资自由贸易试验区协同改革先行区复制推广，并支持符合条件的经济功能区和县级行政区域建设自贸试验区协同改革先行区。

二是开放型平台功能协同共享。建立成都都市圈对外开放平台功能台账，共建共享航空铁路枢纽、产业、科技、金融等领域功能共享机制，推动自贸试验区、成都国际铁路港经济技术开发区、天府国际机场临空经济区、交子金融商务区、成都超算中心、中国天府农业博览园等重大平台服务功能向德眉资三市延伸，以区域内"功能开放"促高水平"对外开放"，打造都市圈功能协作基地，构建协同开放的都市圈合作空间。

三是协同共享开放经验模式。加快推动服务贸易创新试点、跨境电子商务综合试验区、多式联运"一单制"试点等经验模式率先在都市圈复制推广；协同参与川渝自贸试验区协同开放示范区建设，共同努力促进陆港、空港扩大开放，提升金融、科技等领域开放水平；协同共享"一带一路"进出口商品集散中心建设经验，促进都市圈企业沿开放通道参与"一带一路"物流基础设施投资、产业园区建设和拓展海外市场。

2. 建立高效率要素市场化配置体系

一是强化投入，健全多层次要素保障体系。土地方面，探索建立跨市域重大项目用地省级为主四市协同保障机制，统筹跨区域项目用地指标和基本农田占补动态平衡，将同城化发展重点项目纳入国土空间规划预留用地空间，共同争取土地利用年度计划向都市圈倾斜，共同争取同城化重大项目纳入省级重点项目管理。资金方面，既要保障财政投入，也要建立市场化多层次资本支撑体系，鼓励服务业企业借助多层次资本市场直接融资。统筹交界地带土地、国有资产、资金等要素资源，联合成立产业发展基金，共同组建平台公司，统筹交界地带基础设施项目建设，鼓励支持引导社会资本参与。信息技术要素方面，协同推进5G、人工智能、物联网、数据中心、工业互联网等新型信息基础设施布局，率先跨区域布局一批基于新一代信息技术的智慧应用场景，共同打造智慧都市圈。依托四市云平台服务商和试点示范平台，开放端口与渠道，共建辐射四市乃至中西部地区的工业互联网平台、测试验证平台，开展工业数据流转、产业运行监测、技术验证与测试评估等服务，鼓励四市"企业上云"。人才方面，加大高端服务业人才引进力度，共建人力资源服务平台，协同开展就业培训服务和人才招聘活动。最后，建立都市圈水、电、气、网络等资源联通共享机制。

二是盘活存量，提高要素配置效率。聚焦成都都市圈土地资源、技术交易、人才流动、信息整合、资本运筹等主要内容，深化都市圈要素创新改革，充分发挥农村产权交易平台作用，加快建设成德眉资人力资源协同发展示范区，推动设立同城化发展投资基金，打造成德眉资大数据平台，促进各类要素跨区域自由流动以及提高要素配置效率。探索建立利用飞地经济、点状供地、土地置换等方式，提高土地流动性以及优化土地资源配置效率。探索建立城乡统一的土地市场以及都市圈建设用地指标的跨区交易。依托农村土地交易服务平台和成都农交所德阳、眉山、资阳子公司，进一步完善覆盖

四市的统一农村产权交易服务体系，开展农村产权交易服务。加大数字贸易试验区、大数据交易所和数据跨境流动"监管沙箱"建设，促进数据要素有序流动。强化成德眉资信息互通，提升信息通道能力和信息集散能力，加快建立数据资源共享交换平台，实现城市基础信息和数据互信互认、共享共用；加大国内外人才吸引政策支持力度，打破地域分割，相互开放人力资源市场信息，推动人才自由便捷流动。

3. 营造高质量营商环境

一是制定成都都市圈营商环境评价标准。加快推进都市圈营商环境联合评价，以评价结果倒逼同城化改革。协同推动商事制度改革，实行统一的市场准入负面清单和企业登记标准，开设都市圈企业登记绿色通道。协同优化行政审批流程，探索实行行政审批无差别化受理。在都市圈内先行先试省内需分步实施或试点的税收政策，探索建设都市圈税收征管一体化机制。协同开展都市圈市场监管，推动地方标准共建，形成市场监管数据共享机制和征信联动机制。探索构建公平竞争审查协作制度和联合执法机制，共创都市圈公平竞争环境。

二是构建高效的服务环境。充分发挥成都中心城市引领作用，在之前相继出台的国际化营商环境6.0版基础上，充分发挥政策溢出效应，围绕优化提升投资贸易、获得许可、要素匹配、政策支持、司法保护等，针对德眉资营商环境具体情况和问题，靶向发力、精准施策、协同突破，在成都都市圈内复制推广政策经验，探索推行行政审批跨市"无差别化"受理，共同打造国际化营商环境，将都市圈协同打造成全国营商环境最优区域。围绕优化企业全生命周期服务制定精准化的改革方案，打造创新创业、政务效能、产业服务、对外开放、权利保护等环境优势。

4. 推进高水平区域协作

一是深化合作，促进五区协同共兴。强化成都都市圈的引领作用，协同推进各区域创新能力提升。动员各方力量结对帮扶，带动后发区域加快发展，实现"先富带后富、共奔富裕路"。建立健全现代综合交通运输基础设施体系，加快省内五大片区铁路连通建设，推动干线铁路、城际铁路、市域

（郊）铁路和城市轨道交通"四网融合"，强化成都双流国际机场和成都天府国际机场运营效能。统筹能源基础设施建设，加强主干网与城市管网建设的运营协调，加快推进天然气（页岩气）等能源通道、应急调峰储备设施、储气库建设，优化城镇燃气管网，加快燃气管网向农村延伸，完善铁路运煤通道集疏运体系；提高水利基础设施建设力度，协同开展"再造都江堰"水利大提升行动，加快推进引大济岷、长征渠引水等工程建设，提高大中型水利、中小型水源工程建设力度，推进大中型灌区续建配套与现代化改造等农村水利设施项目建设。推进新型数字基础设施建设，构建全域覆盖高速信息网络，加强数字流域、智能水网、智慧广电建设，推动传统基础设施智能化改造，联动打造物联网应用场景。优化产业布局，提升资源环境承载力。统筹五大片区产业全景图稳链、强链、补链、延链，积极推广"双飞地"模式，采用股权合作、政策共享、产品定制、联合招商、联席会议等多样化合作模式，促进产业"深研发、快落地、速转化"，达到"1+1＞2"的效果。聚焦各片区特色优势产业、战略性新兴产业，推广"总部+基地""研发+转化""终端产品+协作配套"模式，推动专业化分工协作、产学研协同创新、人才共同培养引进、区域品牌共建共享，加快产业成链集群发展，协同构建产业生态圈。

二是强化互动，建强成渝地区双城经济圈。强化与重庆都市圈协同发展，引领带动成渝地区双城经济圈实现高质量发展。强化机制协同，在推动成渝地区双城经济圈建设重庆四川党政联席会议框架下构建涵盖决策层、协调层、执行层的成都都市圈和重庆都市圈协调机构与机制，积极推进两大都市圈规划对接，共建合作平台，开展一体化探索。强化成都和重庆两大极核城市的互动引领作用，进一步强化合作共识，深化科技创新、产业发展以及对外开放等重点领域的合作，并进一步拓展合作边界，共同探索市场规则制度共通、商业基础设施共联、商贸流通体系共享、供应链区域合作共促、市场消费环境共建。强化产业协同，加强电子信息、装备制造、文旅消费产业集群等领域的协作，积极探索构建良好的产业协作机制，营造市场主导、政府引导的产业发展格局。强化城乡协同，通过引导城乡要素高效有序流动、

优化城乡公共资源配置、推进城乡产业协同发展，共同推进区域均衡发展。强化开放协同，加快构建对外开放大通道、高水平推进开放平台建设、营造一流营商环境，共同打造改革开放新高地。强化生态协同，推动生态共建共保、强化污染协同治理、探索绿色转型发展方式，共建美丽家园。

参考文献

埃比尼泽·霍华德：《明日的田园城市》，金经元译，商务印书馆，2000，第108～121页。

曹卓娜：《福州都市圈轨道交通建设》，《世界轨道交通》2021年第8期。

方创琳：《新发展格局下的中国城市群与都市圈建设》，《经济地理》2021年第4期。

方创琳：《以都市圈为鼎支撑中国城市群高质量发展》，《张江科技评论》2020年第6期。

郭彦卿、林杨、杨峥：《京津冀协同发展与首尔都市圈经验借鉴》，《城市》2016年第3期。

《国家发展改革委关于培育发展现代化都市圈的指导意见》（发改规划〔2019〕328号），https：//www.ndrc.gov.cn/xwdt/ztzl/xxczhjs/ghzc/202012/t20201224_1260130.html。

蒋文超：《长三角一体化背景下杭州都市圈竞争力提升战略研究》，《现代商贸工业》2022年第19期。

金霜霜、朱天可、朱喜钢：《杭州都市圈养老空间格局与一体化发展建议》，《城市建筑》2022年第10期。

雷霞：《我国城市群发展中的政府作用研究》，四川大学博士学位论文，2021，第11页。

卢明华、李国平、孙铁山：《东京大都市圈内各核心城市的职能分工及启示研究》，《地理科学》2003年第2期。

马燕坤：《都市区、都市圈与城市群的概念界定及其比较分析》，《经济与管理》2020年第1期。

马振涛：《关于都市圈发展演变规律的三个基本认识》，《决策咨询》2021年第5期。

清华大学中国新型城镇化研究院：《现代化成都都市圈高质量发展指数》，2023。

庆应义塾大学湘南藤泽研究所：《国际大都市规划建设研究年度报告——以东京为目标城市》，2022。

孙艳芳：《南京都市圈体育旅游协同发展研究》，南京体育学院硕士学位论文，2016。

汪光焘、叶青、李芬、高渝斐：《培育现代化都市圈的若干思考》，《城市规划学刊》2019 年第 5 期。

王文李：《新时代福州都市圈治理现代化的路径》，《福州党校学报》2022 年第 6 期。

王应贵、娄世艳：《东京都市圈人口变迁、产业布局与结构调整》，《现代日本经济》2018 年第 3 期。

肖金成：《关于新发展阶段都市圈理论与规划的思考》，《学术前沿》2021 年第 4 期。

薛俊菲、顾朝林、孙加凤：《都市圈空间成长的过程及其动力因素》，《城市规划》2006 年第 3 期。

杨开忠、姚凯：《成都都市圈建设报告（2021）》，社会科学文献出版社，2022。

杨开忠、姚凯：《成都都市圈建设报告（2022）》，社会科学文献出版社，2023。

杨召、刘光辉、饶伟等：《武汉都市圈同城化创新发展先行区研究初探》，《云南科技管理》2023 年第 1 期。

殷耀宁、曾光：《国内重要都市圈一体化发展体制机制创新的主要经验及对江西的启示》，《产业创新研究》2022 年第 2 期。

张京祥、邹军、吴启焰、陈小卉：《论都市圈地域空间的组织》，《城市规划》2001 年第 5 期。

张伟：《都市圈的概念、特征及其规划探讨》，《城市规划》2003 年第 6 期。

张晓兰、朱秋：《东京都市圈演化与发展机制研究》，《现代日本经济》2013 年第 2 期。

张学良：《以都市圈建设推动城市群的高质量发展》，《上海城市管理》2018 年第 5 期。

张震、徐明威、张燕：《新发展格局下广州都市圈经济高质量发展成效及对策分析》，《商业经济》2022 年第 12 期。

钟荣丙：《长株潭都市圈融合发展新路径研究》，《长江技术经济》2022 年第 6 期。

Jean Gottmann, "Megalopolis or the Urbanization of the Northeastern Seaboard", *Economic Geography*, Vol. 33, No. 3, 1957.

重点领域篇
Key Fields Reports

B.2
成都都市圈国土空间规划建设报告

成都市规划和自然资源局　成都市规划设计研究院 *

摘　要： 国土空间规划在适配度和前瞻性之间的考量，展现了现代城市群发展的脉络走向，成都都市圈的国土空间规划也在探索中走向成熟。本文回顾了成都都市圈国土空间规划建设在有序推进中充分衔接、在融合发展中守正创新、在协同机制上日趋完善等建设方面的现状成就，总结了如何共推"三区三带"差异化做强核心功能以及交界地带、毗邻地区同标准共发展等多项重要工作举措和创新做法，提供了成都都市圈有关天府大道南北延线科创走廊、成都资阳协同开放走廊空间规划典型案例，并对成都都市圈国土空间规划持续建设发展提出了包括《成都都市圈国土空间规划（2021~2035 年）》报批、"三区三带"工业资源投放先行区域的确定、双圈互动空间协同路径与布局策略等在内的多项构想。

---

* 执笔人：曾九利，成都市规划和自然资源局副局长；徐本营，成都市规划设计研究院规划一所副所长、高级工程师；熊琳，成都市规划设计研究院副主任规划师；罗利佳，成都市规划设计研究院规划一所规划师、工程师。

关键词： 规划衔接　空间布局　协同机制　成都都市圈

2021年6月以来，《成都都市圈发展规划》《成渝地区双城经济圈多层次轨道交通规划》相继得到国家发改委批复并正式印发，现代农业、生态环境等专项规划印发实施，成都都市圈已经建立起以发展规划为统领、国土空间规划为基础、各类专项规划和实施方案为支撑的成都都市圈"1+1+N"规划体系。成都都市圈以"一盘棋"思维，深化成都都市圈国土空间安排，强化都市圈国土空间保护、开发、利用、修复的系统安排和用地布局统筹，将都市圈的发展规划落实到空间布局上，构成了成都都市圈规划体系的重要支撑。

一　现状成效

（一）规划编制推进有序

1. 持续优化《成都都市圈国土空间规划（2021~2035年）》

按照四川省推进成德眉资同城化发展领导小组工作安排，在自然资源厅、省同城化办指导下，2020年3月成都市规划和自然资源局会同三市自然资源主管部门，迅即组织开展《成都都市圈国土空间规划（2021~2035年）》（简称《规划》）编制工作。《规划》与省发改委牵头编制的《成都都市圈发展规划》紧密衔接，在发展格局、重点领域、实施维度等方面保持步调一致、方向一致，确保"1+1"顶层规划发挥最大合力。《规划》先前已分别通过成、德、眉、资四市规委会和四川省推进成德眉资同城化发展领导小组第三次会议审议。2022年，按照最新要求，落实"三区三线"划定成果，充分衔接《成渝地区双城经济圈建设纲要》《成都都市圈发展规划》《成渝地区双城经济圈国土空间规划》《四川省国土空间规划》《成都平原经济区国土空间规划》，对接成、德、眉、资四市国土空间总体规划和

《成都都市圈建设成长期三年行动计划（2023~2025年）》等9个都市圈专项规划，进一步修改完善形成《规划》送审成果。

2.编制完成《天府大道北延线、南延线科创走廊和成资协同开放走廊国土空间专项规划》

建设跨区域科创走廊，是打破行政区划壁垒、整合区域创新要素的关键举措，是推动成德眉资同城化发展暨成都都市圈建设走深走实的重要一环。根据《成都市贯彻落实〈成德眉资同城化发展暨成都都市圈建设2022年工作要点〉》《关于印发〈成德眉资国土空间规划衔接专项合作组2022年重点工作计划〉的通知》的要求，成都市规划和自然资源局牵头组织编制了《天府大道北延线、南延线科创走廊和成资协同开放走廊国土空间专项规划》。该专项规划于2022年8月5日通过专家及市级部门审查会审查，于2023年1月通过省推进成德眉资同城化发展领导小组第六次会议审议，于2023年3月正式发布。该专项规划落实《成都都市圈发展规划》《成都都市圈国土空间规划（2021~2035年）》总体部署和战略安排，支撑"三区三带"发展建设，是指导成德眉资四市共同推进科创走廊建设的专项规划，指导成德眉资四市沿科创走廊功能组团的城市设计和详细规划编制。

（二）都市圈规划建设有序推进

《规划》提出构建都市圈空间布局的整体指引，主要包括成渝城市发展主轴、成德眉发展轴和龙泉山东侧发展轴，发挥辐射带动作用；共建成德临港经济产业带、成眉高新技术产业带和成资临空经济产业带，推动全域同城化发展；建设科技走廊；推进邻接地区融合发展等。在《规划》指引下，都市圈规划建设有序推进。

1."三轴"发展趋势明显，集聚高能级功能载体

从交通方面看，轨道上的都市圈加快建设，市域铁路成资S3线、成眉S5线、成德S11线开工建设，成南、成乐、成绵等高速公路扩容全面推进，成渝中线开工建设，交通走廊的建设助力成渝城市发展主轴、成德眉发展轴和龙泉山东侧发展轴加速呈现。

从功能载体上看，成都都市圈以成都东部新区为重要抓手，着力推动城市功能向东部地区延展，做强成渝城市发展主轴功能支撑；以成德眉资同城化综合试验区，培育龙泉山东侧发展轴；以成德眉发展轴沿线高新区、经开区为载体，推动成德眉发展轴加速呈现。

2."三带"发展动能显著，产业项目加速引入

《规划》提出充分发挥成都国际铁路港经开区、四川天府新区、成都东部新区三大高能级空间载体的引领作用，先行打造成德临港经济产业带、成眉高新技术产业带和成资临空经济产业带，共建成渝地区双城经济圈高质量发展先行区、公园城市高品质生活宜居地，形成同城化发展示范区。"三带"被赋予实现优化区域发展布局、加速推进基础设施同城同网、协同提升创新驱动发展水平、共建现代高端产业集聚区、提升开放合作水平的重要任务。自成德眉资同城化建设正式施行以来，成德临港经济产业带、成眉高新技术产业带、成资临空经济产业带重大项目完成投资3700亿元，上线工业互联网供需对接平台，服务都市圈企业2100家，成功匹配供需信息超5000条。"三区三带"区域集聚的成都国际铁路港、德阳国际铁路物流港、天府新区、空港新城等区域，产业能级不断提升，整体发展实力增强。

3."三廊"建设推进有力，科技创新要素加速流通

在"三区三带"区域选取创新要素集聚的区域打造天府大道北延线、南延线科创走廊和成资协同开放走廊，强化创新发展。《天府大道北延线、南延线科创走廊和成资协同开放走廊国土空间专项规划》落实《成都都市圈发展规划》《成都都市圈国土空间规划（2021~2035年）》总体部署和战略安排，支撑"三区三带"发展建设，于省推进成德眉资同城化发展领导小组第七次会议审议通过，作为指导各市国空总体规划协同内容的规划依据。《天府大道北延线、南延线科创走廊和成资协同开放走廊国土空间专项规划》对四市创新要素进行系统梳理谋划，对接四市国土空间规划，聚焦创新平台协同共建、产业创新融合共兴、创新网络全域互促、对外开放协同共进、公共服务便利共享等，优化四市创新资源布局，引导高能级创新载体沿廊道集聚，实现对四市国土空间规划创新资源、创新产业发展的再整合、

再优化，形成良性反馈机制，为四市国土空间规划的高质量编制提供参考。

4．"交界地带"同城化支撑点作用与示范作用突出，以点带面推动格局形成

交界地带作为同城化发展的若干支撑点，以同城理念做到同频共振，推动同城化地区、毗邻地区等重点区域，先行先试、加快破题，成都都市圈区域内融合发展加快成势。

2022年7月6日，成德眉资交界地带融合发展第二批精品示范点评审会在省同城化办举行，中国（彭什）黄背木耳（食用菌）现代农业产业园区、新津区—眉山天府新区交界地带智能制造融合发展示范点、青广现代粮油合作产业园、四川（金广）农旅融合产业园四个精品示范点成功突围，与此前评选的首批8个成德眉资交界地带融合发展精品示范点位，在成德眉资四市交界地带融合发展中形成了12个精品示范点位。

（三）协同机制日益完善

成都都市圈整体构建起省委、省政府统筹下的四川省推进成德眉资同城化发展领导小组、领导小组办公室、成德眉资四市同城化专门工作机构和专项合作组为构架的纵向联系、横向互动的同城化发展组织架构，并在四川省推进成德眉资同城化发展领导小组及其办公室框架下，成立国土空间规划衔接专项合作组。合作组负责在自然资源厅的指导下组织开展都市圈系列空间规划编制及规划衔接工作，强化规划顶层设计，共建规划协调共商机制，协同推进都市圈重大项目用地保障，组织开展规划实施监督和跟踪评估等。建立常态沟通机制，四市自然资源主管部门派专人跟进同城化工作，形成工作合力，畅通交流渠道。建立规划联合编制、联合审查审议机制，加强都市圈系列规划编制全过程衔接协同，共同推进规划联合报审报批工作。

国土空间规划衔接专项合作组设立专项合作组办公室，不定期召开规划衔接工作会，共同商议同城化空间规划中的重大问题，以四市共商凝聚共识，推进发布《成都都市圈稳定公平可及营商环境宣言》等，印发《成德眉资国土空间规划衔接合作组2022年重点工作计划》等，推动同城化发展

重点领域、重点区域取得新进展、新成效，一批重大项目和原创性原动力改革取得突破，进一步夯实了成都都市圈建设基础。

二　工作举措及创新做法

（一）突出功能引领与项目带动，推动"三区三带"差异化发展

1. 突出"三区三带"核心功能和特色功能打造，优化提升基本功能

《规划》聚焦"三区三带"，突出核心功能和特色功能打造，优化提升基本功能。成德临港经济产业带着眼服务全省制造业转型升级、建设外向型经济发展高地，打造先进制造业产业集群。成眉高新技术产业带承担"公园城市"首提地使命担当，以创新为第一驱动力，以公园城市为特色，推动高新技术产业高质量发展。成资临空经济产业带以共建成都天府国际机场临空经济区为纽带，打造成渝发展主轴新兴增长极，带动成渝中部崛起。在基本功能方面，重点推动"三带"道路交通、公服设施、基础设施等加速建设。

2. 推进重大项目建设向"三区三带"集聚

倾斜保障成都都市圈内重点区域建设需求，助力打造高质量发展示范区，推进都市圈"三带"内重大项目建设，多渠道争取将项目纳入国省重大项目清单，充分发挥先行先试的引领作用。按照《自然资源部关于积极做好用地用海要素保障的通知》（自然资发〔2022〕129 号）和《关于加强用地审批前期工作积极推进基础设施项目建设的通知》（自然资发〔2022〕130 号）精神，对纳入国家重大项目清单、国家军事设施重大项目清单的项目用地，以及纳入省级人民政府重大项目清单的能源、交通、水利、军事设施、产业单独选址项目用地，由自然资源部直接配置计划指标。如 2021 年至 2022 年 12 月，四市自然资源主管部门以成都都市圈"三区三带"为抓手，倾斜保障"三带"内区域产业、民生工程、基础设施项目。截至目前，下达"三带"涉及的 11 个区（市）县批次用地指标为省厅下达成都市预支

批次用地指标总量的64.5%，保障重大产业、民生工程、基础设施项目147个，按应保尽保全力保障单选项目。

（二）促进交界地带、毗邻地区融合发展同标实施

1.共同加强邻接地区引导与管控

根据地理人文特征，将跨市邻接地区划分为郊野空间邻接型和城镇空间邻接型两类。城镇空间邻接型地区要推动两侧城市功能、交通和形态统筹协调，推动邻避设施协同设置；严禁在邻市界区域及协同划定的通风廊道内设置高污染企业、垃圾焚烧厂等。郊野空间邻接型地区要共同加强耕地和永久基本农田、生态保护红线及生态控制区保护，沿市界两侧各1公里范围内，除省市已批复的建设用地项目外，原则上不新增建设用地；推动合作开展农村建设用地整理和面源污染治理，推动跨区域农业规模化发展，推动农业设施和服务平台的共享共用。

2.促进交界地带融合发展

共建跨区域资源转化合作试验区，推动彭州—什邡交界地带融合发展。共促临港产业带建设，推动青白江—广汉交界地带融合发展。共促高新技术产业带建设，推动天府新区成眉片区交界地带融合发展。聚焦现代农业转型升级，推动简阳—乐至交界地带融合发展。共建临空经济示范区，推动简阳—雁江交界地带融合发展。协同建设淮州新城、凯州新城，推动金堂—中江交界地带融合发展。聚焦区域主导产业协作，推动新津—彭山交界地带融合发展。聚集现代农业，推动蒲江—丹棱交界地带融合发展。

三　发展构想

（一）加快推进《成都都市圈国土空间规划（2021~2035年）》报批

贯彻落实党的二十大精神，深入学习贯彻习近平总书记来川视察重要指

示精神，全面落实省委工作会议精神，结合新阶段、新要求，加快完善送审成果。紧密衔接省国土空间规划和四市国土空间总体规划，以筑牢都市圈国土空间安全、优化都市圈国土空间格局、保障都市圈重大项目为导向，积极研究争取省级层面规划要素适度倾斜，统筹都市圈层面规划要素协同布局，为相关工作的开展提供基础依据和支撑。

（二）进一步优化用地结构、保障重点项目，提高重点区域发展水平

一是强化用地结构优化。"三带"内的起步区作为工业资源投放的先行区域，应在产业用地配置上予以保障，应进一步优化调整"三带"内用地结构比例，保障好"三带"产业发展。引导产业用地向成德临港经济产业带、成眉高新技术产业带、成资临空经济产业带起步区及核心区布局。根据发布的《天府大道北延线、南延线科创走廊和成资协同开放走廊国土空间专项规划》，进一步明确创新空间的核心区域，强化创新空间保障，优化用地布局，鼓励适度增加教育科研用地，规划创新平台及创新服务设施，并新增公园绿地营造创新交流空间。

二是进一步强化项目保障。建议四市部门充分用好用足政策，积极申报"三带"内重大项目，多渠道争取将项目纳入国省重大项目清单。

（三）加强成都都市圈、重庆都市圈的规划衔接，探索毗邻地区规划合作模式

一是加强成都都市圈与重庆都市圈国土空间规划全面充分衔接，增加支撑"双圈互动"的规划内容。二是共同探索都市圈毗邻地区规划合作模式。以资阳—大足为先行区，基于资大文旅融合发展示范区总体方案，共同编制《资大文旅融合发展示范区空间协同规划》，进一步明确毗邻地区在功能协同、产业合作、交通互联等方面的空间协同路径与布局策略。

B.3
成都都市圈立体交通体系建设报告

成都市交通运输局*

摘　要： 交通基础设施建设作为成都都市圈建设的开路先锋的作用愈发凸显，强力支撑都市圈建设的全面推进。本文主要回顾了成都都市圈综合交通建设在能级提升、通道拓展、城际网络等方面的协作机制创新和现状成就，总结了成都都市圈综合交通建设采取的同城同网专项合作、交通项目运营管家式服务、公交一卡通和客运一体化等多项重要工作举措和创新做法，提供了成都都市圈如何织密交通路网的典型案例，并就成都都市圈打造轨道上的都市圈、互联互通公路交通网如何升级为一体直连、"亚蓉欧"国际班列影响力如何扩大等方面提出了发展思路。

关键词： 基础设施　综合交通　铁路公交化

深入贯彻落实党的二十大精神，全面落实省第十二次党代会和省委十二次全会决策部署，以成渝地区双城经济圈建设为总牵引，以"四化同步、城乡融合、五区共兴"为总抓手，认真落实《成都都市圈发展规划》，推动成德眉资综合交通"同城同网"，强力支撑成都都市圈建设，打造成都国际性综合交通枢纽，为成德眉资同城化暨成都都市圈建设发挥开路先锋作用。

---

* 执笔人：孙立夫，成都市交通运输局综合规划处二级主办。

一 现状成效

（一）枢纽能级加快提升

门户枢纽建设全面提速，初步形成国际空港、铁路港的"双枢纽"格局。双流国际机场完成扩能改造，天府国际机场建成通航，成都成为国内第三个拥有双国际枢纽机场的城市，国际（地区）航线规模稳居中西部第一。成都入选首批国家物流枢纽承载城市，成都国际铁路港拥有亚洲最大的铁路集装箱中心站以及国内功能最全、最具竞争力的铁路货运型国家对外开放口岸。

（二）对外通道持续拓展

国际（地区）航线网络覆盖五大洲主要城市，中欧班列、西部陆海新通道班列、中老（越）班列实现协同运行，以成都为核心的"空中丝绸之路"和"国际陆海联运"双走廊日益完善。西成高铁、成贵高铁、成安渝高速、成资渝高速、成宜高速等项目建成通车，成都都市圈对外综合运输通道达 26 条（铁路 9 条、高速公路 17 条），成渝双核间已形成由 2 条高速铁路和 4 条高速公路构成的通道集群。

（三）城际网络逐步完善

成都都市圈环线高速、中金简快速路、剑南岷东大道等项目建成通车，全省首条跨市的市域（郊）铁路——成都至资阳线开工建设，成德、成眉、成资间分别形成"4 轨 6 高 7 快""2 轨 5 高 3 快""2 轨 3 高 1 快"的同城化城际快速交通网络，成都都市圈"1 小时通勤圈"加快形成。

（四）跨市出行更加便捷

成渝高铁完成提质改造，成绵乐、成雅（蒲）、成灌（彭）等铁路实

现公交化运营；成都都市圈日均开行动车 131 对，为公交化运营前的 3.2
倍。成灌（彭）铁路犀浦站在全国率先实现铁路与地铁"安检互信、同
台换乘"，旅客平均换乘时间压缩至 3 分钟以内。成都都市圈毗邻地区间
稳定开行 13 条跨市公交线路，四市实现公共交通"一卡通刷、一码通乘、
优惠共享"。

（五）协作机制不断深化

成德眉资四市成立综合交通"同城同网"专项合作组，构建交通部门
联席会议商讨、重要业务日常承办、重点课题现场调研等工作机制，在交通
运输规划对接、异地城市候机楼建设、跨市重大交通项目建设、铁路公交化
运营、跨市公交开行等领域展开系列合作，有力推动交通同城化发展由共识
探索转向联合实施阶段。

二 工作举措及创新做法

（一）创新工作机制，共促综合交通同城同网专项合作

一是构建专项合作机制。为坚定贯彻成渝地区双城经济圈建设战略部
署，全面推进四川省委、省政府和省推进成德眉资同城化发展领导小组关于
成德眉资同城化发展各项决策部署，推动成德眉资综合交通"同城同网"
工作取得成效，在省同城化办指导下，成立由成都市交通运输局、成都市住
建局为组长单位，德眉资三市交通运输局为副组长单位的成德眉资综合交通
"同城同网"专项合作组，共谋交通规划"一张图"。

二是建立会议协商机制。出台《成德眉资综合交通"同城同网"专项
合作组工作规则》《成德眉资综合交通"同城同网"实施细则》，组织召开
六次会议，研究年度工作要点及项目推进情况，研讨成都国际性综合交通枢
纽、《成德眉资同城化综合交通体系规划》和《打通同城化城际"断头路"
第二批行动计划》。

三是合作开展规划编制和课题研究。经四川省交通运输厅、四川省发改委批复，成德眉资综合交通"同城同网"专项合作组于2022年12月7日正式印发《成德眉资同城化综合交通发展规划（2022~2025）》；在省交通运输厅和省发改委牵头指导下，编制《成德眉资运输服务一体化发展规划和枢纽集疏运体系布局规划》等系列规划，有效支撑服务国家、省、市重大战略实施；于2022年12月印发了《打通同城化城际"断头路"第二批行动计划》，重点实施纳入同城化城际"断头路"第二批行动计划的6个项目，总里程55.75公里，总投资44.56亿元，结合区域经济发展需要，适时启动7个规划城际通道项目，总里程221.53公里，总投资282.06亿元；全面收集成都都市圈交通运输行业发展的各项指标，并加以分析后汇编形成了《2021年成都都市圈交通发展报告》。

（二）坚持项目为先，共建都市圈综合立体交通网络

一是聚焦重大项目实行清单管理，明确责任、挂图作战，建立"一项目一专班"推进机制和"红黑榜"通报机制，加强协调调度，及时解决项目推进中的困难和问题，强力推进重大项目建设，各方面进展顺利。成渝中线高铁和川藏铁路引入成都枢纽天府至朝阳湖段分别于2022年11月28日和12月1日开工建设。S3线7个车站主体结构全部封顶，预计2024年9月建成，比原计划提前三个月；S5线已于2022年9月26日开工建设；S11线加快推进前期工作。"3绕20射"高速公路主骨架建成17条，通车里程超2000公里，成乐、成绵、成南高速扩容与天邛高速正加快建设，天眉乐高速已签订征地拆迁协议，先期开工点已开工。天府大道北延线德阳段预计2023年建成，天府大道南延线眉山段2022年建成。城际"断头路"方面，已打通11条城际"断头路"。

二是积极推动项目前期工作，尽快形成新的投资增长点。抢抓国家审批提速机遇，建立"管家式"项目前期工作协同机制，统筹联动、高效衔接推进重大项目各项前期工作，全力促进项目应开尽开、能开快开。市域铁路公交化运营改造二期工程规划选址与用地预审已报自然资源厅；宝成铁路改

造及新建青白江至金堂线已完成可研报告编制，正会同成都路局集团公司积极争取国铁集团加快推进项目审查审批；成渝高速扩容投资协议已签订，正抓紧组建项目公司；成温邛高速公路扩容改造已完成工可报告编制，投资建议方案已通过专家评审；成汶高速、邛芦荥高速可研报告已完成修编，招商授权请示已报省政府待批。

案例：织密高快速路网

《成都都市圈发展规划》明确要求，成德眉资要加快实施高速公路扩容改造工程，进一步提升成都都市圈高速路网衔接转换效率，形成"3绕20射"高速公路主骨架网。为此，成德眉资四市不断完善高速公路网，加快畅通城市轴线和快速通道。

一是完善高速公路网。成德眉资四市统筹布局以成都为核心的20条放射状高速公路对外通道，并以3条环形高速公路强化放射状高速公路转换，构建畅达国内主要城市的"3820"高速公路交通圈。成乐、成南、成绵高速扩容和天邛高速加快推进。天眉乐高速已完成投资人招商，项目公司已组建，征地公告已发布，征地拆迁工作协议已达成一致正按程序签订。成渝高速公路扩容项目完成投资协议、特许经营权协议签订，项目公司已组建，先行用地文件已获批。成汶高速一期用地预审和规划选址已报自然资源部待批复，社稳已批复。

二是加快畅通城市轴线和快速通道。加快畅通城市轴线和快速通道，完善"极核引领、轴带串联、多点支撑"的网络化空间发展格局，有利于促进都市圈各类生产要素合理流动和高效聚集，强化区域协同共兴，充分发挥成都枢纽优势，构建"两轴"打造"三带"和加快交界地带融合，织密内外便捷畅达的交通网络，以交通同城化牵引都市圈圈域共同发展。天府大道眉山段已通车30.1公里，二峨山隧道段加快推进。东西城市轴线成都段二环至五环段已通车运行，剩余路段正加快建设。同城化城际快速通道加快推进，成德大道、旌江干线、中金简快速、剑南大道、金简黄一期工程等快速通道建成通车，都市圈快速路网不断完善。

成都都市圈在织密高快速路网方面也取得了显著进展。全长423.8公里、双向六车道、设计速度120km/h的成都都市圈环线高速已于2021年12月10日全线通车，至此，该环线高速内串成都平原经济区简阳市、东部新区、仁寿县、东坡区、彭山区、蒲江县、邛崃市、大邑县、崇州市、都江堰市、彭州市、什邡市、绵竹市、旌阳区、中江县、金堂县等16个区（市）县，外连成渝、成绵等13条已通车的成都放射线高速公路，大大增强了成都经济区各城市间的横向连接，缩短了沿线各区域间的交通往来时间。纵贯四川省德阳、成都、眉山、仁寿的天府大道，是全球最长的城市中轴线，其中，天府大道南延线眉山段已于2022年建成，天府大道北延线德阳段预计2023年建成，高标准建设天府大道将有力推动构建天府大道科创走廊，构建"两轴"、打造"三带"，引领都市圈发展新格局。截至2022年底，成都都市圈高速公路网密度达到7.4公里/百平方公里，人均高速公路里程达到0.8公里/万人。

（三）提升服务水平，共享都市圈同城化公共运输服务

聚焦都市圈通勤、多式联运、公交"一卡通"、信息共享等关键领域，着力推进都市圈运输服务共建共享，让人民群众增强同城化服务的获得感、幸福感。

一是开展既有铁路公交化改造。已形成7条铁路公交化线路，成都境内运营里程达到483公里。市域铁路公交化改造一期工程已竣工，第三批7组新型动车组购置完成。受疫情影响，2022年10月成都至德阳、眉山、资阳日均开行动车39对、49对、23对，相较同城化前的30对、16对、13对，增长30%、206%、77%，平均发车间隔从33分钟、64分钟、80分钟缩短到25分钟、20分钟、42分钟，日均到发旅客0.7万人次、0.6万人次、0.3万人次。

二是促进公共交通服务同城化。稳定开行德阳—新都等14条跨市公交线路。2022年2月新开通资阳主城区—天府国际机场跨区域公交，2022年

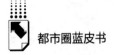

4月新开通丹棱—蒲江跨市公交，2022年8月开通都美术学院—天府国际机场快9线跨市公交。持续推进公共交通"一卡通"，巩固都市圈公交"一卡通"成果，推进协调"一卡通"向成都郊区新城延伸覆盖。"天府通"在都市圈已实现26个区（市）县一卡通刷、一码通乘、优惠共享，剩余12个（其中成都4个、德阳4个、眉山3个、资阳1个）区（市）县未实现互通互惠。开行定制客运线路，成都至资阳、眉山、仁寿、青神、德阳、什邡、中江、绵竹等8条定制客运线路已开通运营。

三是推进城乡客运一体化。大力推进城乡客运一体化发展，圆满完成2021年度城乡交通运输一体化自评估工作，AAAA级及以上的区（市）县比例达100%，"12+2"中心城区实现城乡公交一体化运营，9个郊区新城实现乡村运输"金通工程"全覆盖。

三　发展构想

（一）继续完善交通协同发展机制

以重点领域先行先试为突破，建立健全交通全领域、全链条协同体制机制，逐步消除制约交通同城化发展的体制机制障碍。一是建立规划共绘机制。强化综合统筹力度，以省市联动方式统筹推进重大交通规划编制工作，强化交通规划布局、线路走向衔接，定期对关键问题开展协商交流，共同开展相关支撑性课题研究，协同制定专项推进方案和年度实施计划。二是建立设施共建机制。统筹协调跨市交通项目技术标准、建设时序、建设进展。探索开展跨市交通项目建设共同审批试点，缩短前期工作周期。建立四市交通互联互通项目储备库，适时评估和动态调整，将条件成熟项目纳入年度实施计划。构建多元化融资模式，支持民营企业参与交通基础设施项目建设。三是建立服务共享机制。加强跨市运输服务标准和监管制度衔接，完善毗邻地区公共客运相关补助标准和支持政策，着力构建统一的交通运输服务标准体系。建立交通信息资源共享交换机制，统一数据采集、处理、交换等标准规范，推进综合交通数据互联互通、开放共享。四是建立运营共管机制。加强区域联合执法制度建设，重点在公路治超、"两客一危"案件协查等方面建立常态化联动监管机制。探索推进交通运输行政审批跨市"无差别化"受理，推动市场信用修复、信用报告等同步互认及"红黑名单"共享互查。

（二）继续打造"轨道上的都市圈"

优化完善都市圈轨道交通网络，补齐市域（郊）铁路发展短板，注重不同模式轨道交通换乘衔接，构建层次清晰、功能明确、布局合理的都市圈多层次轨道交通网络。

一是扩展多向干线铁路通道。加快建设成自宜高铁，开工建设成渝铁路成都至隆昌段扩能改造工程，畅通南向铁路客货运输大通道；加快建设成达万高铁，开工建设成渝中线高铁，打造东向沿江高速铁路大通道；加快建设成兰铁路，开工建设川藏铁路引入成都枢纽天府至朝阳湖段，构建西向入藏进疆大通道。

二是完善城际铁路网络骨架。开工建设绵遂内铁路、成都外环铁路一期工程，强化城际铁路与干线铁路贯通衔接成网，构建以成渝主轴为骨架、双核放射为主体、其他节点城市连接为补充的城际铁路网。

三是推动市域（郊）铁路建设。突出市域（郊）铁路对都市圈主要功能区的支撑引导作用，加快建设成都至资阳市域（郊）铁路，开工建设成都至德阳线、成都至眉山线、龙泉至天府机场线，改造宝成铁路并规划建设青白江至金堂线等市域（郊）铁路。

四是推动轨道交通"四网融合"。加快实施成都城市轨道交通第四期建设规划剩余项目，适时启动第五期建设规划研究，着力推动城市轨道交通线路向成都二、三圈层延伸。探索以轨道交通方式合理衔接德眉资毗邻城镇，构建以成都站、成都东站、天府站、简州站、德阳北站、眉山北站、资阳北站等为核心节点，多种轨道交通方式有机衔接的都市圈轨道交通通勤网络。

五是推动轨道交通综合开发。坚持 TOD 发展导向，以轨道交通站点为中心，按照"站城一体、产业优先、功能符合、综合运营"的理念，合理

规划站点地区开发范围、业态和规模，促进交通枢纽与城市功能融合，积极构建商贸流通、产业聚落、商务服务等TOD综合开发"十大消费场景"，打造交通圈、商业圈、生活圈"多圈合一"的城市功能区，激发城市高质量发展新动能。

（三）继续畅通都市圈公路交通网

以高速公路扩容加密、快速公路打通成网为主攻方向，推动都市圈公路交通网由"互联互通"升级为"一体直连"。一是扩容加密高速公路。实施成绵、成南、成渝、成乐等高速公路扩容改造工程，提升成都都市圈外向辐射能力。推动天府新区经眉山至乐山、资中至铜梁等高速公路项目建设，促进成都平原经济区内外圈联动发展。推动德阳绕城南段高速公路建设，助力成德眉资同城化综合试验区建设。二是完善城际快速公路。推进东西城市轴线、天府大道等城市联通轴线项目建设，实施彭广青淮快速通道、梓州大道南延线、成资临空大道等城际快速通道项目，加快构筑成都中心城区、天府新区、东部新区"多中心放射"，四市"直连直通"的都市圈城际快速公路网。三是强化内外交通衔接。推进干线公路城镇过境段、出入口段升级改造，加强城市道路环线、联络线建设，鼓励城镇密集地区实施普通国省道改线外移或立交改造，加强公交专用道建设和潮汐车道布设，促进干线公路与城市道路融合发展，实现城市内外交通顺畅衔接。

（四）继续推进运输服务共建共享

突出"服务同质"，推动客运同城化，促进城际、城市、城乡交通顺畅衔接，打造一体化出行链。推动货运同城化，提升都市圈物流整体运营效率，助力经济循环畅通。

一是构建高品质城际客运体系。完善与京津冀、长三角、粤港澳大湾区等城市群主要城市及重点旅游城市联系的国内航空快线和高铁运营线路，进一步加密与重庆主城区及省内其他经济区间的高铁（动车）频次。鼓励不同运输方式的企业间开展合作，探索"空铁公"旅客联程服务产品。增开资阳与重庆交界区域跨省公交线路，促进两地公交优惠乘坐政策有效衔接。

二是提高都市圈通勤服务品质。联合购置（租赁）新型公交化高铁动车组，进一步加密四市间高铁（动车）频次，发展"站站停"与"大站停"相结合的灵活运输组织模式，加快形成"环+射"铁路公交化开行格局，更好服务跨市通勤需求。积极推进不同制式轨道运行票制互通、安检互信、资源共享，逐步统一都市圈公共交通票制资费标准，完善旅客联程、往返、异地等出行票务服务，推行月票、年票、积分等多样化票制。推动公交专用道网络加密延伸，完善无障碍设施建设，改善慢行交通环境，增加公共换乘停车场供给，缓解中心城区交通压力。

三是推动城乡客运一体化发展。创新城市公交运营模式，推动交界地带公交线路对接，支持毗邻区域互设出租车配客点，促进轨道交通、跨市公交、城市公交有效衔接，构建多种运输方式无缝换乘的公共交通服务体系。稳步推进常规公交和地铁、市域（郊）铁路等公共交通全领域"一卡（码）"通，拓展ETC在停车场、充电站等应用场景。推动城乡接合部、城区至乡镇以及乡镇至乡镇客运需求旺盛的客运线路实施公交化改造或开行城乡公交线路，提升群众出行满意度。四是构建同城化寄递物流体系。共同实施多式联运"一站式""一窗式""一单制""一责制"等"四个一"行动，联合扩大"亚蓉欧"国际班列影响力。围绕先进制造业、都市现代农业等发展，建设一批辐射带动能力强的专业市场或配送中心，促进城际干线运输与城市末端配送有机衔接，鼓励流通企业向农村地区延伸经营，持续提升城乡寄递物流效率。加强应急物流体系建设，提高紧急情况下的应急物流保障能力。

B.4
成都都市圈产业协作共兴建设报告

成都市经济和信息化局*

摘　要：　成德眉资四市具有各自产业比较优势，不断推动产业协作共兴有助于都市圈整体产业发展。本报告分别对都市圈总体、成都与德阳、成都与眉山、成都与资阳的产业协作进展情况进行了总结，并分享了成都都市圈通过共建国家级产业集群、共同编制重点产业链图谱、共同推进白酒产业融合发展、建设信息能源设施来推动都市圈高端产业集聚发展、区域产业建圈强链的创新做法与经验。提出要不断构建差异化产业协同格局和都市圈一体化招商格局，持续升级安全高效的产业链供应链等发展构想。

关键词：　产业协作　差异化协同　重点产业链图谱　集聚发展

近年来，成德眉资四市充分发挥各自产业比较优势，坚持"强链条、育集群、建体系"共同推动产业融合创新发展，积极探索"总部+基地""研发+转化""终端产品+协作配套"协作模式，产业结构梯度进一步优化，产业协作基础更加坚实，"错位发展、优势互补"的产业协作格局加快构建。

---

* 执笔人：李映辉，成都市经济和信息化局产业协作处处长、一级调研员；韩传坤，成都市经济和信息化局产业协作处四级调研员。

一　现状成效

（一）都市圈产业协同体系持续完善

成德眉资四市聚焦顶层设计、集群共建、园区共建、协作平台和协作配套等方面不断完善产业协同规划体系，共同申报国家先进制造业集群，共建合作产业园区，打造区域协同平台，促进区域产业协作配套，持续深化成德眉资产业协同，推动构建高端切入、错位发展、集群成链的现代产业体系，打造具有比较优势的都市圈产业生态。

一是顶层设计不断完善。成立成德眉资同城化创新产业协作专项合作组，已组织召开8次成德眉资产业协作联席会议。组建电子信息、智能网联汽车、新型材料等产业生态圈联盟，成功组织各类供需对接和技术交流活动50余场（次），服务都市圈1500余家企业。共同编制印发《成德眉资同城化暨成都都市圈建设产业协同发展三年实施方案（2020~2022年）》《龙泉山东侧现代产业带建设规划》，联合编制《成都都市圈制造业协同发展规划》《成都都市圈重点产业产业链全景图》《成都都市圈白酒产业融合发展规划》《成都都市圈制造业协同指标体系》《成都都市圈制造业协同发展白皮书》《成德眉资同城化暨成都都市圈建设成长期产业协同发展三年实施方案（2023~2025年）》，打造具有国际竞争力和区域带动力的现代产业体系。

二是集群共建成效显著。国家级产业集群实现突破，成德高端能源装备、成都市软件和信息服务、成渝地区电子信息先进制造共3个产业集群先后入选国家先进制造业集群。共同发布共建世界级先进装备制造产业集群合作宣言，共同组建成德高端能源装备产业集群创新中心，聚焦产业集群建设、关键技术攻关、科技成果转化和服务项目招引等开展深度合作。

三是园区共建实现突破。成眉共建大健康产业武侯总部基地和东坡生产基地；成资共建天府国际口腔医学城；金牛与什邡探索飞地合作园区建设，

划定什邡经开区约 600 亩地块作为起步园区，按照"总部+基地""研发+生产"模式，成功引进中航智无人机等产业化项目在成都市金牛区、德阳市什邡市同步开工建设。

四是协作平台持续增加。依托工业互联网供需对接平台，实现都市圈企业供需信息归集、智能匹配、自动报送功能，共服务都市圈 2100 多家工业企业，发布 1 万余条供需对接信息，成功匹配 5000 余条供需信息。举办成渝地区八方协同建设世界级先进装备制造产业集群暨地方产品（德阳）推介会，共同发布《成渝地区八方地方产品目录》和《成渝地区八方协同建设世界级先进装备制造产业集群合作宣言》。举办首届成都都市圈产业生态建设暨企业供需对接云共享大会，发布成德眉资四市标准厂房需求清单、成都市属国有企业 130 亿元原材料和设备采购需求清单、160 亿元欧洲企业采购需求清单和都市圈 2710 户规上企业供需清单。

五是协作配套不断深化。初步构建成德以中国东方电气集团、成眉以通威集团有限公司、成资以爱齐医疗公司为代表的总部（研发）在成都、生产制造在德眉资的协同格局。都市圈内 1500 余家工业企业形成稳定配套协作产业生态。

（二）成都—德阳产业协作持续深化

一是集群协同共建取得明显突破。装备制造产业方面，成德高端能源装备产业集群是国家布局的唯一能源装备先进制造业集群。成德两地在智能制造装备、航空航天等领域形成一定规模的产业配套合作，如东方电气为国家电投集团四川电力有限公司等企业提供电力设备配套，国机重装为中航工业成飞集团等企业提供锻铸件配套。截至 2022 年底，集群拥有能源装备企业 2686 户，其中规上企业 766 户，实现产值 2050 亿元。油气钻采产业方面，德阳市广汉市、成都市新都区、西南石油大学签订战略合作协议，以"装备总装+6 核心部件"为支撑，就油气钻采产业力促形成两地三方产业融合、协同发展的共赢局面。白酒产业方面，2022 年以来已召开 3 次成都都市圈白酒产业融合发展研讨会，共同探索经济区与行政区适度分离改革，计划共同建立区域协会、拓展消费渠道、梳理门类标准、出台扶持政策，积极做优都市圈剑南春、水井坊等白酒头部企业，强化腰部力量，夯实底部基础，推动都市圈白酒产业融合、错位发展。

二是合作园区探索取得初步成效。成都市金牛区与德阳市什邡市探索飞地合作园区建设，搭建合作园区建设专班，成立同股同权的四川交子恒新合资公司，推动园区投资、建设、招商、管理、运营等相关工作；以四川什邡经开区南北区约 600 亩成熟地块作为起步园区，按照"总部+基地""研发+生产"分地设置的模式，共同引进中航智无人机等产业化项目在成都市金牛区、德阳市什邡市同步建设、一体发展。德阳凯州新城与成都东部新区签订《深化区域合作推进高质量协同发展战略合作协议》，形成合作共建飞地产业功能区共识；德阳凯州新城与淮州新城签订《深化区域合作推动协同发展合作协议》，按照"错位互补，抱团发展"，推动基础设施、产业发展深度融合，全力打造凯淮融合发展先行示范区。四川罗江经开区与成都市郫都区现代工业港签订《共建产业协同发展合作示范园区战略合作协议》，开展产业共建合作。

三是重大项目合作持续有效推进。德阳凯州新城陆续引进成都福莫斯等优质项目，积极对接四川振兴集团，争取电镀产业园项目签约落地；德阳市广汉市以年产 10 万辆整车的一汽解放为龙头，与成都、资阳政企洽谈合作，强化与都市圈零部件总成企业产业协作，共同打造零部件本地配套超 50%的商用车生产基地。推动构建"研发+制造"协同模式，整合德阳制造优势及成都研发优势，截至 2022 年底，共有 37 户企业在成都设立研发机构。

（三）成都—眉山产业协同走深走实

一是建设宜眉成遂锂电产业带。先后引进锂电产业项目 47 个，计划总投资超千亿元，已建成投产项目 10 个，在建项目中超 100 亿元项目 4 个。依托美国雅宝、万华化学、杉杉锂电、天赐材料、中创新航、纳毕材料，构建"基础锂盐加工—关键材料生产（正极、负极、电解液）—电池生产—电池回收"等锂电上下游全产业链。锂电发展势头居成都都市圈首位。

二是建设成乐眉光伏产业带。加快推进通威高效晶硅电池 9GW 技改和 32GW 新建项目，联合上游乐山高纯晶硅原料、下游成都中高端光伏电池组件研发制造，协同推动晶硅光伏产业延伸发展，打造成为都市圈光伏产业核心区。

三是建设成绵眉新型显示产业带。联合成绵德等市州与重庆共同申报国家级电子信息产业集群。四川彭山经开区成为西南地区最大的湿电子化学品生产基地，为京东方、中电熊猫等龙头企业提供有机剥离液、蚀刻液等产品配套。

四是主动融入都市圈高端机械产业生态圈。金茂源西南表面处理循环经济产业园正在加快成都及周边装备和电镀企业配套服务对接招引，德恩精工减速器及传动件等为成都西部石油、百德邮政配套，丹齿精工齿轮及传动件等为成都考斯特配套，德鑫航空为民航成都物流公司研发生产机场行李转运设备及场地电动车产品。共有 15 户眉山机械及高端装备制造企业与 137 户成都企业建立配套关系。

五是主动融入成都医药健康产业生态圈。西部药谷与华西医美健康城签订协同发展合作协议，共建成眉大健康产业武侯总部基地、东坡生产基地，成都国为制药、苑东生物等在眉设立子公司生产转化母公司研发药品，青木制药与四川省中医药科学院开展新药研发合作。共有 5 户眉山生物医药企业与 77 户成都企业建立配套关系，成眉医药产业合作达 20 余项。

（四）成都—资阳产业协作成效明显

一是坚持产业协同配套。搭建优质产品互采互购对接平台，羽佳模塑、中联重科、天马钢板等资阳零部件车企已与一汽大众、沃尔沃、吉利汽车、神龙汽车等成都整车企业形成稳定供应链合作关系；爱齐医疗依托成都销售平台实现隐形牙套、口内扫描仪等"资阳造"产品年销售收入 10 亿元；资阳机车、成都地铁等 132 户成资企业实现产品配套，配套金额超 20 亿元。

二是坚持创新研发共享。川投燃气、西南电力设计院会同资阳安岳县开展基于安岳气田品质条件的 700MW 等级燃气—蒸汽联合循环发电机组关键技术研发；西南民大联合资阳默森药业开展抗菌组合物中试及产业化示范攻关。坚持合作园区共建。加快建设安岳渝成制鞋产业园、乐至万贯鞋业产业园，重点完善职工宿舍、商超、公交车等生活性配套设施，推动成都鞋企转移签 300 余户，落地 62 户。围绕扬锦智能制造产业园建设，加快招引成都智能制造、机械制造企业入驻，8 户企业达成入驻意向，5 户企业实现签约落地。

二 工作举措及创新做法

（一）致力高端产业集聚发展

一是推动电子信息产业集群建设。成都联合德眉资三市共同申报电子信息产业国家级先进制造业集群，并共同参加工信部组织的先进制造业集群竞赛决赛。在第十届中国（西部）电子信息博览会期间举办成都都市圈电子信息企业供需对接大会。二是推动燃料电池汽车集群建设。成德眉资等多地共同编制完成成渝地区双城经济圈燃料电池汽车示范城市群申报方案，待国家部委启动申报相关工作后按申报通知开展后续工作。成都都市圈巡游出租车电动化试点实施方案和配套政策正在征求意见建议。三是推动成德高端能源装备产业集群建设。成德两市共同制定《培育成德高端能源装备产业集群实施方案》和年度实施计划，明确时间表和线路图。成功举办 2022 年第五届中国国际光伏产业高峰论坛。持续推动成都都市圈高端产业集群建设发展。

（二）协作编制都市圈重点产业链图谱

成德眉资四市共同编制成都都市圈产业链总图谱，重点围绕高端能源装备、智能终端等七大产业，四市分工协作，共同绘制链主企业布局图、重点产品链图、产业发展路径图。通过梳理，明确都市圈有望形成优势的重点环节、需要壮大的薄弱环节、急需引进的缺失环节，共同梳理关键平台清单、

关键技术需求清单、产业基金清单、人才需求清单。根据四市在各环节、各领域的比较优势确定其未来产业主攻方向，初步形成成都都市圈产业协作"1+3+4"产业图谱体系。

案例：编制重点产业链全景图　助力都市圈产业跨区域建圈强连

一、创新举措

一是集众智汇众力，筛选确定重点协作产业。按照"具备比较优势、存在协作需要、拥有协作潜力"的原则，会同高校院所、行业协会、链主企业的专家学者多次研讨，共同遴选确定9条重点产业链，其中，以成都为主导，绘制新型显示、轨道交通、航空装备、新能源汽车、绿色食品（调味品）、医美服务等6条产业链全景图，分别以德阳、眉山、资阳为主导，绘制清洁能源装备、锂电、医疗器械（口腔医疗）3条产业链全景图。

二是注重优势互补，推动产业协同布局。根据四市在产业链不同环节或不同细分领域的优势，确定各自未来的发展方向，避免重复建设。以锂电产业为例，眉山、德阳化工园区承载空间较大，重点推动锂电材料及电池回收利用等涉化项目落地布局，成都集聚众多锂电总装头部企业且拥有丰富的高校院所创新资源，适宜布局锂电研发项目和先进的电池总装制造项目。

三是聚焦产业特征，谋划建圈强链路径。对于航空装备、清洁能源装备等创新驱动型产业，重点推动协同开展技术攻关、成果转化和产业化等，推出一批国之重器产品，提升产业链自主可控水平。对于轨道交通、新能源汽车等规模经济型产业，重点推动产业链配套协作、联合开展新产品示范应用推广等，加快扩规模、出新品、拓市场，实现集群化发展。对于绿色食品（调味品）、医美服务等特色消费型产业，着力增品种、提品质、创品牌，提高市场影响力和竞争力。

四是加强统筹协调，完善产业协作机制。在成德眉资先进制造业专项合作组下，设置9个重点产业链专班，成都牵头6个产业链专班，德眉资分别牵头 1 个产业链专班。联合培育产业集群，共同举办重点产业链展会论坛、投资推介、供需对接和技术交流活动，发布产业协作机会清单。联合建立"5+N"产业生态数据库，定期跟踪收集重点产业链"链主企业+配套企业+投资基金+中介机构+领军人才"相关信息。

二、进展成效

成德眉资四市以全景图为引领，推进产业跨区域建圈强链，成效显著。一是产业链优势更加凸显。锂电产业链电解液、隔膜等短板环节加速补齐；光伏、氢能等产业链加快向上游光伏组件、制氢装备等环节延伸；医疗器械（口腔医疗）产业链完整度全球第一；OLED 发光材料等新型显示产业替代性材料规模逐步提升；山地轨道（齿轨）电客车、HXN6 型混合动力机车等轨道交通创新产品不断涌现；调味品特色领域居全国第一方阵。二是企业协作配套更加紧密。探索形成"头部+配套""研发+制造""总部+基地"多种协作模式，促成1533家企业开展跨市域产业协作，国机重装、东方电气等 37 户企业实现跨区域布局研发中心，阿格瑞、钰鑫机械、国机重装等企业进入京东方、中国航发四川燃气涡轮研究院、中航工业成飞等都市圈链主企业配套链。三是企业要素匹配更加精准。梳理 518 名产业领军人才、急需紧缺岗位 648 个，面向重点高校发布用人需求 2000 余个，"盈创动力"为都市圈企业提供债权融资 668 亿元。

（三）探索经济区与行政区适度分离改革

成都都市圈将白酒产业融合发展作为都市圈探索经济区与行政区适度分离改革的先行棋，四川省推进成德眉资同城化发展领导小组办公室多次组织有关成都都市圈白酒产业融合发展的系列研讨会，成都市经济和信息化局牵头编制《成都都市圈白酒产业融合发展规划》，成德眉资四市共同探索研究"统计分算、税收分成"在白酒产业的实施路径，完善都市圈白酒产业融合发顶层设计，为都市圈经济区与行政区适度分离、其他产业融合发展等方面先行先试。

三 发展构想

着眼构建高端切入、优势互补、集群成链的现代产业体系，加大产业协同发展统筹力度，加快构建基于比较优势、分工合理、良性竞合的产业生态，培育具有全球竞争力的世界级产业集群。

（一）持续"建圈强链"构建差异化协同格局

一是建立制造业协同发展规划体系。加快编制制造业协同发展中长期规划，明确优势产业、特色产业的分工重点和协作路径，引导"增量"产业向合理分工、协同发展的方向布局。编制制造业协同发展三年实施方案，推进一批标志性重大项目、重大平台建设。建立产业协同评价指标体系，开展产业协同发展评估。发布都市圈制造业发展白皮书，扩大都市圈知名度和影响力。

二是建立"一链一平台"产业链统筹机制。围绕电子信息、装备制造等成都都市圈制造业九大重点领域，明确共建优势产业链，跨区域选择主要承载地和协同发展地。鼓励德眉资相关产业园区加入成都"链长制"运作，联合组建工作专班，搭建产业链协同共建平台，加强图谱研究、规划编制、项目落地合作。

三是建立都市圈"链主"企业培育机制。推广成都培育"链主"企业做法，制定都市圈重点产业链"链主"企业名单，梳理创新链、供应链配套清单。推广"成飞—新都"模式，支持整机类链主企业优化区域布局。推广创新链协同模式，推动组建一批协同创新联合体，推动产业创新政策互认互通。推广产业链协作模式，支持链主企业建设供应商创新创业基地、高质量现代产业链园区，培育一批省级及以上"专精特新"企业。

（二）持续升级安全高效的产业链供应链

一是升级产业链供应链重大平台功能。发挥成都国际航空港、铁路港枢纽优势，联动德阳国际铁路物流港、眉山国际铁路港和资阳一站式多式联运港，打造国际航空中转中心和航空货运集散中心，增强西部陆海新通道主枢纽功能和国际大通道功能。建设自由贸易试验区协同开放示范区，推进首创性、差异化改革，争取设立自贸试验区成都东部新区片区。

二是升级都市圈供需对接平台和机制。开展"主配"牵手行动，定期举办成都都市圈产业生态建设企业供需对接云共享大会，发布协作机会清单和企业采购需求，深化链主企业通过品牌共享、渠道共享、服务外包及产品配套等方式带动中小企业发展。引导链主企业建设面向本行业、跨区域的企业级工业互联网平台，推动产品供给、制造能力、产品需求等生产要素集成共享。

三是升级打造企业安全生产的"避风港"。把握跨国公司、龙头企业将加快向疫情控制良好、营商环境较好、产业链相对完备的地区转移生产的契机，吸引企业在都市圈打造供应链"备份"，实现产业链整体转移和关联产业协同转移。引导都市圈"链主"企业在区域内遴选同准备份、降准备份供应商，联合引进自主可控、产业转移需求较大的关键产品。

（三）持续构建都市圈一体化招商格局

一是建立招商引资项目推送流转机制。整合四市招商引资网络资源，加快组建都市圈招商联盟，形成招商引资协同推进机制。探索重大项目都市圈内联合招引、分段承接。推进制造业招引项目跨区域统筹，鼓励非产业主导方向、缺乏用地和环境承载空间的区（市）县，将招引项目在都市圈实行跨区域推荐流转。

二是共同搭建全域招商引资平台。争取工信部、四川省政府支持，共同举办世界"智造"大会，链接吸引全球制造业优质资源和项目。围绕都市圈重点产业，策划和培育一批具有国际影响力的制造业品牌展览和高端展会。联合开展都市圈制造业系列对外推介活动，举办成德眉资联合招商引资推介大会。

三是加强产业投资基金对接合作。加强四市产业投资基金对接，建立

投融资合作机制，通过阶段参股、跟进投资等方式促进先导性、牵引性重大产业项目落户。共同争取成渝地区双城经济圈发展基金、四川省区域协同发展投资基金等省级基金参与协同投资，增强项目发现、对接、落地能力。

B.5
成都都市圈公共服务共同体建设报告

成都市人力资源和社会保障局　成都市教育局　成都市卫生健康委员会

成都市医疗保障局　成都市文化广电旅游局*

摘　要： 自 2020 年以来，成德眉资四市公共服务部门一直以实现基本
公共服务同城同标为导向，协同推进公共服务共建共享。本
报告总结了都市圈在教育、医疗卫生、社保、人力资源、就
业、文旅等方面推动服务共同体建设的主要成效，重点突出
了建立公共服务信息互联互通机制、医疗资源共建共享机制，
推进社保卡居民服务"一卡通"，构建人力资源服务业集聚发
展等创新做法与先进经验，并提出了加强智慧教育同城化建
设、深化公共就业服务协同、强化社保公共服务互通共享、
推进公共卫生服务协作提升、推动民生服务专家人才交流共
享等发展构想。

关键词： 成都都市圈　公共服务　互联互通

　　自 2020 年四川省委、省政府作出推进成德眉资同城化发展、建设成都
都市圈的决策部署以来，为深入贯彻落实省委"一干多支"发展战略，成
德眉资四市公共服务部门以实现基本公共服务同城同标为导向，协同推进公
共服务共建共享，共同打造教育、人才、就业、社保、医疗卫生服务同城化

---

　*　执笔人：戴根民，成都市人力资源和社会保障局一级主任科员；王祺超，成都市教育局工作
人员；丁凯，成都市卫生健康委员会政法体改处处长；陈启龙，成都市医疗保障局合作交流
处三级主任科员；郑瑞勇，成都市文化广电旅游局一级主任科员。

的多个支撑点，推动实现公共服务便利共享，助力建设具有国际竞争力和区域带动力的现代化都市圈。

一　现状成效

（一）都市圈教育共同体建设更加稳定

成都市教育局主动谋划将优质教育资源辐射周边城市，与兄弟城市共同协商，共建优质教育、师资培养、数字教育、职教融合、研学基地、国际交流、监测评价、教育生态八大共享共育平台，取得明显成效。截至 2022 年，四市结对共建学校达 254 对。四市教育实践基地资源进一步整合，中小学生研学实践活动丰富多彩。教师培训研修继续深化，德眉资赴成都优质学校跟岗学习干部教师遴选工作持续推进。联合开展高三学业诊断性考试。保障三地随迁子女就学便利，三市共 18366 名随迁子女在成都市入学接受义务教育。七中育才学校等基于"四川云教"平台的成都优质教育资源共享持续推进，联盟内德眉资学校的教学质量和水平得以提升，相关网校已覆盖德眉资远端学校 45 所，其中小学 2 所、初中 22 所、高中 21 所，服务学生 13000余人。成德眉资雅乐阿职教联盟深入推进，七城市职业院校教师队伍建设日益加强。省同城办"媒体走进都市圈看公服"活动让多家主流媒体聚焦都市圈教育发展，四川电视台、《四川日报》、成都电视台、《成都日报》、每日经济等进行了相关报道。

（二）卫生健康协同服务更加深入

截至 2022 年底，四市卫健委已初步建立了协同工作机制，联席会议内容精神和成效被《健康报》、学习强国等收录报道。在蓉三甲医疗机构牵头建立跨区域医联体 18 个，组建专科联盟 6 个，由四川大学华西医院托管的资阳市第一人民医院国家三级公立医院绩效考核较 2019 年跃升 180 名。成都中医药大学附属医院与德阳市中西结合医院共建国家区域中医医疗中心项目；眉山市中医医院与成都中医药大学研发团队合作研发院内制剂 5 项。四市 25 家医疗机构 99 项检验检查结果实现跨区域互认，519 家公立医疗卫生机构实现电子健康卡二维码"一码通"互认互用，都市圈居民就医便捷性进一步提升。

（三）医疗保障服务更加便利

成德眉资四市区域内异地就医定点医药机构直接结算数量持续增加。截至 2022 年 12 月底，已开通异地就医直接结算定点医药机构 22430 家（其中，成都市 17162 家、资阳市 1321 家、德阳市 2291 家、眉山 1656 家），开通数量稳居国内 7 个主要都市圈首位，基本实现应开尽开。2022 年 1~12 月，成德眉资参保人员异地就医结算 425.33 万人次，同比增长 45.65%，医保支付 18.16 亿元，比 2021 年同期增长 29.71%，其中，成都参保人到德眉资异地就医直接结算 254.65 万人次，医保支付 4.15 亿元，比 2021 年同期分别增长 53.72%、34.7%；德眉资参保人员在成都异地就医直接结算 170.68 万人次，医保支付金额 14 亿元，比 2021 年同期分别增长 35.06%、28.32%，四市医保合作已从"夯基垒台"进入"整体成势"阶段。

（四）社会保险同城协作经办服务更加便捷

2022 年全年办结城镇职工基本养老保险关系转移接续 1725 人次，2022 年 7 月上线省市共建系统后，省内养老保险关系无须转移；持续优化成德眉资社保待遇领取资格认证服务，推广"天府市民云"App 人脸识别远程自助认证服务，实现认证服务"网上办""掌上办""全球通"，全年互办养老、工伤待遇领取资格异地核查认证 2.28 万人次。省内各市（州）的失业保险、失业补助金、技能提升补贴等失业保险待遇的申领和发放均实现省内全域通办，失业保险参保关系和缴费年限实现互认（无须转移失业保险关系）。深化社保卡政务服务事项办理同城化，提供异地经办服务 9.45 万人次；持续推动社保卡在政务服务、旅游观光、文化体验等方面率先实现"同城待遇"。

（五）都市圈人力资源市场更加融合

成德眉资四市聚焦提升人力资源与产业的协同度、人力资源要素获取的便利度，创新打造集"市县一体，事企融合，一网求职，安全高效"的"天府招聘云"人力资源协同网络平台，截至 2022 年底，共集聚成德眉资各类人力资源服务机构 152 家，服务企事业单位 8568 家次、发布需求职位 3.9 万余个、发布需求岗位 25 万个。建立公共就业信息定期共享机制，协同举办就业援助月暨"春风行动""成德眉资"直播带岗活动，推进面向四地劳动者和企业的供需对接，吸引 16.68 万人次在直播间进行观看和互动。组织德眉资市、县两级人社部门到成都开展区域劳务合作暨重点企业用工保障工作交流活动。联合开展线上线下成德眉资招聘活动，2022 年，为 2406 家用人单位提供招募服务，发布就业岗位 8.31 万个，进场求职 11.51 万人次。共享职业技能培训平台，向都市圈劳动者和企业免费开放成都职业培训网络学院 145 个专业 8347 个培训课件，开放使用职业测评和岗位推荐等功能，促进四市劳动者技能提升。

（六）文旅同城化发展更加密切

围绕"向往的生活在成都"主题，成德眉资文旅部门联合推进都市圈文旅夏季、冬季消费市场增量转化，促进都市圈与客源地文旅产业深度交流与合作。2022 年的推介活动精准把握暑期档时机，借助热点活动事件话题，针对不同客源地城市游客特质，开展定制化营销，其中广州、厦门、福州、重庆侧重推出消夏避暑游、亲子研学游，贵阳、昆明侧重推介都市潮玩游、文化博物游，根据不同客户需求有的放矢，有效提升成都及德阳、眉山、资阳暑期游产品在客源地营销效果。推介内容不仅整合成都"研学亲子·探成都"、"消夏避暑·游成都"和"星空露营·宿成都"三大主题暑期游线路及产品，成都金沙遗址博物馆、成都杜甫草堂博物馆、成都武侯祠博物馆、青城山—都江堰景区等暑期热门景区（点），还联合德阳市、资阳市等文旅资源围绕同城化城市暑期游内容共同向客源地城市进行推介，并与客源地城市文旅行政管理部门、行业协会企业、媒体代表进行深入沟通，进一步提升了成德眉资文旅同城化发展的凝聚力与影响力。

二　工作举措及创新做法

（一）建立公共服务信息互联互通机制

加强信息化建设，推进都市圈信息互联互通，是打破都市圈行政地域藩篱的基础性工作。充分运用信息化、网络化手段，实现都市圈智慧治理，是推动公共服务向纵深发展的关键。成都都市圈充分认识到信息化建设的重要性，在卫生健康领域，成德眉资四市同步建设部署本市级电子健康卡卡管系统，并积极与四川省电子健康卡卡管中心通过网络接口连接，促进电子健康卡二维码跨区域跨机构"一码通"互认互用。四市卫健委共同筹建开发"中医寻诊地图"，实现对都市圈1719家中医医疗机构在线搜寻，并提供预约挂号、就诊导航等互动支持，市民便捷就医获得良好体验。在医疗保障领域，四市医保部门在2021年11月顺利完成国家医保信息平台上线启动工作，建立了一套互联互通的医保信息共享机制；并自2022年起探索制定"医宣帮企"（医保为企政策服务直通）、"一电通询"（医保热线电话四市联处）、"专厅通办"（打造医保宣传咨询通办专厅）、"异地通申"（异地就医认定结算扩围）四项医保经办合作事项。在人社领域，创新打造"天府招聘云"网络平台，邀请成德眉资经营性人力资源服务机构免费入驻，帮助其拓宽信息发布渠道，平台开设"天天招聘会""'府'助你成才""招四海英杰""聘请你留步""云风采展示"五大专区，汇聚政策咨询、招聘求职、见习基地、就业培训等人力资源服务产品信息，在实现"一网求职、多职选择、服务无限"的同时，推动供需双方线上线下高效对接。

（二）建立都市圈医疗资源共建共享机制

为推动都市圈医疗水平整体提升，成都市卫健委以医联体为纽带，推动

在蓉省部属、市属三甲医院采取领办、托管等多种方式，与德眉资3市共建跨区域医联体、专科联盟，2022年，共组建跨区域医联体18个，组建呼吸、心血管、皮肤、肿瘤、神经内科等专科联盟6个。在成德眉资毗邻医疗资源相对短缺的地区，选取天府新区籍田中心卫生院、简阳市禾丰中心卫生院、彭州市敖平镇卫生院、东部新区三岔中心卫生院、金堂县土桥中心卫生院5家机构启动县域医疗次中心建设，已完成市级医院与县域医疗次中心对口支援联系。会同德阳、眉山、资阳市卫健委，将成德眉资四地医学影像互认项目由16项扩增为41项，在四市25家三甲医院内实现了99项检查检验结果互认，2022年，成德眉资纳入检查检验结果互认的医疗机构互认检验检查项目48万余人次，累计减免费用1065余万元。

（三）建立医保跨区统筹系列工作机制

针对社会舆论反映强烈、参保群众普遍关注的医保相关重要事项，四市医保部门建立并不断优化医保跨区统筹系列工作机制。一是建立了一套四市通行的跨统筹区年限互认机制。联合印发《成德眉资职工基本医疗保险关系转移接续办法（暂行）》，推动成都都市圈成为继长三角后，全国第二个实现职工基本医疗保险关系跨统筹区转移接续的地区；并实现职工医保关系转移接续转入地线上直接办理，并将办理时限由20个工作日缩短至15个工作日，真正做到"一地申请、一次办结"。截至2022年底，四市共有9900余人次享受职工医保关系转移"一站式"通办。二是建立了一套高质高效的异地就医服务机制。成都对德阳、眉山、资阳三市参保群众予以异地就医免备案，实现四市异地就医备案全域通办。2022年，四市开通"国家医保"App异地就医自助备案，真正实现四市异地就医服务"就近办""门口办"的零距离服务。三是建立了一套共治共管的医保基金监管机制。形成成德眉资四市统一的《定点医药机构服务协议（医院类）》《定点医疗机构服务协议（诊所类）》《定点零售药店服务协议》，对各类定点机构的准入标准、医疗服务、经办流程、违约责任等内容予以全面规范。截至2022年底，共稽查定点医药机构41000余家，追回（或拒付）医保基金或予以协议处理违约金和行政罚款共计约 3 亿元，解除服务协议 200 余家，区域"大监管"格局初具雏形，监管模式从"一元单向"向"多元交互"转变。

（四）加快推进社保卡居民服务"一卡通"

聚焦完善公共服务体系，充分发挥社保卡覆盖人群广、线上线下融合应用的优势改革创新，四市人社部门推动社保卡在成都都市圈等跨地区应用的互通互认，在政务服务、旅游观光、文化体验等方面率先实现了"同城待遇"。一是实现全市图书借阅"一卡通"。在全国首创"社保卡天然就是读者证"，全省持卡人凭社保卡或电子社保卡均可在市公共图书馆免注册、免押金借阅图书，还可通过电子社保卡服务享受线上借阅查询、图书续借、图书检索等 9 项服务。截至 2022 年末，使用社保卡或电子社保卡借阅图书达 9.4 万人次。二是实现旅游景点购票入园"一卡通"。发挥电子社保卡线上身份认证、移动金融支付两大优势，通过电子社保卡线上购票、线下扫码入园的方式，实现"惠民"与"共享"深度融合。三是实现政务服务排号取号"一卡通"。在国家和省一体化在线政务服务平台、"天府市民云"等政务服务平台集成社保卡电子证照身份认证登录，群众可线上享受社保服务、公积金查询、房屋电子证明开具等各类政务服务。

（五）共同构建人力资源服务业集聚发展新格局

以中国成都人力资源产业园为核心，推动四市人力资源区域协同、产业协同、服务协同、资源协同发展。一是创新合作机制。四市人社部门在产业园运营管理、载体建设、招商合作、创新服务等方面建立起互访交流、实地考察、线上互动等良好沟通机制，探索确立"共建分园、指导建园、委托管园、联合办园"等合作模式，携手构建"一极两带多点"区域高能级人力资源服务业集聚新格局。二是强化引领带动。中国成都人力资源服务产业园与德阳市人力资源服务中心签署人力资源协同战略合作协议，与眉山市签订《成眉人力资源服务合作协议》，在资阳市人资源服务产业园区建设的规划咨询、运营管理、线上产业园建设等方面开展合作。三是赋能产业发展。

强化"政府主导、企业主体、市场化运作"的运营模式，以园区为支点引领人才集聚，进一步促进人力资源服务业集聚发展。2022年成都市人力资源服务机构年营业总收入603.56亿元，人力资源服务从业人员数2.97万人，同比分别增长20.46%、21.72%。

案例：成德眉资创新建立长期护理保险
"三全"异地待遇保障机制

为提高长期护理保险制度公平性，保障异地居住参保人员基本权益，不断厚植超大城市可持续竞争优势，成德眉资四市在全国率先探索长期护理保险异地待遇保障，创新构建了长护险"三全"异地待遇保障机制。

一、聚焦政治责任，践行全覆盖照护目标

一是立足应保尽保，破题异地保障。建立完善异地参保人员长期护理保险待遇保障体系，是对以人为本理念、"应保尽保"原则的体现，也是对国家医保局"逐步扩大参保对象范围，调整保障范围"战略部署的贯彻落实。二是立足区域合作，实现破冰突围。作为推动成渝地区双城经济圈建设"先手棋"，成德眉资范围内率先开展异地长期护理保险待遇保障试点，开创全国试点异地评估先河。三是立足发展共享，推广成都样本。继省本级基本医保参保人员纳入长期护理保险制度覆盖范围后，启动在德眉资三市异地居住参保人员长护险试点，促进医保惠民红利加速释放。

二、聚焦公平公正，实现全流程规范管理

一是统一管理模式。参照成都承办方式，对异地参保人员的长护险待遇保障实行属地管理，委托商业保险公司划片经办，当地医保部门协助。二是统一评估体系。按照成都市长护险失能评估人员标准遴选评估员和评估专家，对评估人员进行统一培训、带教、考核并纳入成都市长护险评估人员库统一管理，异地参保人员的失能评定申请、受理、评估、公示等流程参照成都市现行政策和经办管理规程执行。三是统一待遇标准。符合享受长护险待遇支付标准的异地失能人员，其服务选择、协议签订、待遇标准、支付方式、支付对象，均与成都市保持一致。四是统一系统支持。异地待遇保障试点地区依托四川医保 App 及成都市长护险信息系统，实现申请受理、失能评定、照护服务、监督管理、待遇支付等各项业务与成都市本地人员同步管理。

三、聚焦凝聚合力，强化全方位精心组织

一是明确分工集聚工作合力。由省医保局牵头印发异地居住参保人员待遇保障试点工作方案，明确"省级医保部门统筹协调、成都医保部门指导督促、各市医保部门属地化管理、委托经办机构具体经办"工作模式，实现政府、市场、社会同向发力。二是周密部署迅速采取行动。召开全省长护险省内异地居住人员失能评估培训会，通过统一评估员培训、委托经办合署办公、属地管理等方式，在德眉资三市率先探索长护险异地待遇保障的实现方式。三是落地落实取得初步成效。2022 年 7 月以来，成都市长护险受理德眉资三市异地失能评估申请 75 人，评估通过后有 61 名异地居住参保人员享受长护险待遇，成都市长护险异地待遇保障机制的有力落实，让参保人员获得感成色更足、幸福感更可持续、安全感更有保障。

三　发展构想

（一）持续加强智慧教育同城化建设

从贡献区域智慧、引领智慧教育发展入手，构建智慧的学习环境，推进教育领域交流合作，促进成都都市圈教育教学质量提升，实现资源共享、优势互补、紧密融合发展，全面构建互利共赢的合作与发展格局。加快推动高层次智慧教育同城化共建，围绕智慧教育协同治理、大数据共建共享、资源互补互用、课程教学创新改革等主要领域，联合构建成德眉资"政企学研"全领域力量推进智慧教育的创新发展平台。广泛开展信息技术与课程融合、信息技术创新教学等现场观摩、指导和交流活动，增加都市圈人工智能、创客教育、信息化教学创新、编程大赛等交流活动，不断创新教育教学模式，

打造各区域特色品牌。坚持共商、共建、共享、共赢原则，共同打造多元、开放、协同、可持续的区域智慧教育合作框架。

（二）持续推进公共卫生服务协作新提升

构建以成都为中心、德眉资为支撑的重大传染病医疗救治网络，形成合作互动、优势互补、共同发展疾病预防控制良好格局。完善高危孕产妇信息互通机制，畅通都市圈产儿科急救绿色通道，强化孕产妇和儿童相关信息的交流沟通，加强区域内产儿科业务培训、技术交流，开展孕产妇、新生儿急救演练和点评。推动毗邻区域按可达性统筹120服务范围取得实质性突破，提升重特大突发事件紧急医疗救援区域协同能力。积极开展成德眉资卫生监督执法协作，共同维护区域内卫生健康行业秩序。加强案件交流，互学互鉴、拓宽思路，共同提升执法办案质量。

（三）持续推进医疗保障政策服务监管一体化

持续推动医保政策待遇趋同。发现并解决现行《成德眉资职工基本医疗保险关系转移接续办法（暂行）》实施过程中出现的问题，推动成德眉资职工基本医疗保险关系实现无障碍转移接续；推进重特大疾病医疗保险和救助制度政策趋同工作。持续推动医保经办服务一体。主动对接省医保各相关业务处室，依托省医保信息平台，统筹推进医保零星费用支付线上办理、医保门诊共济费用异地结算、医保门诊特殊疾病机构互认、医保特殊药品异地认定结算、职工生育保险费用异地结算等经办服务事项。持续推动医保基金协同监管。以定点医药机构医保服务协议为抓手，进一步完善成德眉资医保服务协议管理一体化发展工作思路、推进路径；持续协同推进"三假"专项整治工作，确保快速、高效开展各项异地就医监管协查，守护好四市群众的"看病钱""救命钱"。

（四）持续强化社保公共服务互通共享

综合运用省级协查认证平台，如"掌上12333""四川人社""四川E

社保"等手机 App，深化异地联网认证，为社保待遇领取人提供更加便捷的待遇领取资格认证服务。持续推进社会保险异地欺诈案件协办，配合追缴欺诈冒领等违规基金。持续优化工伤保险经办服务，进一步落实"减材料、减环节、减时限、减跑路"等各项要求；完善信息互通机制，及时更新四市工伤保险协议服务机构名单和增减变动情况。

（五）持续深化公共就业服务协同

共享公共人力资源市场供求数据，实现跨区域流动就业、人力资源供求、农民工基础等人力资源信息互通共享。依托四地劳务合作协议，深化人力资源招募、输送、合作事宜，加强农民工劳务输出服务保障。共享创业培训讲师资源，开放讲师在四地教学许可，纳入统一动态管理，支持优秀讲师的带头示范引领作用；联合举办创新创业大赛，提升创新创业氛围，共同打造创业项目交流和市场融通平台。

（六）持续推动民生服务专家人才交流共享

强化教育、医疗卫生、人力资源等民生服务人才的交流互动，按需丰富成都都市圈人才专家库，持续推动民生服务领域专家人才资源扩容共享。以学术交流平台推动开展人才协作，在医疗、卫生、教育、人社等多领域探索尝试专业技术人员的挂职交流，形成良好的区域互动，推进成都辖区优质服务资源下沉，与德眉资三市相关单位建立结对帮扶关系，全面提升都市圈内民生服务人才素质和服务能力。积极开展"同城杯""中医经典""基层卫生""教课教学"等技能竞赛，以赛促教、以赛促学、以赛促能，提升都市圈公共服务人员的服务技能。

B.6
成都都市圈创新共同体建设报告

成都市科学技术局　资阳市科学技术局*

摘　要： 加快推进科技创新资源的共享共用是成德眉资抱团发展的引擎，建立具有全国影响力的科技创新中心，是提升成都都市圈创新驱动的重要目标。本报告回顾了《天府大道科创走廊建设方案（征求意见稿）》的形成过程、各类科创平台的相继建立、国家超算成都中心服务范围的扩大等重要事件，总结了以科创通为代表的科技创新平台的建设经验，推动科技创新券实现互认互通，探索设立同城化科创基金等创新做法，提供了成资协同创新中心打造跨区域科技创新协同发展示范点的典型案例，提出了继续推进创新平台共建共享、推动实现创新资源共享共用、联动举办跨区域科技创新活动等发展构想。

关键词： 科技创新　数字化转型　平台赋能

近几年，围绕打造具有全国影响力的科技创新中心，聚焦引领成都都市圈高质量发展的科创大动脉、成渝世界级战略性新兴产业的集中发展廊道、具有全国影响力的高能级区域创新共同体，成德眉资四市以西部（成都）科学城为极核引领，联动产业链主要承载地、协同发展地、环高校知识经济圈等创新节点，构建"创新策源+成果转化"协同发展模式，打造天府大道科创走廊，科技创新驱动格局已基本建成。

---

* 执笔人：聂宏，成都市科学技术局院地协同与科技合同处处长；李亚，资阳市科学技术局四级主任科员。

一　现状成效

（一）形成《天府大道科创走廊建设方案（征求意见稿）》

配合成都市规划和自然资源局开展专题调研，完成《天府大道北延线、南延线科创走廊和成资协同开放走廊国土空间专项规划》。牵头开展《天府大道科创走廊建设方案》编制工作，并于 2022 年 11 月形成《天府大道科创走廊建设方案（征求意见稿）》。

（二）建立"科创通""协同创新中心"等分平台

全力推动扩大"科创通"分平台覆盖成都都市圈范围。"科创通"德阳分平台已实现 15 项业务线上办理；"科创通"资阳、眉山分平台启动开发建设工作，并已于 2022 年底上线运营。成都与德眉资协同创新中心建设稳步推进。成资协同创新中心建设已累计服务超 200 户企业；成眉协同创新中心和成德协同创新中心已于 2022 年底挂牌运营。

（三）扩大国家超算成都中心服务范围

国家超算成都中心获批四川省区域型数字化转型促进中心，并已为成都都市圈中包括东方电气集团、滕盾科技、中广核等在内的 10 余家传统企业提供服务，助力其数字化转型。

二　工作举措及创新做法

（一）强化区域协同创新顶层设计

一是建立完善工作会商机制。对照年度工作要点，积极谋划工作思路、实现路径，定期交流区域科技协同创新工作进展，研究解决重点、难点问题，群策群力、合力攻坚，共同推进各项工作落实，确保工作会商机制运转优质高效。

二是共同编制天府大道科创走廊规划及建设方案。集聚南北沿线科技创新资源，协同提升创新驱动发展水平。配合成都市规划和自然资源局开展专题调研，完成《天府大道北延线、南延线科创走廊和成资协同开放走廊国土空间专项规划》。按照省同城化办《成德眉资同城化发展暨成都都市圈建设 2022 年工作要点》相关要求，牵头开展《天府大道科创走廊建设方案》编制工作，围绕天府大道南延线、北延线科创走廊开展专题研究，多次召开专题会讨论研究成果并广泛征求意见，形成天府大道南延线科创走廊初步建设方案，完成了天府大道北延线科创走廊基础调研。2022 年 11 月，广泛征求天府新区、高新区、武侯区等区（市）县意见，形成《天府大道科创走廊建设方案（征求意见稿）》。

（二）构建跨区域科技服务平台

一是推动"科创通"平台体系建设。以成都生产力促进中心为抓手，全力推动"科创通"分平台覆盖成都都市圈范围。"科创通"德阳分平台已实现项目申报、科技服务等 15 项业务可在线上办理，系统访问次数近 30 万次，发布德阳科技政策 31 条，科技新闻信息 412 条，促进成德两地科技服务等资源共享共用。"科创通"资阳、眉山分平台已上线运营。

图 1　成都市科创通平台

二是加快协同创新中心建设运营。成资协同创新中心建设有序推进，中心功能与业务逐步完善，新入驻科创企业20余户，累计服务企业200余户，已促进华通柠檬组建的四川安岳中柠柠檬产业研究院提档升级为四川省新型研发机构，并成功开展柠檬酵素产品的中试。成眉协同创新中心、成德协同创新中心已于2022年底挂牌运营。

（三）实现科技创新资源共享共用

一是推动科技创新券互认互通。成都、德阳、眉山、资阳四市科技局联合印发《关于开展成德眉资同城化区域科技创新券互认互通试点的通知》（成科字〔2022〕55号），首批服务类别包括检验检测服务、高性能算力服务，从2022年12月21日起开展科技创新券互认互通试点。成都市科学技术局出台《成都市科技创新券管理办法》（成科字〔2022〕56号），将重大科技基础设施和大型科研仪器开放共享纳入支持范围，有力推动成德眉资同城化区域科技资源开放共享，加快构建同城化区域科技创新共同体。

二是共享算力资源促进产业转型升级。充分发挥国家超算成都中心的算力资源优势，以支撑成渝地区科技创新和产业发展为目标导向，有效保障成都都市圈区域内的高等院校、科研机构和企业等各类创新主体的算力需求。目前，国家超算成都中心已获批四川省区域型数字化转型促进中心，为680余家用户提供算力服务，覆盖人工智能、航空航天、新型材料、核能与核技术等30个领域，已服务成都都市圈包括东方电气集团、滕盾科技、中广核等在内的10余家传统企业，赋能装备制造、汽车工业等多个传统产业数字化转型。

三是深入开展品牌科创活动。围绕医药健康、无人机、新能源、高端制造领域举办4场"菁蓉汇·校企双进"创新项目供需对接沙龙专场活动；对接重庆大学、哈尔滨工业大学、西北工业大学、北京航空航天大学，举办5场"菁蓉汇·校企双进·企业家进校园"云对接专场活动，吸引了包括成都都市圈在内的地市（州）近11万人在线浏览观看，发布相关高校优质成果近400项、路演重点项目（实验室团队）31项。

（四）探索设立同城化科创基金

结合当地重点产业发展需求，分别与德阳、眉山、资阳探索设立科创基金。目前，成都科创投集团已完成成德眉资同城化科创基金内部立项，与德阳产投、东方电气共同设立了先进制造基金，并于2022年9月完成第一个项目投资（先导薄膜），与眉山产投签订设立基金的框架协议。

三　发展构想

成都市科技系统将全面贯彻落实习近平总书记来川视察重要指示精神，按照省委、市委工作部署，加快推进区域协同创新，充分发挥成都"主干"引领辐射带动作用。

（一）继续推进创新平台共建共享

一是深化协同创新中心建设。实现成德协同创新中心、成眉协同创新中心实质运行，成资协同创新中心高效运行。完善中心工作机制，拓展中心服务范围，不断提升运营质效。面向成都都市圈内的高校和企业中试需求，打造开放式科技成果中试熟化基地，推动更多科技创新成果转化。

二是优化完善科创通平台。正式运营"科创通"眉山、资阳分平台，建立成都都市圈技术成果池和企业技术需求池，广泛收集"科创通"分平台使用反馈意见并优化完善，持续提升用户使用满意度。

（二）推动实现创新资源共享共用

一是加快编制天府大道科创走廊建设方案。成德眉资四市科技主管部门加强与省同城化办、相关区（市）县及科研院所沟通交流，推动优质科创资源纳入走廊沿线规划布局。持续开展专题调研，广泛征集相关单位意见，不断更新完善现有成果中的数据信息，加快编制天府大道科创走廊建设方案，尽快形成建设方案送审稿。

二是继续推动科技创新券实现互认互通。通过开展跨区域创新券政策宣传，指导企业熟悉创新券账户注册、申领等流程，共同助力成都都市圈科技创新券实现跨区域互认互通。

（三）联动举办跨区域科技创新活动

一是持续举办"极核引领　共建共享"——创新资源市（州）行活动。聚焦四市重点产业领域，调研走访高校院所、科技创新资源平台及重点企业，挖掘科技合作需求，推介创新资源平台，为成都都市圈搭建科技交流合作平台，深化跨区域精准对接及深度合作，推动成德眉资四市创新协同发展。

二是持续举办"校企双进　找矿挖宝"科技成果对接活动。采用"线上+线下"模式，组织成德眉资同城化区域企业代表、投资机构、成果转化服务机构参与品牌科创活动，征集并发布电子信息、先进制造、医药健康、新能源、新材料等领域科技成果，现场展示重点成果，促进企业与高校院所达成平台共建、成果转化、技术开发合作项目，形成校院企地协同创新常态化机制。

B.7
成都都市圈协同开放格局建设报告

成都市商务局*

摘　要： 坚持高水平对外开放，加快构建双循环相互促进的新发展格局是成都都市圈对外开放的重要目标。本报告回顾了成都作为国际消费中心、国际门户枢纽平台能级不断提升的过程，以成都自贸试验区为案例，分析总结了成都都市圈在新开放格局逐步形成的情况下，创新机制拓展国际通道、聚焦成德眉资区域特色提升对外品牌影响力等措施，汇集都市圈开放合作建设的成功经验。提出了自贸试验区协同改革先行区与德眉资协同改革先行区深化联动试验、布局现代商贸产业未来赛道、共同推进品牌节会（展会）等发展构想。

关键词： 对外开放　区域协同发展　自贸区　成都都市圈

现代服务业协作和自贸试验区（协同改革先行区）建设专项合作组围绕省委区域发展战略，立足成都国际消费中心、国际门户枢纽功能定位，从营造高品质消费空间、促进多元融合消费业态等方面提升消费供给，从提升开放通道枢纽能级、协同搭建开放合作平台等方面构建全方位立体开放合作新格局，促进成都都市圈实现经济循环流动和产业关联畅通，更好融入和服务新发展格局。

---

* 执笔人：薛瑞，成都市商务局总部经济处副处长。

一 现状成效

（一）国际门户枢纽平台能级不断提升

以持续做强国际门户枢纽功能为支撑，链接全球的消费供应链。在蓉领事机构达 23 家，落户世界 500 强企业 315 家，培育总部企业 217 家，落户各类品牌首店 2000 余家。中欧班列（成渝）开行量已突破 2.4 万列，成都加速从内陆腹地走向了开放前沿。获批 5 个国家级服务出口基地，2022 年，跨境电商交易规模 914 亿元、市场采购贸易出口货值 315 亿元，实现服务进出口总额 154 亿美元，成都对外开放实现新的跃升。

（二）区域创新协同发展格局逐步成型

通过构建资源共享、平台互联、宣传互通的联动机制，逐步实现政务互通、服务互通、人才互通。共同举办数字生活消费节、成都国际美食节等促消费活动，优化提升都市圈消费供给品质。建设川渝自由贸易试验区协同开放示范区，服务构筑西向开放战略高地。

（三）现代服务业开放合作平台更加夯实

成都都市圈着力扩大内需，增强消费对经济发展的基础性作用，以做强国际门户枢纽、形成强大消费市场、塑造高品质消费场景、培育新型消费平台、建设国际消费目的地等支撑功能，充分利用国内国际两个市场，加快建设蕴含天府文化特色、彰显公园城市特质、引领国际时尚的国际消费中心城市。

二 工作举措及创新做法

（一）紧抓制度创新，增强动能

注重改革创新，深化对外开放合作，共建链接全球的内陆改革开放新高

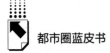
地。协同建设国际门户枢纽，协同搭建自由贸易试验区（协同改革先行区）、国际合作园区等开放合作平台。一是发挥国别合作园作用。中法生态园会同全省其他国际（地区）合作园区承担了推动构建全方位立体开放合作新格局、协同搭建开放合作平台、推进更高水平对外开放的任务。通过印发《关于深化对外开放合作推进国际（地区）合作园区差异化建设和高质量发展的指导意见》，鼓励和支持都市圈相关区域参与国别合作园区建设。二是深化自贸试验区改革试验。持续抓好制度创新攻坚，推出四川自贸试验区（协同改革先行区）第六批全省复制推广制度创新成果 10 项，推动成都经开区成功创建第二批自贸协同改革先行区，梳理上报国务院 10 项改革试点经验。自贸试验区新登记企业 37339 户，新增注册资本 2453 亿元，其中新登记外资企业 230 户，新增外资企业注册资本 19.4 亿元。三是建强对外开放平台。联合编制《成资协同开放走廊建设方案》，促进都市圈协同开放。向都市圈主动开放跨境电商公共服务体系，协助德阳等地建立德阳市跨境电商行业协会，高效运行资阳保税物流中心（B 型）等重点项目，引导推动区域内资源共享合作。举办"2022 年成都法资企业进园区暨在蓉外企交流对话会""中法生物多样性交流日"等活动。推动联晟成渝数字化物联网赋能中心和智能制造园区、玉湖环球食品供应链中国西部基地等项目建设，引入维龙川粤总部及智能制造产业园、PET 新材料产业协同创新总部等项目，落地"2022 年中德盛夏集市""中德工业 4.0 学习平台"项目。

（二）畅通国际通道，激发活力

共建开放走廊和贸易产业集聚区。一是依托成都铁路和航空开放口岸打造"双核"。以成都青白江区为一核，发挥中欧班列（成都）、西部陆海新通道、东向铁水通道的集运优势，打造国家级铁路开放门户、大宗进出口商品集散中心、商贸物流集散分拨中心、全国物流高质量发展示范区；以天府新区成都片区、双流区、东部新区为一核，发挥空运进出口商品主通道和临空产业经济优势，构建联通世界的国际多式联运立体枢纽体系、国际适空商贸物流集散分拨中心、进口贸易促进创新示范区。二是构建"一带一路"进出口商品集散中心产业协同发展"两带"。以青白江铁路运输延伸至德阳市构建"大宗商品贸易产业协同带"，建设木材、肉类等大宗产品的转运交易中心和工业品进出口的重要区域。以成都空运延伸至眉山市和资阳临空经济区构建"临空贸易产业协同带"，着力建设国家级外贸转型升级基地和加工贸易重点承接地。青白江国际铁路港"进出口贸易在港区，生产基地在市州"的产业合作模式受到相关区域一致认可，"亚蓉欧"产业基地在相关区域落地生根，带动德阳机械设备、眉山化工品等四川优质产品和技术开拓欧洲市场，省内货源占比超75%，年均拉动进出口贸易额700亿元。三是联合拓展国际市场。共赴上海参加进博会推介成都都市圈，联合开展"万企出国门"，集中优势资源宣传推广及市场推介，四市企业协同参展参会，联盟抱团"走出去"。

（三）聚焦区域特色，叠加优势

加速成德眉资优势特色产品、品牌双向互通，优化提升都市圈消费供给品质，共建富有巴蜀特色的国际消费目的地。一是完善信息共享机制。四市商务部门保持密切工作联系，推动各项合作任务实施。制定《关于加快建设国际消费中心城市政策措施》《关于支持企业促消费稳外贸若干政策措施实施细则》等系列政策，激发消费活力。二是联合打造消费促进活动平台。联合举办第十九届国际美食节，设立"品味成渝"特色美食展，现场设置成都都市圈名菜展区、重庆特色美食展区。组织四地餐饮企业近500家联动开展"'味美四川'川派餐饮汇活动"，联合推出成德眉资年夜饭及家庭套餐门店清单，举办成都都市圈美好生活体验周、公园城市消费季等。制订老字号消费新场景打造计划和组织老字号企业参展计划。推荐20个老字号品牌、知名品牌进入商务部品牌资源库。成都、德阳、眉山、资阳联动，联手打造520数字生活消费节，组织成德眉资电商直播基地、重点企业等共同参与，链接区域"名产、名企、名人、名街"等资源，推出系列农特产品、老字号产品等特色直播促销，促进成都都市圈数字消费协同发展。三是推动商贸产业对接合作。举办成都都市圈产业合作对接会，发布成都都市圈产业合作机会清单，举行重大项目签约仪式，提升产业资源对接效率和集成运作

水平。2022年，先后举办成渝双城经济圈暨成德眉资同城化电商品牌发展资源对接会、中国楼宇经济暨总部经济全球合作大会成渝地区双城经济圈暨成都都市圈专场等活动。发布《成都都市圈机会清单》，德眉资发布项目117个，计划总投资3258亿元。

（四）促进产业联动，建圈强链

深化科技、金融、文旅等现代服务业开放合作，促进成德眉资服务业深度融合发展，共筑现代服务业高地。一是加快构建现代商贸产业链。组建现代商贸产业建圈强链工作推进小组，制定工作机制和议事规则。编制年度现代商贸产业链指标评价体系、蓝皮书和"十四五"发展规划，形成产业图谱和招商引智"三表一图"。开展现代商贸产业链主企业摸底，筛选出136家重点目标企业和12家重点目标平台机构。举办产业图谱编制、产业发展趋势等现代商贸产业建圈强链专题培训。二是携手共建产业联盟。成都现代商贸产业生态圈联盟与德阳市零售商协会、眉山市进出口商会、眉山市餐饮协会、眉山市家政服务协会、资阳市外经贸发展促进会、资阳市餐饮协会等6家"德眉资"重点产业平台组织签订合作协议，多方携手共建创新驱动、平台赋能、商务协同的开放共同体。三是联合举办产业活动。联合举办"成都现代商贸产业生态圈新消费新场景创新论坛"，中购联购物中心发展委员会、成都现代商贸产业生态圈联盟、8个现代商贸产业功能区以及来自国际国内领军品牌商企业、知名团队、孵化机构、国际咨询机构和商协会组织代表300余人参会，现场发布《现代商贸产业生态圈及产业功能区投资机会清单》。

三　发展构想

（一）加快提升都市圈协同改革创新驱动

一是积极推动成都自贸试验区及其协同改革先行区相关落地区域与德眉

资协同改革先行区深化联动试验，力争创造一批跨区域的改革创新案例。二是继续做强成都"主干"功能。指导成都金牛区等成熟区域创建新一批协同改革先行区。统筹推动东部新区空港新城、西部科学城纳入"川渝自贸试验区协同开放示范区"建设，争创自贸试验区新片区，为区域提供更多高能级开放平台载体。三是通道政策共建共申共享。共享双机场、中欧班列、跨境公路等西向南向通道，深入协同联动共建全川"亚蓉欧"产业基地。充分利用成都都市圈建设战略机遇，联合对上争取差异化改革试点和政策措施，推动省级层面向协同改革先行区下放更多权限，系统集成配套相关支持政策。

（二）深入推进都市圈商务领域建圈强链

一是推动成都消费领域行业组织与德眉资商协会、企业建立长效联络合作机制，共建共享消费新场景，协同发展夜间经济、首店经济、跨境消费等消费新业态新模式，提升成德眉资消费影响力和美誉度。实施都市圈老字号焕新计划，联合开展"川货全国行""工业品下乡""新能源汽车推广"、餐饮美食文化等消费促进活动，联合举办购物节等消费活动。依托中国西部国际博览会、全国糖酒商品交易会等商品展会，扩大成德眉资消费载体、市场主体、特色产品宣传推介和对接交流平台，促进区域消费生态协作共兴。二是加强产业链上下游左右岸统筹布局，依托产业联盟、行业协会、渠道机构建立产业合作平台，常态化协同开展行业交流、招商引智等产业促进活动，建强成德眉资商贸产业集群品牌。因地制宜，科学推动成都现代商贸产业优势、资金优势和市场优势与德眉资土地、人力、要素配置资源的有机集合，促进协同发展与链式承接，打造成德眉资现代商贸产业协同发展新优势。三是加强电子商务公共服务，建立资源汇集和整合平台，将助力农业产业发展纳入公共服务的重点工作，促进三产融合。围绕现代商贸产业发展趋势，布局新零售、数字贸易、跨境电商等子链，加快建设跨区域公共平台、政策体系等，协同布局现代商贸产业未来赛道。

（三）引领带动都市圈扩大开放协同发展

一是继续做强国别合作园区。以抢抓低碳发展机遇为例，建设成德眉资低碳服务业主要承载地，赋能"成都中法合作馆"，与成德眉资关联园区建立信息共享机制，全面展示成都都市圈开放优势、产业基础及合作机遇，统筹市场资源，围绕绿色环保、清洁生产、新能源等重点产业链主企业开展精准招商，发挥链主企业带动作用以商招商，做大成都都市圈绿色低碳产业集群优势。二是联合开展展会与投资促进活动。共同推进品牌节会（展会）"一会两地""共同举办""轮流举办"等新模式。发挥中国楼宇经济暨总部经济全球合作大会、平台经济大会、首店经济大会等重大活动的开放功能，通过设置都市圈专区、举办专（分）场活动等方式，强化产业植入、场景营造，提升都市圈对境内外投资的吸引力。三是促进服务业融合发展。创新"头部+配套"产业链合作机制，探索"总部+基地"产业互动模式，发布成都都市圈产业协作机会清单。建立都市圈招商引资合作机制，共享招商渠道和资源，协同开展招商引资活动，探索建立招商引资项目流转机制，共同引导招引项目错位布局。

B.8
成都都市圈生态环境建设报告

成都市生态环境局　成都市水资源局*

摘　要： 成都都市圈生态环境建设与长江上游生态屏障建设和长江流域生态环境保护密切相连。本报告以成都都市圈生态环境防控治理和水资源保障工作为核心，分析了成都都市圈在污染防控协同治理、水资源保障重大水利工程建设、水旱灾害防御等方面取得的成绩，总结了成都都市圈在联合防控和治理大气污染、流域污染、环境执法和成效宣传等方面的经验做法，为区域生态环境防治和水资源保障提出可借鉴的经验。并提出在法规政策标准统一、水资源基础设施建设、智慧管理、空间开发利用、防汛减灾协作等方面持续用力，不断深化成德眉资生态环境防治和水资源保障协作，促进成都都市圈绿色发展。

关键词： 生态环境　水资源保护　联防联控共治

2022 年，生态环境联防联控联治专项合作组和成德眉资同城化发展水资源保障专项合作组坚持以习近平生态文明思想为指导，深入贯彻成渝地区双城经济圈建设战略部署，准确把握成都都市圈建设总体要求，坚持以《成都都市圈发展规划》为引领，务实开展大气污染生态环境联防联控联治工作，合力推进水资源配置、水安全保障、水生态建设工作，助力生态环境同城化发展和成都都市圈水网体系建设。

---

* 执笔人：万海霞，成都市生态环境局二级主任科员；何艳，成都市水务局工作人员。

一 现状成效

（一）污染防控协同治理不断强化

一是成德眉资四市持续通过开展大气污染防治联防联控联治专题协调会等方式强化大气污染协同治理，自 2019 年起至 2022 年已开展 42 次大气会商，共同启动预报预警。二是编制印发《饮用水水源地保护执法事项清单》，统一包括成德眉资等市在内的区域饮用水水源保护执法事项和标准。三是联合签发《2022 年成德眉雅资污染防控攻坚联动执法工作方案》，强化区域环境协同执法。

（二）重大水利工程规划建设有序推进

一是前期工作陆续开展。沱江团结水利枢纽工程启动可行性研究阶段工作，久隆水库工程项目开工建设并完成初设阶段工作，三坝水库工程力争取得国家发展改革委可研批复，羊毛沟水库工程完成坝址选择、施工布置、正常蓄水位三个专题报告编制，高景关水库和金花寺水库力争取得三个专题报告批复、开展移民实物调查，通江水库力争完成水资源配置论证、工程总体方案和规模论证工作，喜鹊寺水库争取开工建设。

二是建设工作阶段性成果显著。李家岩水库工程完成溢洪道工程、城乡供水洞工程、坝后电站和引水隧洞建设，料场开采 235.8 万立方米，大坝填筑 46.3 万立方米，城乡供水闸室浇筑至 765 米高程，料场邻近区域地灾隐患治理和数字孪生系统建设有序推进，完成年度投资 5.0942 亿元，完成率 100%。张老引水工程建设完工，完成 47 公里引水管道、出水口、1 座值班室建设和取水头部 2 艘浮船安装，引水调度中心正在建设中，完成年度投资 1.4 亿元，完成率 100%。久隆水库主体工程开工，完成导流洞进口左岸边坡开挖，完成年度投资 3 亿元，完成率 100%。加快推进雁溪水利工程建设，确保重大水利工程建设有力有序推进。

（三）携手推动水旱灾害防御和流域综合治理

一是 2022 年成德眉资联合防御极端暴雨洪涝灾害应急演练成功举行，就联合调度、汛情测报、工程抢险、防汛处置、城市排涝、群众转移等 15 个科目进行深入演练，加强水旱灾害防御协同联动。二是成德眉资等多市签订防汛减灾联防联控合作协议，加快推进岷江、沱江流域防洪工程建设。三是沱江流域上中游水情调度中心开工建设，为成都都市圈水资源优化配置提供技术和决策支撑。四是通过联合实施流域综合治理，成德眉资 84 个国省考断面水质优良率达 97.6%，确保流域水质稳定达标。

二 工作举措及创新做法

（一）协同开展大气污染联防联控

一是强化协同管控。坚持成都平原经济区八市每月轮值会商机制，召开成德眉资生态环境同城化大气污染防治联防联控联治专题协调会，科学准确预判秋冬季颗粒物重污染天气、臭氧区域性污染过程；持续实施和深化秸秆禁烧联防联控和综合利用区域合作，每年召开成都平原经济区八市联席会议；加强重大活动空气质量保障，协同做好成都大运会空气质量保障准备工作。

二是完善制度规范。制定《成都市大气污染防治条例》，结合成德眉资同城化发展实际，率先设置区域协同专章，各兄弟城市同步吸收纳至本地条例中，目前资阳市已出台相关条例，德阳市、眉山市进入立法程序；成都平原经济区八市联合印发《成都平原经济区机动车排放检验机构联防联控试点工作方案》，规范机动车排放检验机构管理，实现机动车排放检验的联合监管。

三是创新科技支撑。2022 年 10 月，成德眉资四市共同签订了《成德眉资环境质量预测预报及科研合作协议》，成立"成德眉资空气质量预测预报

中心"，以空气质量预报和科研合作为重点方向，成都市环境科学研究院设办公室，德眉资三市分别成立空气质量预测预报分中心。"中心"将依托成都市生态环境局的技术优势，发挥成都市大气复合污染研究和防控院士（专家）工作站、国家大气联合攻关中心"一市一策"成都驻点跟踪研究工作组等平台作用，提供各类空气质量预测预报和重污染预报信息产品，提供科学技术支撑，强化城市间技术交流、科研合作、人员培训。

（二）协同开展跨流域污染联合防治

一是统一建立跨界饮用水水源地保护执法标准。自 2021 年 7 月起，为保障资阳市城区 40 余万人的饮用水问题，成都、资阳两市就两地交界处的老鹰水库饮用水水源保护问题开展多次合作交流，相关单位签订《老鹰水库饮用水水源保护联防联控机制合作协议》，建立生态环境（执法）部门联防联控机制，共同打击环境违法；设置各类警示牌 200 余个，发放水源保护传单 500 余份，投入资金 9 万元，新建 11 个标准化鸡舍、2 个化粪池，常态开展库岸线垃圾清捡和转运。成都市生态环境局于 2022 年 10 月牵头编制印发了《饮用水水源地保护执法事项清单》，推动成德眉雅资五市生态环境、农业农村、水利等部门在饮用水水源保护相关的地方立法中加强协同，统一执法事项和标准。

二是建立跨界、重点流域水环境治理联动机制。签订《关于建立沱江流域河长制管理协调机制联动推进流域水生态治理保护的合作协议》，印发实施《阳化河水生态治理攻坚行动方案》《成都市阳化河流域水质限期达标方案》，合力推进岷江、沱江流域水环境治理合作试点，联动治理青白江、鸭子河、府河等重点跨界河道。加强上下游、部门间协调联动，常态化开展跨区县（金堂、简阳）、跨市州（成都、德阳、资阳）河流联合巡查、交叉巡河，共同强化河流联合治理。

（三）协同开展环境执法检查联动

为进一步推动成都、德阳、雅安、眉山、资阳五市生态环境联动执法合作，加强区域环境执法和管控的高压态势，成都市牵头组织德眉雅资四市生态环境政策法规与执法部门负责人召开了 2022 年生态环境执法专项合作会议，共同研究并联合签发《2022 年成德眉雅资污染防控攻坚联动执法工作方案》，初步建立长效协同会商机制。

（四）协同宣传四市生态建设成效

组织开展线下媒体采风活动，邀请成都都市圈四地主流媒体前往成德眉资四地生态环保特色亮点点位采风调研，了解成都、德阳、眉山、资阳四地生态文明建设新成果、绿色低碳发展新成效；通过借力中央、省、市各级媒体平台的传播力与影响力，展现成都都市圈构筑多层次、网络化、功能复合的"一心一屏三网三环多片"生态空间格局，开展生态共建环境共治，探索生态价值转化有效路径，合力讲好成都都市圈生态文明故事。

（五）合力推进重大水利工程规划建设

一是加快推进引大济岷和长征渠工程、毗河供水二期工程、沱江团结水利枢纽工程、久隆水库工程、三坝水库工程、羊毛沟水库工程、高景关水库工程、金花寺水库工程、喜鹊寺水库工程等一批重点水利工程前期工作。二是加快推进李家岩水库工程、张老引水工程、久隆水库工程、雁溪水利工程等一批重大水利工程建设工作。三是深入贯彻落实《地下水管理条例》《四川省老鹰水库饮用水水源保护条例》，加强四川省水资源管理和调配系统一体化平台推广应用，协同开展沱江中上游枯水期水资源调度工作，共同做好东风渠水量调度分配，共同做好都市圈水资源保障。

（六）协同开展水旱灾害防御

一是加强水旱灾害防御协同联动。成功举行 2022 年成德眉资联合防御极端暴雨洪涝灾害应急演练，从流域洪水协同防御实情实战出发，深度整合现有防汛装备资源，调动 800 余名参演人员、200 余台（套）参演机具，深入开展联合调度、汛情测报、工程抢险、防汛处置、城市排涝、群众转移等

15 个科目演练，进一步完善成德眉资协同机制和区域内部联动机制，提升成德眉资异地会商调度、流域联动协作、空天地立体指挥、机车舟人有机结合、军地企有效融合、专业与非专业队伍协同抢险救灾的能力。

二是积极配合水利厅编制沱江流域防洪规划，加快推进岷江、沱江流域防洪工程建设。围绕"信息共享、汛情共商、灾情共救"，成都市分别与阿坝州、德阳市、眉山市、资阳市签订防汛减灾联防联控合作协议，23 个区（市）县细化完善相邻县区、流域上下游、左右岸联动机制。

三是开工建设沱江流域上中游水情调度中心，项目总投资 800.8 万元，建成后将为成德眉资防汛抗旱、水利工程建设、区域水资源优化配置等提供基础技术保障和有力的决策支撑。

案例：成德眉资防汛减灾联动机制

水资源保障专项合作组深入贯彻习近平总书记关于防灾减灾救灾重要论述精神，认真落实成渝地区双城经济圈建设、成德眉资同城化发展战略部署，始终将新时期防灾减灾救灾理念贯穿于水旱灾害防御工作全局，坚持系统观念，强化流域治理管理，在省防汛抗旱指挥部的领导下，按照"流域一盘棋、共御大洪水"工作思路，构建流域水旱灾害防御体系，建立流域协作机制，开展流域洪水联防联控演练，加强交流培训，提升成德眉资防汛减灾能力。

1. 建立健全岷江沱江流域水旱灾害联防联控机制

2021 年，在省防指统一领导下，四川省十大流域建立水旱灾害联防联控机制，成都市处岷江、沱江流域，与岷沱江流域相关市州建立了岷江、沱江流域水旱灾害联防联控机制（以下简称岷沱流域机制），成都市副市长、市防汛抗旱指挥部负责日常工作的指挥长担任岷沱流域机制副召集人。岷沱流域机制主要目标是立足于"防"，加强流域水旱灾害防御信息共享、水工程调度运用和防洪抗旱规划衔接，统筹协调流域内水旱灾害防御相关工作，先后制定印发了成员名单、工作规则、会商制度、汛情传递机制、梯级电站防洪调度管理办法等规则制度，每年定期组织召开成员会议，2022 年 6 月岷沱流域机制联席会议在乐山、内江召开。2022 年 7 月，成都市分别与阿坝州、德阳市、眉山市、资阳市签订了防汛减灾联防联控合作协议，围绕"信息共享、汛情共商、灾情共救"，在气象、水文、山洪地质灾害预报预警信息共享和应急响应协调联动方面进一步加强合作，进一步完善区域流域协作。成都市的 23 个区（市）县进一步细化了相邻县区、流域上下游、左右岸联动机制，约定"当上游地区出现可能会对下游地区造成影响的工情、险情和汛情时，要及时通知下游地区"。

2. 建立岷江沱江流域上游市州洪涝灾害救援互助机制

2021 年，成都市联合德阳市、眉山市、资阳市、阿坝州签订《岷江沱江流域上游市州洪涝灾害救援互助协定》，约定在水上救生、人员转移、内涝处置、工程抢险、超标洪水应对、大型漂浮物处置、联动演练等方面进行合作，共享雨情水情险情灾情信息和救援资源信息。

3. 流域水情雨情监测设备基本覆盖

一是成都市积极开展防汛信息化建设，整合水利厅、水文、气象、公安等部门的监测数据，实现 180 个水位流量站、253 个水库水位站、938 个雨量站、137999 个视频站、43 个下穿隧道及 222 个管道监测点实时监控，汇聚数据总量达 1TB。在全市山洪灾害危险区布设无线预警广播 967 套、简易雨量报警器 967 套、锣鼓号 1631 套。实现岷江、沱江流域成都段重点区域、重要目标的实时在线监控和监测预警。二是成都市投资 800.8 万元，在三皇庙水文站站址位置新建沱江上中游水情信息调度中心，项目建成后将及时监测到沱江流域上中游地区的洪水情况，进一步提升水文预测预报的准确性和时效性，加强水文信息服务能力，为防汛抗旱、水利工程建设、区域水资源优化配置、科学管理等提供基础技术支撑。

4. 深化共享联防联控机制成果

一是常态化开展成德眉资联合抗御超标洪水防汛演练。每年汛期，成德眉资四地立足实战，从区域联合调度、超标洪水防范应对、山洪灾害防御、水工程抢险、内涝应急处置等方面开展联合演练，提升区域协同防汛作战能力。二是依托流域联防联控，开展成德眉资联合培训。2022 年 8 月 25 日，成都市防汛办会同德阳市防汛办邀请全国水旱灾害防御工作知名专家万海斌

教授，以网络授课的方式向成都、德阳、眉山等地山洪灾害危险区责任人讲授山洪灾害防御工作经验及决策要领，成都市共计 1904 名山洪灾害危险区责任人、基层安全网格员、防汛工作业务骨干参加培训。

（七）联合实施流域综合治理

一是深化沱江流域水生态环境综合治理。召开岷江沱江七市州河湖长制联席会议，持续推进岷江沱江流域水环境协同治理，联动整治青白江、鸭子河、锦江等重点跨界河道，开展交界地带联合巡河行动。二是联合实施跨界水土保持。按照"属地管理"原则，运用"遥感监管""天地一体化"等技术手段，加大对成南达万高铁、成渝中线高铁等省级批复的跨市生产建设项目水土保持监管，重点强化项目水土保持方案实施、弃土（渣）堆存、设计变更、水土保持监测监理等监管，及时发现整改项目建设中存在的水土保持问题，强化各地水土保持监管信息互通，确保项目严格落实水土保持"三同时"制度。

三　发展构想

（一）推进法规、政策和标准统一

加快构建与都市圈发展定位相适应的生态文明法规制度体系，推动区域污染防治共同立法，联合出台大气污染防治、水污染防治、噪声污染防治、机动车污染防治、生态补偿、生态保护等领域的地方性法规或规范性文件，研究构建全面、科学、严格的地方生态环境绿色标准体系。

（二）补齐水资源基础设施短板

加快推进引大济岷、毗河供水二期、张老引水等重大水利工程规划建设，加快建立国家级饮用水水源地黑龙滩水库和通济堰灌区水量、水质保障沟通协调机制，积极探索水价水权制度改革，联合开展沱江中上游枯水期水资源调度和老鹰水库水源地保护管理，共同做好下游生活原水和生态流量保障，努力构建同调共济的成都都市圈水资源共同体。

（三）提升智慧管理水平

积极带动周边城市融入"智慧生态"建设，推广智慧大气、智慧水环境、智慧医废等系统平台和广卫星遥感、在线监测、电力监控等科技监测手段，共享院士（专家）等环境领域智库，健全大气和水质水量自动监测站的天空地一体环境监测体系。联合共建生态环境产学研用示范试点，强化区域生态环境专业人才队伍能力建设。

加快建设成德眉资水系一张底图，加快布局河湖场景智慧感知网络，加快完善成德眉资河长制基础数据，积极探索无人机巡检、AI 智能分析、智能报警等先进技术，持续优化成德眉资河长制 E 平台系统功能，推动成德眉资河长制 E 平台应用不断下沉延伸，有效提升河湖管理保护智慧化水平，努力构建同治共护的成都都市圈水生态共同体。

（四）坚持空间开发利用格局

严格按照禁止开发、限制开发、允许开发的原则，对土地用途和功能进行管理，优化都市圈工业布局和产业布局，统筹划定生态涵养区、工业生产区、居民生活区。以"三线一单"最新数据成果为管控体系，协同实施生态环境分类管控，构建"三山三江"绿色生态空间格局和"三区三带"经济地理格局。

（五）深化防汛减灾合作

围绕"资源共享、队伍共育、洪水共御、灾情共救"，强力推进主要河流防洪工程建设，加快推动沱江流域水情调度中心建设，科学规划补强水文、雨量等站点，强化岷沱江流域上下游雨情、汛情信息互联互通，推动建立洪涝灾害应急联动机制，深入研究协作联动场景，持续开展超标准洪水联合防御演练和抢险队伍培训，共同提高水旱灾害防御工作的监测预警水平。

B.9
成都都市圈完善体制机制建设报告

成都市委政研室（改革办）*

摘　要： 着力破解深层次体制机制障碍，是推动都市圈建设的关键环节。本报告总结了成都都市圈在交通网络互联、产业生态配套、公共服务共享、协同机制创新等方面所取得的成效，重点介绍了系统研究部署年度重大改革任务、探索都市圈政策改革创新合作机制、积极推进成德眉资同城化综合试验区建设、开展重大改革创新政策调查研究等工作举措及创新做法，提出了探索经济区与行政区适度分离改革、推进要素市场一体化改革、推进都市圈"放管服"改革、推进都市圈放权赋能改革等发展构想。

关键词： 体制机制　改革创新　经济区与行政区适度分离

党的二十大报告明确指出，要"深入实施区域协调发展战略、区域重大战略、主体功能区战略、新型城镇化战略，优化重大生产力布局"，要"深入推进改革创新，坚定不移扩大开放，着力破解深层次体制机制障碍"。探索经济区与行政区适度分离改革，是习近平总书记赋予成渝地区双城经济圈的一项重大改革任务，也是推进成都都市圈同城化发展、强化城市群一体化发展的重要路径。近年来，我们全面落实省委、省政府决策部署，按照同城化发展领导小组"协同推进已不再仅仅局限于具

---
* 执笔人：刘贤勇，成都市委政研室改革督察处处长；申良法，博士，成都市委政研室改革督察处四级调研员。

体项目和工程，更多需要从机制体制等方面创新突破"要求，积极探索经济区与行政区适度分离，深入推进同城化发展体制机制改革，为成德眉资同城化发展提供改革助力。

一 现状成效

坚持重点突破、协同发力，聚焦基础设施互联互通、现代产业协作共兴、对外开放协同共进、公共服务便利共享、生态环境共保共治等领域，探索形成住房公积金同城化贷款异地使用、成都都市圈农村产权有形交易市场、跨市实施国有建设用地使用权拍卖等全国首创类亮点做法，突出功能协同、区域协调，聚焦构建"三圈一体"打造现代化都市圈，形成了一批原创性原动力改革成果，同城化发展改革进程蹄疾步稳、政策红利持续释放，2022 年，成都都市圈实现地区生产总值 2.62 万亿元，占成渝地区双城经济圈和四川省比重分别达 33.8%、46.2%。

（一）健全同城化交通联建机制，促进交通网络互联互通

围绕打造轨道上的都市圈，成都轨道集团分别与眉山、德阳组建合资公司共建跨区域市域铁路，成资 S3 线全线贯通、成眉 S5 线 8 个车站全面施工、成德 S11 线正式开工建设，"两环三射"轨道交通骨架基本成型。高快速路网加快织密，天眉乐高速开工建设，天邛高速等加快建设，"3 绕 20 射"高速公路主骨架建成 17 条，通车里程超 2000 公里，天府大道（新都段、眉山段）、成资大道等通车运行，首批 15 条"断头路"打通 10 条。交通服务同城持续深化，完成成渝、成绵乐等 7 条铁路公交化优化改造，天府通"互通互惠"覆盖 26 个区（市）县，常态化开行 14 条跨市公交，日均客流量 1.8 万人次；日开行动车增至 134 对，日均客流量达 3.5 万人次，38座高铁站启用公交化票制，发车间隔缩短至 23 分钟，半小时轨道通勤圈和1 小时高（快）速路交通圈加快构建。

（二）健全产业协作配套机制，加快构建跨区域产业生态

围绕打造高能级产业生态圈，联合探索"总部+基地""研发+生产""头部+配套"产业合作模式，积极探索建立股权分享机制，共同实施"三带"重大项目923个，协同编制实施都市圈重点产业产业链全景图，连续举办两届产业生态建设企业供需对接大会，为都市圈企业成功匹配5000余条供需对接信息，近1500家都市圈企业开展跨市域协作配套，"盈创动力"为都市圈企业提供债权融资668亿元。金牛—什邡共建产业园区，联合引进中航智无人机项目开工，成德临港经济、成眉高新技术、成资临空经济产业带重大项目累计完成投资超3700亿元。创新联合招商引资机制，四市首次联合赴深圳等地开展招商投资推介，吸引粤港澳大湾区120余家企业参加，达成意向投资超过700亿元，组团参加中国国际玩具和婴童用品展、第22届投洽会等展会活动。

（三）健全要素资源共享机制，推动公共服务便利共享

围绕打造公共服务均衡共享优质生活圈，深入推进政务服务同城化，开展异地受理跨区域办理试点，实现430个政务服务事项跨市通办、166个高频政务服务事项"无差别受理、同标准办理"。打造教育发展共同体，四市结对学校增至254对，成德资实现高三年级"二诊"同步监测。打造医疗协作共同体，25家三甲医院99项检查检验结果实现互认，联合开发中医寻诊地图并上线1719家中医医疗机构，开通异地就医结算医药机构增至22340家。打造社会保障共同体，实现养老保险、职工基本医疗保险无障碍转移接续和工伤认定、劳动能力鉴定结果互认，2022年四市参保人员异地就医结算432.1万人次，医保支付18.35亿元，分别同比增长45.83%、29.68%。打造社会治理共同体，成立都市圈社会治理联盟，毗邻区域联动处理警务2万余件，四市政协在防范应对极端天气、缺电限电、重大疫情、洪涝地灾等领域提出协商建议。生态环境联防联控联治深入推进，成立成德眉资空气质量预测预报中心，建立都市圈大气环境应急联动机制，高效运行

成德眉资河长制 E 平台，2022 年 85 个国省考断面水质优良率达 96%以上。"银政通"平台实现不动产抵押登记跨区域在线办理，2022 年减少群众"跑腿"118 万余次。四市人大常委会以"决定先行+条例跟进"方式实现营商环境协同立法。

（四）健全紧密协同创新体系，打造融合共享创新共同体

围绕建设成德眉资创新共同体，深化自贸试验区协同改革先行区建设，协同建设跨境电子商务综合试验区，加快推动国家级临空经济示范区、天府国际空港综保区申建，深化职务科技成果权属混合所有制等改革试点，成都自贸试验区累计向德眉资复制推广多式联运"一单制""铁银通"金融创新等改革试验经验成果 18 项，共享资源协同提升创新能级。成德组建首只科创基金，为先导薄膜项目投资 5000 万元；成德、成眉、成资协同创新中心挂牌运行，成资协同创新中心助力资阳培育高新技术企业 20 家、科技型中小企业 104 家。"科创贷"为四市企业提供新增融资 77 亿元，"知易融"促进转化知识产权成果 280 件，"科创通"平台服务实现都市圈全覆盖，推动科技政策咨询、科技业务办理、科技成果转化等事项"一网通办"，启动实施外国人才来华工作许可互认试点。

二　工作举措及创新做法

发展出题目，改革做文章。始终坚持在大局中明方位，在实践中下深水，在落地上见真章，成都改革办会同德眉资三市改革办聚焦探索经济区与行政区适度分离，探索深化成德眉资同城化发展体制机制改革有效方法路径。

（一）系统研究部署年度重大改革任务

落实四川省推进成德眉资同城化发展领导小组第四次、第五次会议精神，系统作出年度改革工作安排。研究起草《中共成都市委全面深化改革

委员会 2022 年工作要点》，以"清单制+责任制"形式编制《中共成都市委全面深化改革委员会 2022 年度改革落实台账》，将"创新成德眉资同城化发展体制机制"细化分解为"贯彻落实《成都都市圈发展规划》和成德眉资同城化综合试验区总体安排""探索实行'总部+基地''研发+生产'产业互动模式，探索设立市场化性质的同城化产业协同发展基金""落实省跨行政区经济指标核算分配机制和统计分算办法""落实省建设用地指标、收储和出让统一管理机制""探索推进工程建设招投标项目跨区域跨平台交易试点，制订发布第二批成德眉资同城便捷生活行动计划、第三批'同城化无差别'受理事项清单""深化水环境协同治理、大气污染联防联控"等 6 项可实施、可操作的具体改革任务，并印发各专项小组、市级相关部门及各区（市）县委全面深化改革委员会。研究起草《加快推进践行新发展理念的公园城市示范区建设的原创性原动力改革工作安排》，并以市委办公厅、市政府办公厅名义印发各区（市）县及市级各部门，明确由市发改委牵头，以探索经济区与行政区适度分离改革为牵引，加快构建跨区域、组团式重点片区高效顺畅的共建共享机制。

（二）探索都市圈机制政策改革创新合作机制

按《四川省推进成德眉资同城化发展专项合作组组建方案》（川成德眉资同城领〔2020〕13 号）要求，会同德眉资三市改革部门进一步深化探索建立健全多层次、常态化协商合作机制，制订《成德眉资同城化发展机制政策改革创新专项合作组 2022 年工作计划》，明确 2022 年度成德眉资同城化发展机制政策改革创新重点工作。2022 年 5 月，在省委改革办、同城化办公室的指导下，在眉山组织召开成德眉资同城化发展机制政策改革创新合作组第二次会议，研究审议机制政策改革创新专项合作组 2022 年重点工作任务，四市政研改革部门签署了《关于协同推进成德眉资同城化发展的重大政策研究合作框架协议》《关于协同推进成德眉资同城化改革发展的合作框架协议》。

（三）积极推进成德眉资同城化综合试验区建设

认真学习贯彻四川省《成德眉资同城化综合试验区总体方案》，按照方案精神，积极推动"1+5"区域协同发展机制不断深化，围绕产业集群构建、国际开放平台布局、创新驱动能力提升、公共服务配套共享以及同城化综合试验区改革发展路径等建立会商机制，协同共建"金简仁"万亿级产业带核心区、凯淮融合发展区等区域，探索建立一体化协同发展工作组，完善工作对接推进机制，深化探索"总部+基地""研发+生产""头部+配套"产业合作模式，积极探索建立合作共建园区的股权分享机制，协同推进各项重点工作。

（四）开展重大改革创新政策调查研究

落实《成都眉资同城化发展暨成都都市圈建设 2022 年工作要点》要求，积极探索要素市场化配置创新做法，联合四川大学第三方评估团队开展农村集体经营性建设用地入市试点改革调研，形成《郫都区农村集体经营性建设用地入市改革工作调研评估报告》，并报送领导小组主要领导参阅，以深化改革引导要素流动和高效配置。2022 年 6 月，在省委改革办、同城化办公室指导下，深入现场调研了成眉 2 市医疗领域"研发在成都、生产在眉山"产业布局、"院院合作"有关情况，听取了成都东部新区、德阳凯州新城、眉山眉东新城、资阳临空经济区关于同城化综合试验区建设工作情况以及蒲江县、丹棱县关于毗邻区精品示范项目建设工作情况汇报，会同德眉资三市改革办联合调研形成《关于推进成德眉资同城化发展反映的问题及对策建议》，并获得同城化发展领导小组主要领导肯定性批示。2022 年 8 月，会同德眉资三市改革办围绕成德眉资综合试验区推进经济区与行政区适度分离改革开展研究，召集综合试验区"1+5"区域人员开展专题研讨，在共同会商研究基础上形成《成德眉资同城化综合试验区推进经济区与行政区适度分离改革研究》课题报告并报送省委政研室。2022 年 11 月，按照同城化办公室要求，开展做强全省发展主引擎课题子课题研究，高质量完成课题报告。

三 发展构想

我们将认真贯彻党的二十大精神和习近平总书记来川视察重要指示，落实省委、市委重大部署，在省委改革办指导下，会同有关部门进一步深化都市圈体制机制改革，以改革助力成都都市圈建设纵深推进。

（一）深入探索经济区与行政区适度分离改革

聚焦共建成德临港经济产业带、成眉高新技术产业带、成资临空经济产业带，创新毗邻合作、园区共建、飞地经济等新模式，积极探索分工协同的产业合作机制。

（二）深入推进要素市场一体化改革

推动公共资源交易平台整合，推动成都农交所扩展交易品种、扩大交易规模，与德眉资联合招引紧缺人才，促进各类生产要素在都市圈内有序流动、优化配置。

（三）深入推进都市圈"放管服"改革

共同搭建政务服务一体化平台，深化政务服务异地通办，协同发布第四批政务服务"同城化无差别"受理事项清单，力争实现更多高频政务服务事项跨区域通办。

（四）探索推进都市圈放权赋能改革

以集成授权改革为有利契机，积极推动四市协同争取国家和省级重大改革试点，谋划争取一批突破性强、带动作用大的国家级改革试点，为建设具有国际竞争力和区域带动力的现代化都市圈提供强大改革动力。

专 题 篇
Special Reports

B.10

强化双圈互动　共同引领成渝地区
双城经济圈建设*

——成都都市圈和重庆都市圈协同发展研究

雷　霞**

摘　要： 围绕成都和重庆主城培育发展现代化都市圈，带动中心城市周边区
域加快发展，是成渝地区双城经济圈建设的重要内容。成都都市圈
和重庆都市圈协同发展是成渝地区双城经济圈建设的重要抓手，也
是两大都市圈实现能级跃升的重要支撑。两大都市圈历史联系紧密、
交通基础设施通达性强、产业协同发展潜力大，具有良好的协同发
展基础。然而，两大都市圈在协作过程中也存在都市圈层面协同发
展体制机制不完善、"双圈"竞争大于合作、外围城市之间联系较弱
以及区域带动能力有待增强等问题与短板。未来，两大都市圈应强

---

* 本报告系 2021 年成都市社会科学院院级青年项目"成都都市圈和先发地区三大都市圈的比
较研究"、四川省哲学社会科学研究"十四五"规划 2022 年度课题"深化成德眉资同城化发
展推动成都都市圈建设研究"（项目批准号：SC22ZDYC09）成果。
** 雷霞，博士，成都市社会科学院助理研究员，主要研究方向为区域经济、政府作用。

化机制协同、"双城"协同、产业协同、城乡协同、开放协同以及生态协同，引领带动成渝地区双城经济圈实现高质量发展。

关键词： 成都都市圈　重庆都市圈　协同发展

党的二十大报告指出，要"以城市群、都市圈为依托构建大中小城市协调发展格局"。都市圈协同发展将成为未来区域协同发展的重要形式。2023 年 7 月，习近平总书记来川视察时提出，要"坚持'川渝一盘棋'，加强成渝区域协同发展"。成都都市圈和重庆都市圈是成渝地区双城经济圈的两大极核，推进两大都市圈协同发展，是深入贯彻实施成渝地区双城经济圈发展战略，构建成渝地区协同发展格局的重要内容，有利于成渝地区双城经济圈"尽快成为带动西部高质量发展的重要增长极和新的动力源"。①

一　成都都市圈和重庆都市圈协同发展的理论基础

（一）区域协同发展的基本内涵

区域协同发展是指依据"1+1>2"的协同学发展原理，通过打破行政壁垒、优化资源跨区域配置、提高区域生产效率和经济发展效率，进而实现区

---

① 都市圈是城市群内部以超大特大城市或辐射带动功能强的大城市为中心、以 1 小时通勤圈为基本范围的城镇化空间形态。城市群是指在特定的区域范围内具有相当数量的不同性质、类型和等级规模的城市，依托一定的自然环境条件，以一个或者两个超大或特大城市作为地区经济的核心，借助现代化的交通工具和综合运输网络的通达性，以及高度发达的信息网络，发生与发展着城市个体之间的内在联系，共同构成一个相对完整的城市"集合体"。都市圈是城市群的核心区域及城市群高质量发展的核心支撑，是城市群发展的必经阶段。成渝地区双城经济圈是我国重要城市群，其空间结构表现为以成都和重庆两大中心城市为核心的成都都市圈和重庆都市圈为极核的双圈结构，其区域协调发展的重点在于形成产业协同发展、经济一体化的发展格局。

域整体竞争力跃升的过程，区域协同发展是区域协调发展的高级形式。[①]

新时代区域协同发展蕴含区域高质量发展以及区域高质量协调两层含义。[②] 首先，区域高质量发展是新时代区域协同发展的应有之义。中国式现代化是新时代全面推进中华民族伟大复兴的必由之路。中国式现代化又即全体人民共同富裕的现代化。这就意味着，无论是生活在东部沿海地区，还是生活在西部高原地区，都有权利过上富裕生活。这也要求每一个区域都实现高质量发展。每个区域应该根据自身资源禀赋条件以及发展基础，明确发展目标、制定发展政策。区域高质量发展应明确创新的引领作用和产业的驱动作用，大力提升科技创新与转化能力，积极推进产业结构转型，优化资源配置效率、提升生产力。此外，区域高质量发展还应注重社会公平，促进就业增长与分配公正，使全体人民受惠于经济发展，实现全体人民的共同富裕。其次，区域高质量协调是新时代区域协同发展的深层含义。一方面，随着科技的快速发展以及分工的不断细化，各区域交流与合作越来越多、联系越来越紧密将成为趋势；另一方面，各区域必须协同发展才能实现中国式现代化。幅员辽阔、区域差异巨大是我国的基本国情，也是我国区域高质量协调的机遇与挑战。先发区域具有良好的经济发展基础、聚集了大量要素资源，后发地区则在自然资源等方面具有优势，充分发挥各地的比较优势，通过区域合作、生产力优化布局等手段，促进要素有序流动，实现资源优化配置，在保障经济社会高质量发展的同时促进人与自然和谐共生。

（二）城市群建设背景下都市圈协同发展的必要性

都市圈是城市群的核心，城市群是都市圈发展到高级阶段的产物。[③] 都

---

① 黎鹏：《区域经济协同发展及其理论依据与实施途径》，《地理与地理信息科学》2005年第4期；廖斌、李琳、罗啸潇、刘莹：《城市蔓延、创新网络联通与区域协同发展》，《中国人口·资源与环境》2023年第6期。

② 孙久文、史文杰、胡俊彦：《新时代新征程区域协调发展的科学内涵与重点任务》，《经济纵横》2023年第6期。

③ 张学良：《以都市圈建设推动城市群的高质量发展》，《上海城市管理》2018年第5期；方创琳：《以都市圈为鼎支撑中国城市群高质量发展》，《张江科技评论》2020年第6期。

市圈协同发展是实现城市群及更大空间尺度范围区域协同发展的关键抓手。

1.构建区域协调发展格局的突破口

根据发展基础与资源禀赋，我国实施了东、中、西部以及东北地区四大区域发展战略以及黄河流域、长江经济带发展战略，然而由于区域跨度过大，发展水平不一、区域联系不够紧密、利益需求不一致，促进区域协调发展的政策难以实施落地，这一尺度的区域协调更多停留在理念层面。在"四大区域"和"两大流域"的基础上，我国确定了19个城市群，以期通过城市群战略推进区域协调发展。从现有公布的城市群规划来看，其空间尺度范围仍然过大，涉及的城市数量庞大，城市群内区域发展差异很大，区域协调成本过高。都市圈这一空间尺度范围更小、联系更加紧密、共同利益更显著的区域便成为推进城市群协调发展的最佳抓手。全国都市圈的协调发展取得了一定的成效，部分都市圈如南京都市圈、长株潭都市圈以及成都都市圈等都市圈甚至在协同发展方面取得了显著成效。①

2.为城市群协同发展提供示范引领

广阔的城市群空间尺度范围内往往存在不止一个都市圈，如日本东海岸太平洋沿岸城市群包含东京都市圈、大阪都市圈和名古屋都市圈三大都市圈，长江三角洲城市群包含上海大都市圈、宁波都市圈、杭州都市圈、苏锡常都市圈、南京都市圈、合肥都市圈等六大都市圈，成渝地区双城经济圈也包含了成都都市圈和重庆都市圈两大都市圈。都市圈作为城市群内最发达的区域，有条件也有责任率先实现协同发展，为城市群的整体协作提供示范。首先，都市圈内部协同发展积累的经验可为都市圈之间协同发展提供经验借鉴。其次，在世界呈多中心网络结构发展的背景下，在创新成为发展首要驱动力，产业链越来越长、产业集群越来越大的情况下，更好地借力地理距离

---

① 清华大学中国新型城镇化研究院：《中国都市圈发展报告2021》，清华大学出版社，2021，第3~26页；杨柳青、季菲菲、陈雯：《区域合作视角下南京都市圈规划的实践成效及反思》，《上海城市规划》2019年第2期；童中贤等：《长株潭城市群发展报告（2020）》，社会科学文献出版社，2020，第2~8页；杨开忠、姚凯等：《成都都市圈建设报告（2022）》，社会科学文献出版社，2023，第12~21页。

更近、人文环境更相似的相邻都市圈，使周边的高端要素更好地为我所用，与相邻都市圈抱团发展，共同面对外部竞争，携手将城市群打造为区域、国家乃至世界的增长极，将是都市圈实现高质量发展的必然选择。

（三）成都都市圈和重庆都市圈协同发展的重要意义

坚持"川渝一盘棋"，以成都都市圈和重庆都市圈协同发展为路径打造参与国际竞争新基地有利于推动成渝地区双城经济圈建设走深走实，也有利于两大都市圈充分发挥优势提升竞争力和影响力。

1. 成都都市圈和重庆都市圈协同发展是成渝地区双城经济圈建设的重要抓手

《成渝地区双城经济圈建设规划纲要》明确指出，要"把握要素流动和产业分工规律，围绕重庆主城和成都培育现代化都市圈，带动中心城市周边市地和区县加快发展"。成都都市圈和重庆都市圈建设是构建双城经济圈发展新格局的关键。强化双圈互动，形成以成都都市圈和重庆都市圈为核心、大中小城市和小城镇疏密有致的网络空间格局既是成渝地区双城经济圈建设的目标，也是成渝地区双城经济圈空间格局的最佳形式。两大都市圈建设是成渝地区双城经济圈建设具有全国影响力的重要经济中心、科技创新中心、改革开放新高地、高品质生活宜居地的关键。两大都市圈是成渝地区双城经济圈内经济最发达、产业结构最完整、高端要素最集中、公共服务最优良、资讯最发达的区域，两大都市圈协同发展，将通过辐射引领带动作用，促进成渝地区双城经济圈其他区域的发展。

2. 成都都市圈和重庆都市圈协同发展是实现都市圈能级跃升的重要支撑

虽然成都都市圈和重庆都市圈在近年来的发展中取得了显著的成效，但是都市圈的能级还有待进一步提升，距离我国及世界先进都市圈尚有较大差距。在进一步提升都市圈综合实力的过程中，两大都市圈都存在产业竞争力不足的短板。两大都市圈协同发展，一方面可突破物理空间范围限制，将相邻都市圈的优质资源要素为我所用，将"邻居"的优势转化为共同的优势；另一方面可通过与相邻都市圈的分工协作强化自身比较优势，通过比较优势的充分发挥提升都市圈竞争力。

都市圈蓝皮书

二 成都都市圈和重庆都市圈发展现状

(一)成都都市圈和重庆都市圈发展概况

1. 成都都市圈概况

成都都市圈以成都市为中心，与联系紧密的德阳市、眉山市、资阳市共同组成，总面积 3.31 万平方公里，包含 17 区、18 县（市），东西最宽约 280 公里，南北最长约 250 公里，德眉资三市与成都接壤边界超过 680 公里。成都都市圈位于成渝地区双城经济圈西部，《成都都市圈发展规划》是国家层面批复的第三个都市圈规划，也是中西部第一个国家级都市圈规划（见图 1）。

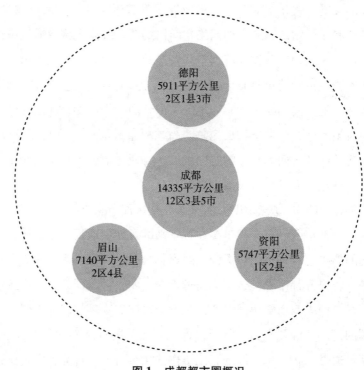

图 1 成都都市圈概况

110

2. 重庆都市圈概况

重庆都市圈由重庆主城都市区中心城区和紧密联系的周边城市共同组成，包括重庆市渝中区、大渡口区、江北区、沙坪坝区、九龙坡区、南岸区、北碚区、渝北区、巴南区、涪陵区、长寿区、江津区、合川区、永川区、南川区、綦江区—万盛经开区、大足区、璧山区、铜梁区、潼南区、荣昌区等 21 个区和四川省广安市（见图 2）。重庆都市圈总面积 3.5 万平方公里，其中平坝面积约 0.31 万平方公里、丘陵面积约 2.14 万平方公里、山地面积约 1.05 万平方公里。重庆都市圈位于成渝地区双城经济圈东部，《重庆都市圈发展规划》是国家层面批复的第六个都市圈规划，也是中西部第一个跨省级行政区划的都市圈规划。

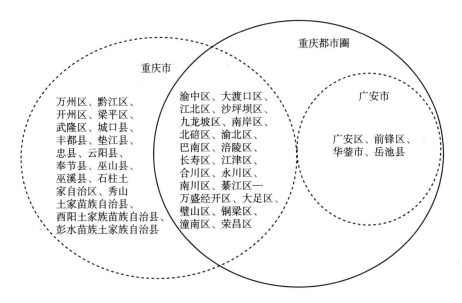

图 2　重庆都市圈行政区划概况

（二）成都都市圈和重庆都市圈比较分析

成都都市圈和重庆都市圈地处四川盆地，是长江与"一带一路"交汇处，也是西部陆海新通道的起点，两大都市圈是成渝地区双城经济圈的核心。2022 年，两大都市圈人口规模达 5443.9 万人（占成渝地区双城经济圈的 56.1%），经济总量为 4.9 万亿元（占成渝地区双城经济圈的 63.3%）。作为成渝地区双城经济圈的两大核心，成都都市圈与重庆都市圈既有许多相似之处，也有许多差异性。

1. 经济发展各具特色

成都都市圈经济规模与地均产出大于重庆都市圈，但重庆都市圈人均产出更高（见表1）。根据《现代化成都都市圈高质量发展指数》，成都都市圈属特色发展型都市圈，重庆都市圈属于潜力发展型都市圈。

表 1　成都都市圈和重庆都市圈比较分析

项目	成都都市圈	重庆都市圈
地区生产总值(万亿元)	2.6	2.3
中心城市 GDP(万亿元)	2.1	1.1
人口(千万人)	3.0	2.4
人均 GDP(万元)	8.7	9.4
地均 GDP(万元)	7920.9	6571.4

资料来源：笔者根据各地 2022 年统计公报及政府官网数据整理得出。

2. 区位条件各有优势

重庆都市圈具有长江黄金水道的水运优势，由长江、嘉陵江和乌江"一干两支"国家高等级航道构成的水运体系基本成型；成都都市圈具有航空优势，现已步入双机场协同运营阶段，2022 年，双流机场和天府机场双双进入全国机场旅客吞吐量排名前十。

3. 空间格局各不相同

成都都市圈的单中心结构明显，成都是成都都市圈的核心和中心，2022 年，成都的地区生产总值占成都都市圈的 79.4%；重庆都市圈分布相对均衡，重庆市中心城区（即市渝中、大渡口、江北、沙坪坝、九龙坡、南岸、北碚、渝北、巴南九大区）共同组成重庆都市圈的核心，其生产总值仅占重庆都市圈的 49.6%。此外，成都都市圈和重庆都市圈呈相向发展趋势。

4. 主导产业颇为相似

电子信息产业和汽车制造产业是成都都市圈和重庆都市圈的重点产业和支柱产业，消费是促进两大都市圈经济发展的重要着力点。

5. 人口集聚能力俱强

两大都市圈的人口集聚水平不断提升，成都都市圈的常住人口规模从2019年的2917万（占成渝地区双城经济圈的30.4%）提升到2022年的2997万（占成渝地区双城经济圈的30.9%）；重庆都市圈的常住人口规模从2019年的2385.4万（占成渝地区双城经济圈的24.8%）提升到2022年的2446.5万（占成渝地区双城经济圈的25.2%）；成都都市圈常住人口增量略高于重庆都市圈。

6. 体制结构差异较大

成都都市圈四个城市均受四川省管辖，现已成立成德眉资同城化领导小组，下设的办公室为实体化运营机构，从顶层设计到重点领域的建设稳步推进；重庆都市圈行政体制更加复杂，都市圈跨重庆市和四川省两个省级行政区，跨区域合作主要在重庆四川党政联席会议框架下推进，重庆都市圈联席会议机制尚未落实落地。

三　成都都市圈和重庆都市圈协同发展分析

（一）成都都市圈和重庆都市圈协同发展基础

1. 历史联系紧密

成都都市圈和重庆都市圈历史上同属于巴蜀地区，两地同根同源，文化相通、语言相似、民俗相近，为两大都市圈的协同发展奠定了社会基础。更重要的是，成都都市圈和重庆都市圈经济联系与合作历史悠久，成为两大都市圈协同发展的经济基础。

1997年重庆直辖以前，两大都市圈都受四川管辖，两地经济发展都由四川省统一统筹布局。1997年重庆直辖后，两大都市圈的交流非但未中断，

经济联系反而进一步加强。2001年，重庆和成都签订《重庆—成都经济合作会谈纪要》，提出携手打造"成渝经济走廊"；2007年，四川省、重庆市政府签署《关于推进川渝合作共建成渝经济区的协议》，提出以重庆、成都为龙头，共同将成渝经济区建成国家新的增长极；2016年，国务院正式批复同意的《成渝城市群发展规划》明确提出建设成都都市圈和重庆都市圈；2021年，国务院印发的《成渝地区双城经济圈建设规划纲要》再次明确围绕重庆主城和成都培育现代化都市圈，带动中心城市周边市地和区县加快发展。相通的社会文化、紧密的经济联系为成都都市圈与重庆都市圈的协同发展奠定了坚实的基础。

2. 交通基础设施通达性强

成都都市圈和重庆都市圈现已建成综合立体的交通网络体系，夯实了两大都市圈协同发展的交通基础。

成都都市圈和重庆都市圈之间的交通通达性强。铁路方面，1950年动工的成渝铁路是我国自力更生修建的第一条铁路，这条铁路始于重庆，止于成都，贯穿了重庆都市圈和成都都市圈大部分区域。目前，成都和重庆之间已经开通三条高铁，两大中心城市的旅程可控制在1小时之内，最小发车间隔5分钟。公路方面，成都到重庆现有4条高速公路、2条国省道路，其中成安渝高速全长303公里，成都至重庆约3个小时车程。

成都都市圈和重庆都市圈内部交通通达性强。依托成都铁路枢纽环线，成都都市圈将成为全国首个依托既有铁路枢纽环线开通公交化运营的都市圈。重庆市域铁路也将延长至广安，为广安全面融入重庆都市圈奠定了基础。

成都都市圈和重庆都市圈外部通达性强。航空方面，两大都市圈拥有三大4F级国际机场，2022年，重庆江北机场、成都双流机场、成都天府机场三大机场都位列全国机场游客"吞吐量"前十。铁路方面，两大都市圈已经形成了西进欧洲、北上蒙俄、东联日韩、南拓东盟的国际班列线路网络。公路方面，既有成渝、渝遂、渝泸、渝邻和成自泸赤等国家高速公路，还有连通四川成都与西藏拉萨之间汽车通行的第一条公路川藏线。此外，两大都市圈位处西部陆海新通道起点，重庆都市圈还是长江上游航运枢纽。

3. 产业协同发展潜力大

相似的资源要素使成都都市圈和重庆都市圈产业协同发展潜力大。较大的产业规模以及良好的协同发展态势奠定了两大都市圈产业协同发展的坚实基础。

一方面，两大都市圈已经培育了较为先进的优势产业集群。两大都市圈的电子信息、汽车制造、装备制造以及消费品产业具有较为显著的规模优势。2022年，四大产业规模分别达2.2万亿元、7500亿元、1.15万亿元和1.4万亿元，共计5.5万亿元，成都都市圈和重庆都市圈便是主要载体和核心主体。以电子信息为例，位于成都都市圈的四川极米光电，其市场份额全国第一，占比超20%；位于重庆都市圈的重庆峰米科技，市场份额位居全国第三，在激光电视领域位居全国第一。成渝地区电子信息先进制造集群也入选了工信部《第三轮先进制造业集群决赛优胜者名单》。

另一方面，两大都市圈已经形成了一定的产业协作态势。在成渝地区双城经济圈建设的指引下，成渝地区确定了六大重点产业，并通过政策共谋、产业共推、项目共建、开放共促、服务共享等举措，推动双圈协同发展。作为成渝地区双城经济圈的核心与中心，两大都市圈在产业协同发展方面走在前列。以芯片行业为例，现已形成了研发在成都都市圈，制造采购到重庆都市圈的发展模式，如成都都市圈的极米投影产品的核心主板与驱动供应商是位于重庆都市圈两江新区的峻凌电子。此外，成都都市圈和重庆都市圈在经贸和科技创新与转化等方面也形成了良好的协作模式，如成都重庆共用中欧班列（成渝）号品牌，成都重庆共同推进西部科学城建设，等等。

（二）成都都市圈和重庆都市圈协同发展存在的问题

1. 体制机制亟待创新

复杂的跨行政区划范围导致现有的协作机制有待完善。从现有体制机制结构体系来看，成都都市圈和重庆都市圈的协作在成渝地区双城经济圈的协作框架下推进，由重庆四川党政联席会议统筹成渝地区双城经济圈建设各事项。重庆都市圈建设的具体事项在此框架下推进，成都都市圈建设的具体事项在四川省推进成德眉资同城化发展领导小组及其下设的办公室领导下推

进。作为国家战略，成渝地区双城经济圈缺乏如京津冀发展协同领导小组、推动长三角一体化发展领导小组类似的国务院领导小组统筹全局；作为独立的都市圈，重庆都市圈尚未建立独立的建设运营机构；两大都市圈的协作要么通过重庆和四川两个省级政府主体完成，要么通过城市、区县等主体完成，都市圈层面的协作机制尚未建立。

2. "双圈" 竞争大于合作

尽管成都都市圈和重庆都市圈具有协作发展的良好基础，但由于区域发展水平及现行体制机制决定了两大都市圈目前的竞争大于合作。正如前文所言，电子信息、汽车制造等产业是成都都市圈和重庆都市圈的重点产业，两大都市圈也具有协作发展趋势。但是，两大都市圈相关产业链和产业集群的竞争力还有很大的提升空间，相关产业链的核心环节和高附加值环节还要依靠外部提供，具有国际影响力和竞争力的品牌也寥寥无几，导致两大都市圈对高端要素、龙头企业的认定具有相似性，相关产业引育、政策争取方面的竞争十分激烈。再加之城市政府是两大都市圈建设最重要的主体，政府考核以本行政区划利益最大化为最重要的目标，必然出现个体理性导致集体不理性的市场失灵，各地方政府将耗费大量资源用于招商引资，以争取优质资源要素落户本城市、本地区。[1] 在各个城市之间的共同利益尚不能超过单独获利的情况下，城市之间的竞争必然大于合作。

3. 外围城市之间联系较弱

成都都市圈和重庆都市圈的发展阶段决定了外围城市之间的联动较弱。都市圈发展初期，以中心城市对外围城市的集聚与扩散效应为主，呈中心—外围式的单中心结构，外围城市与中心城市联系强度大，外围城市之间的联系较弱。目前，重庆都市圈尚处于起步期，对重庆都市圈 21 个区的研究表明，都市圈经济联系以中心城区与其他区域的联系为主，除涪陵区和长寿区的双向联系较强以外，其他区域的经济联系都较弱。[2] 成都都市圈虽然已处

---

① 雷霞：《我国城市群发展中的政府作用研究》，四川大学博士学位论文，2021，第 86 页。
② 周懿员、赵璐：《重庆都市圈空间联系及其发展研究——基于扩展强度和引力模型》，《国土与自然资源研究》2023 年第 5 期。

于成长期，但城市之间的联系依然以中心城市—外围城市为主。例如，成都都市圈确定了9条重点产业链，其中，新型显示、轨道交通、航空装备、新能源汽车、绿色食品（调味品）、医美服务等6条产业链以成都为主导，清洁能源装备以德阳为主导，锂电以眉山为主导，医疗器械（口腔医疗）以资阳为主导，以德眉资为主导的三大产业主要分布在三大城市与成都，相关合作也主要在三大城市与成都之间进行，德眉资的产业联系较弱。

4. 区域带动能力有待增强

成都都市圈和重庆都市圈区域带动能力不强体现在都市圈对周边区域带动不强和中心城市对外围城市带动不强两个方面。一是两大都市圈对周边区域带动能力不强。尽管成都都市圈和重庆都市圈发展速度较快，但成渝地区双城经济圈地区生产总值占全国的比重由2019年的7.49%下降至2022年的6.41%；四川省地区生产总值占全国的比重由2019年的4.72%下降至2022年的4.69%；重庆市地区生产总值占全国的比重由2019年的2.39%下降至2022年的2.32%。二是中心城市对外围城市的带动能力有待进一步增强。尽管外围城市基数相对较小，增长空间更大，但中心城市GDP增速仍然高于外围城市。2019~2022年，成都市地区生产总值年均增速（7.0%）高于成都都市圈（6.8%）0.2个百分点，高于外围城市即德眉资三市（6.3%）0.7个百分点；重庆中心城区地区生产总值年均增速（6.8%）高于重庆都市圈（5.6%）1.2个百分点，高于外围城市（4.5%）2.3个百分点。

四　国内外先发地区都市圈协同发展的经验及启示

（一）交通一体化是都市圈协同发展的首要任务

构建一体化交通体系是强化都市圈联系、实现都市圈协同发展的前提条件。世界各个区域的都市圈在协同发展过程中都将交通一体化作为其首要任务。如纽约都市圈和波士顿都市圈构建了由航空、铁路、高速公路构成的综

合立体交通体系，两大都市圈中心城市相距340公里，飞机1小时可达、水上航班75分钟可达，铁路与高速公路通行时间在4小时以内。日本新干线高速铁路以及东明高速公路等串联起东京都市圈、名古屋都市圈以及大阪都市圈等日本三大都市圈，成为三大都市圈人口、资本、技术、信息等要素流动的"动脉"，也是三大都市圈分工协作进而形成世界级城市群日本太平洋沿岸城市群的重要物质基础。粤港澳大湾区的广州都市圈、深圳都市圈以及珠西都市圈的协同发展也十分注重交通基础设施的互通互联，即将构建以深中通道、南中高速等高速公路与南中城际、深中城际（铁路）为主干的交通网络。

（二）功能互补是都市圈协同发展的现实需求

不同都市圈因自然禀赋、历史发展路径等原因，具有不同的发展优势与短板。通过功能互补提升都市圈自身发展能级进而实现区域协同发展是都市圈协同发展的重要路径。例如，以金融业和生产性服务业为主的纽约都市圈和以制造业为主的费城都市圈以功能互补实现了优势叠加。以中心城市功能为主的北京和以港口城市功能为主的天津通过鲜明的分工共同推进区域协调发展。广州和深圳同为粤港澳大湾区区域协调发展的核心引擎，其中广州强调综合性门户枢纽功能，深圳则更强调创新功能。

（三）常态化合作机制是都市圈协同发展的重要保障

通过都市圈内不同行政区域、不同层级的政府间相互协作，推进行政、市场、公共服务、金融等领域一体化发展是实现都市圈协同发展的重要保障。以长三角为例，该区域内建立"三级运作"政府合作机制，探索高效决策—协调—执行的组织架构。在长期的一体化过程中，上海、江苏、浙江和安徽形成了"三级运作、充分结合、务实高效"合作协调机制，上海大都市圈、南京都市圈、杭州都市圈以及合肥都市圈以联席会议为主要形式审议决策关系区域发展的重大事项，实现在行政上的一体化要求。在行政一体化的基础上，城市间建立一体化市场，优化行政边界审批流程、统一异地市场准入制度与考核标准，打破内部市场管理的行政壁垒，提高市场合作对接效率。搭建一体化产权交易平台、大数据中心等信息共享平台，依托"互联网+"现代科技手段促进信息要素在区域市场中的流通。

五　成都都市圈和重庆都市圈协同发展路径

依托成渝地区双城经济圈建设，基于成都都市圈和重庆都市圈的发展现状和资源禀赋，通过机制协同、"双城"协同、产业协同、城乡协同、开放协同以及生态协同，构建成都都市圈和重庆都市圈协同发展格局。

（一）机制协同：深化体制机制改革

一是优化顶层设计。在推动成渝地区双城经济圈建设重庆四川党政联席会议框架下构建涵盖决策层、协调层、执行层的成都都市圈和重庆都市圈协调机构与机制。积极推进两大都市圈规划对接，强化国土空间规划、产业规划、交通规划等专项规划的衔接性。

二是共建合作平台。重点围绕产业协作、科技创新协同、对外开放合作，积极搭建交流合作平台。对内强化人才和项目资源信息共享、技术管理交流互鉴；对外加强与先发地区的务实合作，推进两大都市圈高质量协同。

三是开展一体化探索。以川渝高竹新区、成德眉资同城化综合试验区等为突破口，积极开展土地要素统筹规划探索，成本共担、利益共享改革以及统计分算改革。及时总结相关经验，稳步向都市圈乃至成渝地区复制推广，形成以点带面的一体化改革探索格局。

（二）"双城"协同：强化极核城市互动的引领作用

一是强化合作共识。作为两大都市圈的极核城市，成都和重庆的合作是两大都市圈协同发展的关键。两大极核城市是西部地区最重要的中心城市，具有深厚的历史渊源，事实上存在竞争关系。但两大极核城市具有各自的优势和禀赋，具备合作的基础和空间。强化合作意识，构建良性的竞合关系应

成为新时代两大城市探索超大城市转型发展路径的重要内容。

二是深化重点领域合作。成都和重庆应以共建西部科学城为契机，进一步深化科技创新合作，在开辟发展新领域新赛道、塑造发展新动能新优势的过程中发挥引领作用。两大城市应以电子信息先进制造集群建设为契机，进一步强化产业协作，共同打造世界级产业集群。两大城市还应以中欧班列（成渝）号共建为契机，深化对外开放合作，进一步开拓国际市场。

三是拓展合作边界。成都和重庆应进一步推进市场一体化建设，以点带面助力全国统一大市场建设。在现有交通基础设施、产业发展、公共服务等的基础上，进一步探索共同推进市场规则制度共通、商业基础设施共联、商贸流通体系共享、供应链区域合作共促、市场消费环境共建，等等。

（三）产业协同：共同建设现代产业体系

一是明确产业合作领域。加强电子信息、装备制造、文旅消费产业集群等领域的协作，构建协同错位的产业布局。电子信息和装备制造等先进制造业方面，应强化成都和重庆两大中心城市的主导作用，提升外围城市零部件配套产业发展。文旅消费方面，成都和重庆应加强加快推进国际消费中心城市建设，外围城市应进一步融入中心城市，共同开发精品线路，共同打造都市圈旅游目的地。

二是优化产业协作机制。协同引领双城经济圈共建产业链供应链，聚焦集成电路、新型显示、生物医药、新能源等优势产业精准绘制产业链全景图，率先推进各城市、产业园区"两图一表"深度对接。共建产业数字转型生态体系，推动5G、大数据、工业互联网、云计算、人工智能等新一代信息技术与实体产业部门深度融合，共同打造数字设计、智能制造、智能设备维护等多场景应用。推进龙头带动、创新引领、多点共兴发展，对于已经具备一定规模优势、市场占有率较高的支柱产业，强化链主企业的带动作用，进一步强化集群发展、链式发展；对于技术驱动特征明显的产业，进一步加大科技投入，深化高校、科研机构与企业合作，加速成果就地转化，加快形成一批创新能力强、技术领先的创新引领产业集群；对于市场变化快、产品差异化程度高的产业，充分利用资源禀赋优势，充分发挥区域市场腹地广的优势，推进多点发展。

三是借力国家战略。充分利用成渝地区钒、钛、锂、钾、锰等资源优势，江河山地等自然特点，布局国家级、区域级初级产品生产基地、储备中心，协同打造国家重要初级产品供给战略基地。发挥国家战略大后方作用，争取国家支持规划布局一批智能应急产业园，大力发展智能无人应急救援设备、智能穿戴设备、应急通信与指挥系统、应急救援服务等，协同打造平急转换产业先行区。积极争取将国家城乡融合发展试验区成都片区范围拓展至眉山市的洪雅县和丹棱县；将国家城乡融合发展试验区重庆片区范围拓展至广安市华蓥市、岳池县、武胜县、邻水县，强化毗邻地区融合发展的政策支持，协同打造国家城乡融合发展试验区。

（四）城乡协同：共同推进区域均衡发展

一是引导城乡要素高效有序流动。积极探索成都和重庆主城区、两大都市圈其他区域构建统一的城乡融合发展制度体系。聚焦城乡基础设施互通互联、城乡户籍人口自由流动、金融资本投入等，打破城乡要素双向流动的制度壁垒，促进要素在两大都市圈有序流动。

二是优化城乡公共资源配置。进一步加大农村基本公共服务供给力度，构建城乡一体的社会保障体系。积极探索以县域为突破口，探索推进养老、医疗以及教育等基本公共服务均等化。

三是推进城乡产业协同发展。以县域为核心推进乡村产业振兴。一方面要充分依托乡村资源禀赋优势，积极打造农业产业链和产业集群。另一方面，要充分发挥城市对乡村的带动作用，通过创新技术外溢、人才输出、需求扩散等推进乡村产业转型升级。此外，还应进一步强化龙头企业、家庭农场以及其他新型农村集体经济组织等主体对乡村产业发展的引领示范带动作用。

（五）开放协同：共同打造改革开放新高地

一是加快构建对外开放大通道。加快打造贯通东中西、覆盖海陆空、连接海内外的立体综合交通体系。以成都双流国际机场、成都天府国际机场、重庆江北机场以及新机场为引领，建设成渝世界级机场群，形成辐射全球的洲际骨干航线和覆盖亚洲的中短程快线网络。加速构建"纵贯南北、横贯东西、四向联通"的国际铁路通道体系，全面增强西部陆海新通道主枢纽功能，持续优化中欧班列"四向拓展"网络布局。

二是高水平推进开放平台建设。加快提升平台能级，以川渝自贸试验区协同开放示范区建设为契机，争取更多事权下放，探索有利于促进跨境投资贸易的便利化外汇政策和贸易监管制度。充分发挥两大都市圈国际航空港、国际铁路港的聚合效应，打造更加高效的公、铁、空、水多式联运体系。加快推进各大国别合作园区建设，提升国际资源要素的链接能力和整合能力。

三是营造一流营商环境。携手推进贸易规则、监管模式和贸易工具创新，强化与国际先进营商环境规则衔接。共同建立一站式国际商事纠纷解决机制，健全外商投资促进、保护和服务体系，实行高水平跨境贸易和投资便利化政策。

（六）生态协同：共建美丽家园

一是推动生态共建共保。构建以长江、沱江等水域以及龙门山、华蓥山、大巴山等森林为主体的绿色生态网络。建立流域水资源统一管理和联合调度体系，构建跨区域横向生态保护补偿机制。

二是强化污染协同治理。制定统一的环保标准，联合建立生态监察体系，统一管控尺度，开展生态环境联合联动执法，联合建立健全生态环境硬约束机制。围绕水环境、大气环境、土壤污染物及固体废物以及移动源等，协同推进污染治理。

三是探索绿色转型发展方式。协同推进产业体系绿色转型，培育壮大绿色产业，以数字赋能提升传统产业，加速提升非化石能源比重，优化城镇体系布局。依托川渝碳中和联合服务平台，加速构建完善碳交易体系。共同倡导绿色生活方式，加速拓展"碳惠天府"新场景，积极向两大都市圈推广。

参考文献

方创琳：《以都市圈为鼎支撑中国城市群高质量发展》，《张江科技评论》2020 年第 6 期。

国家发改委：《国家发展改革委关于培育发展现代化都市圈的指导意见》（发改规划〔2019〕328 号）。

雷霞：《我国城市群发展中的政府作用研究》，四川大学博士学位论文，2021。

黎鹏：《区域经济协同发展及其理论依据与实施途径》，《地理与地理信息科学》2005 年第 4 期。

廖斌、李琳、罗啸潇、刘莹：《城市蔓延、创新网络联通与区域协同发展》，《中国人口·资源与环境》2023 年第 6 期。

清华大学中国新型城镇化研究院：《中国都市圈发展报告 2021》，清华大学出版社，2021。

孙久文、史文杰、胡俊彦：《新时代新征程区域协调发展的科学内涵与重点任务》，《经济纵横》2023 年第 6 期。

童中贤：《长株潭城市群发展报告（2020）》，社会科学文献出版社，2020。

杨开忠、姚凯：《成都都市圈建设报告（2021）》，社会科学文献出版社，2022。

杨开忠、姚凯：《成都都市圈建设报告（2022）》，社会科学文献出版社，2023。

杨柳青、季菲菲、陈雯：《区域合作视角下南京都市圈规划的实践成效及反思》，《上海城市规划》2019 年第 2 期。

姚士谋、陈振光、朱英明等：《中国城市群》，中国科学技术大学出版社，2006。

张学良：《以都市圈建设推动城市群的高质量发展》，《上海城市管理》2018 年第 5 期。

周懿员、赵璐：《重庆都市圈空间联系及其发展研究——基于扩展强度和引力模型》，《国土与自然资源研究》2023 年第 5 期。

B.11
成都都市圈引领促进四川省
五区协同共兴研究*

廖祖君　毛梓年**

摘　要： 全面提升成都都市圈引领和协同能力，辐射带动四川省全域发展，既是四川省实现区域平衡和高质量发展的必然要求，也是加快推进四川省现代化建设的重要路径。本研究首先从经济、社会、生态领域阐述成都都市圈引领促进四川省五区协同共兴的重要意义；其次，聚焦到资源开发利用、产业发展、基础设施建设和生态环保四个视角探究五区协同共兴的合作基础与进展成效；再次，明晰五区协同共兴面临的资源开发利用协同创新链条拓展难、产业发展协同资源环境承载和转型升级难、基础设施建设协同网络构建和提档升级难、生态环保协同绿色体系建设难等挑战；最后，从加快向资源地延伸创新链条推进协同创新、依据资源禀赋推动产业对接和特色产业齐头并进、加快水陆空交通和能源水利基础设施提档升级、高标准打造四川省全域绿色体系等方面提出针对性对策建议。

关键词： 成都都市圈　资源开发利用　高质量发展

---

* 本报告系成都市哲学社会科学研究基地项目"数字经济赋能成都市乡村生态振兴的理论逻辑与精细化路径研究"（项目编号：TD2024Z01）的阶段性成果。

** 廖祖君，博士，四川省社会科学院区域经济研究所所长，《中国西部》杂志主编，四川省学术和技术带头人，四川省"天府青城计划"入选专家，研究员，博士生导师，主要从事区域发展战略、城乡融合发展、城乡发展规划等方面的研究；毛梓年，四川省社会科学院区域经济研究所硕士研究生，主要从事区域经济等方面的研究。

针对四川省发展不平衡不充分这一基本省情、主要矛盾和突出问题，四川省推行"划区而治"政策促进区域协调和一体化发展。[①]《四川省国民经济和社会发展第十一个五年规划纲要》首次明确提出"五大经济区"概念，《四川省国民经济和社会发展第十三个五年规划纲要》首次编制五大经济区发展规划，2022年四川省委十二届二次全会作出以"四化同步、城乡融合、五区共兴"为总抓手全面推进现代化建设的战略部署，为四川省经济社会高质量发展提供了全局性总揽和引领。四川省委省政府作出的战略引领和政策引导有效推动了五大片区[②]经济社会的高质量发展。

从发展成效看，2022年五大片区国土面积中，川西北生态示范区和成都平原经济区分别位列第一、第二，二者共占四川省国土面积的65.6%；从国土空间格局看，五大片区均明确强调生态保护和耕地保护；从年末常住人口看，成都平原经济区、川东北经济区分别位列第一、第二，二者共占四川省的73.14%；从发展战略定位看，均强调了依托自身资源禀赋优势、产业发展优势，从经济发展、科技创新、产业发展、对外开放、生态环保等方面提出了差异化发展定位（见表1），这为四川省经济社会更高质量发展奠定了坚实基础，尤其是成都都市圈引领带动下的成都平原经济区经济社会发展水平要更优于其他片区；但同时也要看到，四川省发展不平衡不充分仍需"大做文章"。那么，如何有效发挥成都都市圈引领作用，切实推动四川省五区协同共兴，已成为破解四川省发展不平衡不充分问题的核心"章节"。

---

① 自《四川省国民经济和社会发展第十一个五年规划纲要》起，"促进区域协调发展"相关篇章中均提出，要通过推动五大片区协同发展，以实现四川省区域协调发展的目标。

② 随着四川省经济社会发展，五大经济区名称和范围也作出了相应调整。包括但不限于五大经济区调整为五大片区；成都经济区更名为成都平原经济区，范围从以前的5个市扩大为成都、德阳、绵阳、遂宁、资阳、眉山、乐山和雅安8个市，其中，乐山、遂宁、雅安分别从以前的川南、川东北和攀西三个经济区划出。

表1 四川省五大片区 2022 年基本情况

片区	所辖市州	土地面积（占四川省比重）	国土空间格局	年末常住人口（占四川省比重）	发展战略定位
成都平原经济区	成都、德阳、绵阳、乐山、眉山、资阳、遂宁、雅安	8.6 万平方公里（17.7%）	五区两山、一轴三带	4193.50 万人（50.12%）	高质量发展活跃增长极、科技创新重要策源地、内陆改革开放示范区、大都市宜居生活典范区
川南经济区	自贡、泸州、内江、宜宾	3.5 万平方公里（7.2%）	五片四区、两核三带	1447.29 万人（17.3%）	川渝滇黔结合部区域经济中心、现代产业创新发展示范区、四川省南向开放重要门户、长江上游绿色发展示范区
川东北经济区	广元、南充、广安、巴中、达州	6.4 万平方公里（13.2%）	四区一屏、双核三带	1926.64 万人（23.02%）	川渝陕甘结合部区域经济中心、东向北向出川综合交通枢纽、川陕革命老区振兴发展示范区、绿色产业示范基地
攀西经济区	攀枝花市、凉山州	6.8 万平方公里（14.0%）	一区两屏、两带双核	607.06 万人（7.25%）	国家战略资源创新开发试验区、全国重要的清洁能源基地、现代农业示范基地、国际阳光康养旅游目的地
川西北生态示范区	甘孜州、阿坝州	23.3 万平方公里（47.9%）	两屏、七区、四带、八片	193 万人（2.31%）	国家生态文明建设示范区、国际生态文化旅游目的地、现代高原特色农牧业基地、国家重要清洁能源基地

资料来源：部分市州缺乏常住人口数据，故年末常住人口采用四川省第七次全国人口普查公报（第二号）公开数据，国土面积数据、国土空间格局具体释义见四川省政府官网，https://www.sc.gov.cn/10462/10464/10465/10574/2023/3/13/092e2200e5e547f4a0000532d9b2a308.shtml，发展战略定位见各片区"十四五"发展规划。

一 成都都市圈引领促进四川省五区协同共兴的重要意义

党的二十大报告明确指出，要"促进区域协调发展，深入实施区域协调发展战略、区域重大战略、主体功能区战略、新型城镇化战略，优化重大生产力布局，构建优势互补、高质量发展的区域经济布局和国土空间体系"。具体到四川省的区域协调发展，五区共兴是重要抓手和关键支撑。《中国共产党四川省第十二届委员会第二次全体会议公报》进一步强调，四川省五区共兴就是要"建强动能更充沛的现代化成都都市圈，做强支撑更有力的次级增长极，推动欠发达地区跨越发展，促进成都平原、川南、川东北、攀西经济区和川西北生态示范区协同共兴"。

作为全国第三个、中西部首个由国家批复发展规划的都市圈，成都都市圈位于成都平原经济区内圈，是全国经济发展最活跃、创新能力最强、开放程度最高的区域之一，具备共建现代化都市圈的良好基础。① 成都都市圈作为成都平原经济区和四川省整体的极核，引领成都平原经济区，辐射带动川南、川东北、攀西经济区和川西北生态示范区共同发展，既是充分发挥成都都市圈极核引领带动作用的先决条件，也是充分发挥区域协作功能从而实现五区协同共兴的必由之路，在经济、社会、生态等领域②的高质量发展具有引领协同和辐射带动的重要作用。

（一）经济方面：经济发展动力源和增长极

成都都市圈引领促进四川省五区协同共兴，对四川省经济高质量发展具

---

① 源自《成都都市圈发展规划》。

② 需要说明的是，成都都市圈引领促进四川省五区协同共兴的重要意义不仅体现在经济、社会、生态领域，也体现在制度、文化等领域，如在制度方面的政策引领和体制机制创新导向意义、文化方面的文化事业引领与文化产业支撑意义等，但基于全文统筹考虑（与前后文相呼应），也为了更突出经济、社会、生态三大方面的重要意义，并未单独再具体分析制度、文化等方面，同时，在经济、社会、生态三大方面的意义分析时，也适时指出了制度、文化等方面的重要意义。

有提供持久稳定动力源意义。成都平原经济区的核心成都都市圈经济发展水平已远超四川省其他四大片区，[1] 无疑是成都平原经济区和四川省经济增长极，为四川省五大片区经济高质量发展提供了先进产业、尖端技术、高端人才等关键支撑，为四川省经济高质量发展和核心竞争力提升奠定坚实的基础和提供强劲的动力。

成都都市圈同城化和飞地经济发展模式，对四川省实现均衡协调发展具有路径引领意义。一是同城化为区域合作、互利共赢提供了重要平台功能、强化了示范带动效应。由成德眉资同城化引致的内江自贡同城化[2]，雅安市雨城区、名山区和雅安经开区"三区"同城化[3]，凉山州"西德冕喜"同城化[4]等不同市州同城化发展，有效强化了区域协作功能有效发挥的基础，对四川省推动区域经济发展水平提升与差距缩减具有重要的指导意义和"桥梁"作用（见图1）。二是飞地帮扶为区域协作开辟了新路径，在创新地区间横向生态补偿、承接东部地区产业转移、开展国际产能合作示范等方面实现了全新探索。省内飞地园区、省际飞地园区和境内外国别园区等国际国内、省际省内飞地经济合作园区的快速建设和发展，无疑为四川省经济腾飞、探索经济发展新方向插上了"翅膀"。

（二）社会方面：公共服务一体化的共建共享示范

成都都市圈引领促进四川省五区协同共兴，对四川省社会全面健康稳步发展具有可供借鉴的示范和带动意义。成都都市圈公共服务共建共享成效明

① 2022 年成都都市圈 GDP 达 2.62 万亿元，占成都平原经济区 75.62%，占四川省 46.19%（成都平原经济区 GDP 占四川省 61.05%）。需要说明的是，本研究数据来源，2022 年数据均来源于各相关市州 2022 年国民经济和社会发展统计公报，2022 年以前数据均来源于四川统计年鉴及各市州"十四五"发展规划等（图表单独说明）。
② 2021 年 10 月 30 日，四川省发展和改革委员会《关于印发〈内江自贡同城化发展总体方案〉的通知》（川发改地区〔2021〕413 号）正式出台。
③ 雅安市人民代表大会常务委员会关于同意《雅安市"三区"同城化发展规划》的决定于 2023 年 2 月 13 日雅安市第五届人民代表大会常务委员会第九次会议通过。
④ 具体指西昌、德昌、冕宁、喜德一市三县的同城化。相关内容见 2022 年《凉山州政府工作报告》等文件。

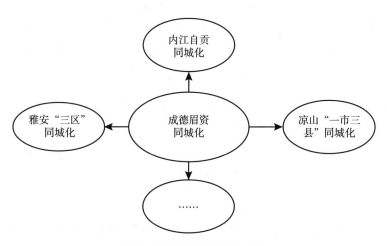

图1　四川省"同城化"效应

显，与四川省其他地区相比，科技实力雄厚、教育先进、医疗卫生体系完善等"领头羊"效应为四川省社会发展提供可供借鉴的蓝本，并通过社会服务保障等体系的延伸和拓展，形成四川省全域社会发展的激励效应。

同时，成都都市圈引领促进四川省五区协同共兴，对四川省社会同步规划、同步部署、同步推进、同步落实具有重要意义。如在教育方面，成都都市圈结对共建学校高达300所，成德眉资教育"八大共享平台"正在逐步向全域实现拓展，为教育设施和平台共建共享提供了路径引导；在公共卫生方面，成都都市圈不断建立健全突发公共卫生事件联防联控机制，基本实现居民就医"一码通"，四川大学华西医院等具有国际国内重要影响力的优质医疗资源不断向各大片区拓展，为医疗制度和资源协同创新转化提供了优质路径依循；在户籍管理方面，成都都市圈目前已经实现户籍登记标准化管理、迁移一站式办理，医保、养老保险关系等能够无缝接续，医保异地就医费用联网直接结算、医保基金协同监管，为社会服务与保障共同发展进步提供了无障碍接续协作的支撑保障。

（三）生态方面：生产生活方式绿色转型先行

成都都市圈引领促进四川省五区协同共兴，对推动生产生活方式绿色发

展转型和早日实现"双碳"目标具有先导意义。成都都市圈在污染防治攻坚、生态惠民示范工程实施、生态环境治理体系与治理能力现代化，尤其是成都市践行新发展理念的公园城市示范区的高质量建设，为川南经济区能源资源绿色高效开发、长江上游绿色发展示范区建设，川东北经济区钢铁、建材等传统产业绿色转型，攀西经济区生态修复、清洁能源基地建设，川西北生态示范区筑牢长江、黄河上游生态屏障和生态经济发展，提供了生态文明建设和环境保护有力的战略指引和实践导向。

二 成都都市圈引领促进四川省五区协同共兴的合作基础与进展成效

成都都市圈引领促进四川省五区协同共兴，离不开资源禀赋、基础设施、产业结构、生态本底等多种要素的支撑与协同，五大片区均明确提出并践行以成渝地区双城经济圈建设为总牵引，以"四化同步、城乡融合、五区共兴"为总抓手，积极推进高质量发展和助力四川省现代化建设。换句话说，资源禀赋充裕、开发利用有序推进，产业结构不断优化、经济实力稳步增强，基础设施加快建设、保障能力不断增强，持续强化环保力度、生态本底有效巩固成为四川省实现经济均衡高质量发展的重要基础，且四者相辅相成、相互依存、相互支撑、辩证统一。

（一）资源开发利用合作基础与进展成效

1. 合作基础

作为打造保障国家农产品、能源、矿产等重要初级产品供给战略基地的重要省份，四川省水风光、天然气（页岩气）、矿产资源丰富，水电装机容量和年发电量稳居全国首位；天然气（页岩气）探明地质储量和产量均居全国第一，是世界第二大页岩气产区；现已发现矿产136种，占全国已发现矿种的78.6%，多种矿产查明资源量丰富，位居全国前列。

2. 进展成效

水资源合作开发方面，四川省水电装机容量超过 4 个三峡，全国每 100 度水电就有 28 度来自四川省，2022 年水电装机 9748.5 万千瓦，占全省装机总量的 78.68%。天然气（页岩气）合作开发方面，每 100 立方米天然气就有 23 立方米来自四川省，2022 年天然气（含页岩气）产量达到 513.4 亿立方米，已形成了全国最为完整和最具优势的天然气化工产业体系，成为全国天然气化工重要生产科研基地，国家天然气（页岩气）千亿立方米级产能基地正在加快建设。风能、太阳能合作开发方面，已建立我国最大的光伏产业基地，风能、太阳能若得以大规模开发利用，四川省未来几十年能继续保持全国清洁能源第一大省地位。[①]

资源一体化合作开发方面，成都都市圈与资源富足地不断强化合作，资源得到高效开发的同时，经济发展水平也得到有效提升。如 2022 年，成都市与"三州一市"（甘孜州、阿坝州、凉山州和攀枝花市）政府签署协同推进绿色低碳优势产业高质量发展合作协议，依托成都市在科研、制造、人才、市场等方面优势和"三州一市"在清洁能源、矿产资源开发及绿色光伏、储能、氢能资源利用等方面优势，形成"研销在成都、共建产业链、绿电齐共享"跨区域合作模式，协同推进绿色低碳优势产业高质量发展。签署的第一批项目共 14 个，总投资 744.8 亿元，"大宗固废绿色低碳综合利用""钒钛矿产资源开发利用合作""大型可再生能源基地""绿电交通""氢能产业"等重点合作项目有效推进，培育了四川省绿色低碳优势产业高质量发展新动能。又如，在国有企业支持"四类地区"振兴发展活动中，截至 2023 年 8 月，四川省能投集团有力推动水风光氢天然气等多能互补发展，巴中 80 万千瓦时燃气发电项目已经核准，同时也加快推进凉山州风电、光伏、水力发电新增装机配置工作。天然气综合利用方面，整合凉山州燃气终端市场，保障地方群众燃气供应。矿产开发

---

① 四川省人民政府：《开发清洁能源 四川省"风光"无限》，https://www.sc.gov.cn/10462/10464/10797/2022/3/14/cb6dd0b4afa7487f839f5d5b9e06bd8d.shtml。

方面，加快推动阿坝州李家沟锂矿扩能、德阿工业园区德阿锂盐投产，打造新能源锂电全产业链。

（二）产业发展合作基础与进展成效

1. 合作基础

目前，四川省已建立起涵盖 41 个工业大类、体系完备、技术水平高的现代工业体系，成为我国三大动力设备制造基地之一、西部地区最大的电子产业生产基地。五大片区产业结构不断优化，特色优势产业和主导产业发展迅速，第三产业比重差距相对较小，特色产品占领国际国内市场保持良好态势，为四川省产业结构高级化和合理化创造了有利条件。

2. 进展成效

2021 年，纳入全国统计的 591 种工业产品中，四川生产 480 种，产品生产面 81.2%，2022 年工业增加值 1.64 万亿元，占全国 4.08%。白酒产量、销售收入约占全国 1/2，鱼子酱产量占全球 12%；太阳能电池片产能居全国第一，全国 60% 核电产品、50% 大型电站铸锻件、40% 水电机组由四川省供应；全球 2/3 的 iPad、50% 的笔记本电脑、10% 的智能手机在成渝地区制造；全球近一半高端柔性屏在四川省生产。[①] 片区产业发展方面，成都平原经济区电子信息、装备制造、航空航天、生物医药、先进材料、食品饮料等先进制造业发展壮大，数字产业加速成长，文体旅游、现代物流、商业贸易、金融服务等现代服务业集聚发展，西部金融中心加快建设，服务业增加值占比 60% 左右；食品饮料、化工轻纺、机械制造、冶金建材等传统特色优势产业发展壮大，新能源、新材料、节能环保等战略性新兴产业加速发展，白酒产业整体竞争力全面提升，现代物流、电子商务、文化旅游等现代服务业蓬勃发展，第三产业增加值占比近 50%；川东北经济区能源化工、食品饮料、装备制造、先进材料产业得到快速发展，第三产业增加值占比近 46%；攀西经济区高炉渣提钛、高品质原料制取、钛及

---

① 《三问四川省新型工业化丨三问方位：我们为什么要工业兴省制造强省？》，https://www.sc.gov.cn/10462/10464/10797/2023/6/19/c7360634ad8046918ababcfc450ac8f2.shtml。

钛合金应用研发等关键技术突破促进钒钛、稀土精深加工和应用产业快速发展，第三产业增加值占比近 40%；川西北生态示范区文旅产业、特色农牧业、中藏药业、民族文化产业发展迅速，第三产业增加值占比近 55%。

省内产业互助方面，经济互助"飞地园区"（见表2）有力地推动经济资源的加快流动和资源禀赋的高效运用，实现了产业结构的转型升级和产业附加值的有效提升。以全国首个"5·12"汶川地震异地灾后重建"飞地园区"——成都—阿坝工业集中发展区为例，2021年，园区新培育国家级专精特新"小巨人"企业 2 户、国家高新技术企业 22 户、省级专精特新企业 3 户、省级高成长型企业 2 户；96 户规上企业累计完成产值 168.14 亿元，同比增长 74.47%；完成增加值 29.49 亿元，同比增长 55.7%（超州政府目标任务的 178%）；2022 年 1～12 月增加值在阿坝州总量占比 18.7%，拉动州内 5 个百分点；规上企业全年营业收入 172.45 亿元，同比增长 86%，利润总额 7.79 亿元，同比增长 56.4%。[①]

表2 四川省主要飞地经济园区（产业）发展基础

园区类别	园区名称	主要飞出地
四川省内飞地经济园区	成都—阿坝工业集中发展区、德阳-阿坝生态经济产业园区、甘孜—眉山工业园区、成都—甘孜工业园区、成都—凉山飞地产业园区、四川雅安经济开发区（芦天宝飞地产业园区）	成都、德阳、雅安
省际飞地园区	华蓥市川渝电子信息产业园、广安（深圳）产业园、佛山—凉山农业产业园、川港合作示范区	重庆、广东、浙江、香港
境内外国别园区	成都中法生态园、中德（蒲江）中小企业合作、新川创新科技园、中意文化创新产业园、中韩创新创业园、中日（成都）地方发展合作示范区、中乌农业合作产业园	法国、德国、韩国、意大利、日本

对外产业合作方面，"一带一路"产业园区建设有效带动了四川省产业和经济发展。成都都市圈带领四川省乃至国内外城市共建全川"亚蓉欧"产业基地，加快了四川省产业园区和生产制造共建共享进程。2020 年，成都

---

① 《「成都」为促进民族地区繁荣发展勇毅前行》，https：//baijiahao.baidu.com/s？id = 1747104983571560550&wfr=spider&for=pc。

国际铁路港联合中白产业园等共同成立"一带一路"产业园区联盟,成都与内江等省内城市携手建立全川"亚蓉欧"产业基地;截至2022年6月底,成渝两地中欧班列开行量突破2万列,2021~2023年,中欧班列(成渝)货运规模快速增长,成为全国开行量最多,开行最均衡、运输货值最高、货源结构最优、区域合作最广泛、运输最稳定的中欧班列,综合运行指标保持全国第一,有力推动了四川省产业、经济的快速发展和"买全川、卖全川"的国际贸易新格局构建(见表3)。

表3 成都都市圈引领下的四川省产业共建共享发展成效

时间	会议名称	主要内容	涉及片区	主要城市(四川省)	发展成效
2020年1月15日	第二届"亚蓉欧"全球合作伙伴大会	成都国际铁路港联合中白产业园、中老磨憨—磨丁经济开发区、罗兹产业园、天津东疆保税港区等共同成立"一带一路"产业园区联盟	成都平原经济区	成都	截至2019年底,成都国际班列已连接境外26个城市、境内15个城市,仅中欧班列(成都)累计开行已超4600列,拉动进出口贸易额超200亿美元
		与德阳共建蓉德欧枢纽,与达州等14个市(州)、眉山市东坡区等100个区(市、县)共建"亚蓉欧"产业基地	成都平原经济区、川东北经济区、川南经济区	成都、内江、自贡、绵阳、德阳、宜宾	
2020年11月9日	第三届"亚蓉欧"全球合作伙伴大会	共同打造物流、贸易、金融、产业等运贸一体化服务平台,加快推进"钢铁驼队闯天下",带动川货行欧亚"	成都平原经济区、川东北经济区、川南经济区	自贡、泸州、资阳、德阳、广元、内江、南充、达州、雅安、凉山、眉山、遂宁	连接境外55个城市、境内18个城市,中欧班列(成渝)2020年3月开行已超10000列,近70%货源来自四川省

总体而言,成都都市圈产业结构优化、特色优势产业发展,引领成都平原经济区成为四川省经济发展的"顶梁柱",为四川省经济稳步增强提供了强劲动力。GDP从2016年的2万亿元快速增长到2022年的3.4万亿余元,年均增幅高达9.6%,同期,川南经济区、川东北经济区、攀西经济区和川

西北生态示范区四大片区 GDP 增幅也分别高达 10.16%、8.49%、7.53%、9%（见图 2）。2016~2022 年，从五大片区 GDP 同比增速看，GDP 同比增速整体保持稳中向好态势，且增幅基本保持一致。可知，五大片区较为一致的 GDP 增速，为四川省改善产业布局和促进经济发展提供了坚实基础。

图 2 五大片区 2016~2022 年经济发展水平（GDP）

资料来源：2022 年数据均来源于各相关市州 2022 年国民经济和社会发展统计公报，2022 年以前数据均来源于四川统计年鉴。

（三）基础设施建设合作基础与进展成效

1. 合作基础

四川省全域交通一体化建设加快推进。以铁路、公路、航空为代表的交通基础设施不断优化，互联互通速度加快、密度提高成效明显，大大提升了生产要素的自由流动便利度。在立体交通网络建设方面，"1 轴 2 环 3 带 4 联"的内部交通网络正处于加速形成完善阶段，已形成较为发达的快速网、完善的干线网和广泛的基础网，打造了便捷顺畅、高效经济的客货交通圈，交通治理体系和治理能力现代化进程加快推进，交通网络建设不断建立健全。此外，在以水风光、天然气为代表的资源开发基础设施建设方面，资源开发转化利用为生产生活方式改善和水平提升奠定了坚实基础。

2. 进展成效

高速公路方面，巴南广、宜叙、雅康、汶马等高速公路建成通车，成都铁路枢纽环线开通公交化运营，成都都市圈"3绕20射"高速公路主骨架通车里程超2100公里，成自宜高铁、泸州至永川等高速公路、快速路等加快建设，阿坝、甘孜两州州府所在地结束不通高速的历史，国省干线通车里程超过9600公里，基本实现"县县通公路、乡乡通油路、村村通硬化路"。航空、铁路、水路方面，成都双流国际机场和成都天府国际机场建成投运，泸州云龙机场、宜宾五粮液机场、巴中恩阳机场通航运营；西成高铁、成贵铁路等跨省（市）高铁建成通车；泸州港、宜宾港加快资源整合，嘉陵江实现全线通航，经济区内2小时交通圈基本建成。

资源利用基础设施建设方面，成都平原经济区供水、灌区等基础设施基本建成，李家岩水库及相关管道等重点水利工程实现突破，水资源调配能力显著增强；川南经济区自贡小井沟等水库基本建成，向家坝灌区北总干渠一期等大中型水利工程加快推进，长宁—威远国家级页岩气示范区建成为全国产气规模最大的页岩气产区；川东北经济区亭子口灌区一期工程等骨干水利工程加快建设，供水保障能力和防洪减灾能力不断提升；攀西经济区加快推进沿金沙江重大交通基础设施建设，加快建成对云南、东盟的重要门户；川西北生态示范区重要水利工程建设有序推进。

3. 生态环保合作基础与进展成效

（1）合作基础

一是制度基础牢固。四川省在全国率先建立覆盖全省的"三线一单"①生态环境分区管控体系，生态环境保护工作纳入政府综合目标绩效考核并赋予较高权重，为生态环保合作奠定了坚实的制度基础。二是低碳社区等应对气候变化措施有效落实。四川省建成了一批省级低碳社区，成都、广元低碳试点城市和气候适应型城市建设试点成效明显，为四川省整体应对气候变化创造了有利条件。三是大气污染联防联控成效明显。四川省出台了打赢蓝天

---

① 生态保护红线、环境质量底线、资源利用上线和生态环境准入清单。

保卫战实施方案等一系列政策文件，划定大气污染防治重点区域，有效强化了大气污染联防联控能力。四是生态问题有效整改。全力推进中央生态环境保护督察发现问题和长江经济带突出生态环境问题整改，在全国率先完成省级环境保护督察及"回头看"全覆盖。

（2）进展成效

四川省生态工程建设大幅推进，生态环境治理成效显著。成都平原经济区土壤环境质量良好，化肥农药使用量零增长行动目标顺利实现；川南经济区全面消除劣 V 类断面，基本建立统一监测、预警、治理的区域性大气污染防控体系；川东北经济区秦巴山生物多样性得到有效保护，新增造林面积超 700 万亩，森林覆盖率近 50%；攀西经济区化肥农药使用量实现零增长，城市空气质量优良天数比例超 95%，重点河湖生态流量保障目标满足程度超 90%；川西北生态示范区草原综合植被盖度超 85%，沙化土地治理超百万亩，退牧还草超千万亩，县城生活垃圾无害化处理率超 97%。[①] 此外，在重大工程项目建设上，四川省完成了乌蒙山连片区域土地整治重大扶贫项目、广安华蓥山区山水林田湖草生态保护修复等重大工程，完成生态修复面积达 324 万亩；高质量推进四川省黄河上游若尔盖草原湿地山水林田湖草沙一体化保护修复和大熊猫国家公园（四川省雅安片区）历史遗留废弃矿山生态修复两个国家示范工程，国土空间生态保护修复取得开创性进展。[②]

三 成都都市圈引领促进四川省五区协同共兴面临的挑战

（一）资源开发利用协同创新链条拓展难

五大片区创新能力差异较大，尤其是水风光、天然气等自然资源丰富的

---

① 基础数据分别来源于《成都平原经济区"十四五"一体化发展规划》、《川南经济区"十四五"一体化发展规划》、《川东北经济区"十四五"振兴发展规划》、《攀西经济区"十四五"转型升级发展规划》和《川西北生态示范区"十四五"发展规划》。

② 《四川省自然资源厅党组书记、厅长孙建军：为写好中国式现代化四川省篇章贡献自然资源力量》，https：//m.mnr.gov.cn/zt/dj/xxgcd20d/dbft20d/202309/t20230914_2800233.html。

地区，由于经济发展基础相对薄弱、自然环境相对恶劣，创新平台匮乏、人才等创新要素难以有效流动，创新链条形成和衔接困难；同时，部分地区创新后劲弱特征明显，也阻碍了关键核心技术的链条式攻坚能力提升。一方面，创新要素过于集中，甚至马太效应突出。创新资源主要集中于成都平原经济区和攀西经济区，而成都平原经济区创新资源又主要分布在成都、绵阳等极少数城市，科研人员、资金、创新平台的过度集中，引致创新链产业链某个或某些环节过度集聚，拥挤效应和马太效应会进一步强化虹吸效应，弱化其他地区对创新要素的吸引力和凝聚力。另一方面，创新水平相对较低、领域较为单调，导致"卡脖子"技术难以有效突破。攀西经济区虽拥有丰富的钒钛、稀土等国家战略资源，但是多数仅限于提取、制取等较低端技术领域，关键核心技术仍待进一步突破，创新链拓展难。

（二）产业发展协同资源环境承载和转型升级难

成都都市圈尤其是成都市产业、劳动力等过度集中，以及其带来的交通拥堵、环境污染、高房价等"大城市病"问题，导致资源环境承载能力难以有效支撑经济高质量发展，同时也造成了四川省其他地区资源环境难以有效发挥作用。作为践行新发展理念的公园城市示范区，成都市 2022 年人口密度是北京的 1 倍多、南充的 3 倍多、宜宾和泸州的 4 倍多、巴中的近 7 倍、攀枝花的 9 倍多、广元的近 11 倍、凉山的 18 倍多，加之成都平原耕地流失问题，土地、水、电等资源、生态承载能力约束压力日趋明显，对资源环境承载能力形成明显抑制，阻碍了产业转型升级和价值链攀升。同时，成都产业"一城独强"和经济"一城独大"的局面难以有效支撑四川省均衡发展。2022 年，四川省 GDP 跨过 2 万亿元门槛的只有成都市，GDP 占四川省的 36.68%，是第二名绵阳的 5.74 倍，是最后一名阿坝州的 45 倍多。除成都外，四川省 GDP 跨过 3000 亿元门槛的只有 2 个城市，跨过 1000 亿元门槛的只有 15 个市州，仍有 5 个市州尚未跨越千亿元门槛。从县（市、区）层面看，目前仍有经济发展较为滞后的 39 个县（市、区），占全省县（市、区）总数达 1/5。此外，川西北生态示范区处于长江、黄河上游，生态保护意义远超其他领域发展意义，对阿坝、甘孜等生态经济发展转型升级提出了更高要求。如何有效破解资源环境约束与产业、经济高质量发展的关系问题已成为四川省亟待解决的重大问题。

（三）基础设施建设协同网络构建和提档升级难

由于诸多地区地形地势不便、自然灾害频发等自然原因以及经济和技术基础薄弱、公共财政支出能力较弱等经济原因，四川省交通和资源开发利用基础设施建设协同网络构建和提档升级困难。同时，城市数字化管理和一网统管的新型基础设施也存在建设难、普及难等问题。交通基础设施方面，铁路、高速公路等对外大通道能力不足，进出川交通干线尚需提档升级，交通网络不完善。主要表现为现代综合交通运输基础设施体系尚待健全，尤其是城际路网和航空航运承载能力有待进一步改善。资源开发利用基础设施方面，电源电网建设力度不足造成窝电以及弃水、弃风、弃光、弃电等资源浪费问题明显，城市能源管网建设运营协调以及电网架构及其配套设施、水利水源设施、防洪防灾设施建设等难以有效满足发展需求。

（四）生态环保协同绿色体系建设难

尽管当前四川省五大片区大气污染防治、水生态环境系统治理取得一定成效，但是在全域增绿的城市空间协同绿色发展、产业低碳循环协同绿色转型、生活方式协同资源节约绿色利用等方面仍较为困难。如在产业低碳循环协同绿色转型方面，四川省还存在多数地区循环经济关键链接技术有待突破，低碳技术共享基础设施和公共服务平台有待搭建，"散乱污"企业整治、落后产能淘汰、传统行业绿色转型和升级改造在不同地区推进力度和标准并不一致等问题。

四 成都都市圈引领促进四川省五区协同共兴的路径参考

（一）加快向资源地延伸创新链条推进协同创新

成都都市圈引领促进四川省五区创新协同共兴的总体思路是成都都市圈

延伸创新链条，依托资源地资源禀赋，与资源地共同搭建交叉型政产学研用协同创新平台，协同打造符合当地发展基础和特色的高技术型创新生态圈。

成都平原经济区依托成都、绵阳等地加快提升西部（成都）科学城和成渝（兴隆湖）综合性科学中心、中国（绵阳）科技城的核心承载能力，强化成都平原经济区高精尖技术研发在四川的先行能力和辐射能力；成都都市圈引领带动川南经济区和川东北经济区宜宾—泸州、达州—南充组团加快建设区域科创中心，强化科产教融合和技术创新应用，促进资源能源高效开发和城市转型发展；成都都市圈引领带动攀西经济区重点支持攀枝花加快攀西战略资源创新开发试验区建设；成都都市圈引领带动川西北生态示范区重点强化绿色发展科技支撑，增强创新发展新动能。

整合成都平原经济区、川南经济区、川东北经济区高等院校、科研院所、行业龙头企业等创新主体资源，加快成都都市圈高等院校在五大片区尤其是上述三大片区的分校、分院建设，德阳、自贡、内江等地强化"干中学"效应，大力推行科研人才、平台等创新资源落地政策，推动德阳等地加快国家创新型城市建设，自贡、内江等省级创新型城市建设，成都·广安"双飞地"生物医药等领域创新高地；攀西经济区围绕提升钒钛、稀土、光热等资源综合利用开发等重点技术创新领域，川西北生态示范区围绕光热、光电、风能、地热等低碳技术开发等重点创新领域，与成都都市圈共建创新平台和研发基地，加快矿产资源、清洁能源等综合性、精深性开发利用技术创新能力提升。

（二）依据资源禀赋推动产业对接和特色产业齐头并进

成都都市圈引领促进四川省五区产业协同共兴的总体思路是加快成都都市圈产业转移，加快推动专业化分工协作、产学研协同创新、人才共同培养引进、区域品牌共建共享，实现产业成链集群和同频共振式发展，同时做大做强五大片区特色优势产业，促使产业结构高级化、产业结构合理化同步发展，协同构建四川省全域高端产业有效衔接、融合发展的产业生态圈。

成都都市圈引领带动成都平原经济区、川南经济区和川东北经济区加快航空航天、先进材料、清洁能源、生物医药、食品饮料、汽车汽配等领域先进制造业和服务业、现代农业深度融合，强化产业集聚与协作配套建设，支持有条件的城市开展试点示范；成都都市圈依托产业链和价值链"微笑曲线"两端竞争优势，助推攀西经济区和川西北生态示范区加快构建清洁能源资源深层次开发转化利用的综合型高能级产业生态圈，打造产城融合、高端引领的现代产业集聚区，促使产业转型升级与资源环境有效承载互为支撑、协同推进。

成都平原经济区依托成渝北线、中线、南线综合运输通道，推动德阳、眉山、资阳和遂宁、内江等城市优先承接功能疏解和产业外溢，打造以整机组装、配套加工、物流贸易、保税加工等为重点的产业基地；川南经济区加快推进泸州、宜宾共建产业组团，与成都都市圈协同打造依托临港经济和通道经济建设一批现代化产业基地；川东北经济区强化与成都都市圈先进材料、汽摩配件等产业协作，推动广安、广元、巴中特色优势资源深度开发和加工转化，加快制造业振兴；攀西经济区依托攀枝花钒钛高新技术开发区、西昌钒钛产业园等产业园区，与成都都市圈协同打造具有世界影响力的钒钛稀土产业基地；川西北生态示范区统筹整合绿色自然风光、红色长征精神、特色民族文化等旅游资源，与成都都市圈协同打造更多国家级、省级旅游度假区和生态旅游示范区，加快构建全域型旅游发展格局。

（三）加快水陆空交通和能源水利基础设施提档升级

成都都市圈引领促进四川省五区基础设施协同共兴的总体思路是以"一带一路"建设为引领，重点打造"外联内畅、通江达海、高效便捷"的水陆空立体综合交通网络，不断增强能源水利保障，全域加快布局新型数字基础设施，着力构建便捷高效、普惠可及、稳定可靠、智能绿色的现代化基础设施体系。

1.建立健全现代综合交通运输基础设施体系

成都都市圈引领带动成都平原经济区、川南经济区和川东北经济区推进

铁路大通道建设，加快中欧班列（成渝）运营平台建设，推动集结点、代理、运输、仓储、信息等资源共建共享；成都平原经济区、川东北经济区和川西北生态示范区发挥文旅优势，依托成都都市圈协同推进铁路网建设和轨道交通建设，加快成都—巴中—安康等铁路建设纳入国家铁路网规划，推动都江堰—四姑娘山、川主寺—九寨沟等多层次多制式轨道交通项目建设。

成都平原经济区依托成都都市圈发达路网，加快推动干线铁路、城际铁路、市域（郊）铁路和城市轨道交通"四网融合"，加快市际、片区间高速公路建设，打造市际"1小时"、区际"半小时"通勤圈，推动成雅、成温邛等成都放射线高速扩容；攀西经济区、川西北生态示范区加快提升国省干线公路技术等级，大力建设九寨沟至绵阳等高速公路，完善县乡公路网，打通"断头路""瓶颈路"，推进城市轴线和城际（旅游）快速通道建设。

成都平原经济区重点强化成都都市圈航空引领和航线机场建设，优化成都双流国际机场和成都天府国际机场枢纽衔接转换和集散效能，打造中国民用航空第四极，完善支线机场布局；加快川南经济区、川东北经济区、攀西经济区、川西北生态示范区等地加密支线机场航线研究及迁建、新建机场和通用机场群建设，强化四川省机场协同运营，合力打造世界级机场群。

川南经济区、川东北经济区重点打造泸州—宜宾、万州—达州—开州两个全国性综合交通枢纽，会同成都、重庆加快共建长江上游航运中心，促进港口码头管理运营一体化，推动宜宾、泸州加快建设连接长江黄金水道和西部陆海新通道的枢纽节点；加快推进航电枢纽、三星船闸工程建设，实施航道整治、等级提升工程，改善长江干线川境段航运能级；攀西经济区协同成都都市圈强化货物集散、存储、分拨、转运等的物流设施群建设和物流活动组织，重点推进攀枝花的生产服务型国家物流枢纽承载城市建设。

2. 不断完善统筹能源、水利基础设施

攀西经济区、川西北生态示范区协同成都都市圈等用电大户完善输电电网主干网架结构，加强主干网与城市管网建设的运营协调，统筹规划建设特高压交流电工程和配套设施，协同推进川西北生态示范区、川东北经济区等相关地区农村电网巩固提升，不断完善市域电网架构和农村电力基础设施布局，优化高速公路、国省沿线、旅游景区快速充电基础设施布局。以成都都市圈等先发地区能源需求与行业发展需求为导向，加快推进川东北经济区、川南经济区天然气（页岩气）等能源通道、应急调峰储备设施、储气库建设，优化城镇燃气管网，强化能源基础设施布局建设，加快燃气管网向农村延伸，完善铁路运煤通道集疏运体系。

成都都市圈加快推广水利工程建设技术和经验，协同成都平原经济区、川南经济区相关地区推进引大济岷、长征渠引水等工程建设，协同开展"再造都江堰"水利大提升行动，推进大中型灌区续建配套与现代化改造等农村水利设施项目建设；川东北经济区、川西北生态示范区以农业发展、防灾治灾为重点，加强大江大河干支流及中小河流、山洪沟防洪治理，完善山洪灾害防治非工程的规划建设，不断加大水利基础设施建设力度，强化水安全保障。

3. 加快新型数字基础设施和城市智慧管理系统发展

成都都市圈加快推进新型数字基础设施商业化，推动成都平原经济区加快布局新型数字基础设施，推动5G网络加快建设和规模化商用，同时协同川南经济区、川东北经济区加快推进全国一体化算力网络枢纽节点、区域工业互联网一体化发展示范区建设，促使产业与数字技术尤其是着力先进制造业等实体经济与互联网、大数据、人工智能深度融合；协同推进五大片区城市"一张图"数字化管理和城市运行一网统管，加快智慧交通、能源、水利等新型基础设施升级改造；加强智能水网建设，推动传统基础设施智能化改造，联动打造物联网应用场景。五大片区依托成都国家重要数据灾备中心，协同搭建智慧城市云平台，统筹建设异地灾备数据基地，提升灾备信息联防联控能力。

（四）高标准打造四川省全域绿色体系

成都都市圈引领促进四川省五区生态环保协同共兴的总体思路是加快全域增绿的城市空间协同绿色发展，助推产业低碳循环协同绿色转型，探索生态价值转化有效路径，协同强化资源节约绿色利用的生活方式，加快实现生

产、生活、生态"三生"融合。

成都平原经济区强化城市绿道建设，不断丰富园城、江景、田林共存绿色城市空间，推进以成都公园城市绿地体系为范本的四川全域绿色体系建设；成都都市圈协同各片区加强公路绿化和森林、湿地等绿网布局，依托江河打造绿色发展带，支持有条件的地区打造绿色经济示范强市。

成都平原经济区、川南经济区、川东北经济区、攀西经济区以成都都市圈低碳技术和循环经济发展经验为依托，加快搭建低碳技术平台建设和循环经济技术创新，加大整治"散乱污"企业、淘汰落后产能、传统行业绿色转型升级改造力度；聚焦特色优势产业、战略性新兴产业，做强成德绵眉乐雅广西攀经济带、成遂南达经济带、攀乐宜泸沿江经济带制造业，打造创新驱动、绿色转型的制造业集群和产业基地；攀西经济区和川西北生态示范区加快推广"总部+基地"模式，推动攀西经济区产业转型升级，建设国家战略资源创新开发试验区，推动川西北生态示范区产业绿色发展，培育壮大民族地区特色产业。

五大片区协同加大资源节约及绿色生活知识宣传普及力度，以成都都市圈创建节约型公共示范单位为蓝本，大力推进生活方式的绿色低碳化；推广新能源汽车，推动通勤方式公共化；完善城乡生活垃圾分类收集、转运、处理体系，健全资源回收机制，尤其是针对文旅产业重点发展地区，加大垃圾处理、资源回收和监督管理力度。

参考文献

范柏乃、张莹：《区域协调发展的理念认知、驱动机制与政策设计：文献综述》，《兰州学刊》2021 年第 4 期。

樊杰、梁博、郭锐：《新时代完善区域协调发展格局的战略重点》，《经济地理》2018 年第 1 期。

付华：《在区域经济发展中培育经济增长极》，《开放导报》2021 年第 4 期。

何伟、唐步龙：《基于增长极理论的苏北中小城市发展模式研究》，《管理学刊》

2011 年第 5 期。

尹成杰：《巩固拓展脱贫攻坚成果同乡村振兴有效衔接的长效机制与政策研究》，《华中师范大学学报》（人文社会科学版）2022 年第 1 期。

Krugman P., "Increasing Returns and Economic Geography", *Journal of Political Economy*, 1991, 99 (3): 483-499.

B.12
坚持创新突破永葆都市圈发展活力

—— 来自纽约都市圈、伦敦都市圈、巴黎都市圈的经验及启示 *

刘培学　孙博文 **

摘　要： 创新已成为推动区域经济发展和转型的核心驱动力，为加快构建现代化大都市圈，进一步推动中国西部地区经济中心和城市群建设，成都都市圈亟须在创新领域取得突破，以确保都市圈持续发展和活力焕发。本报告从成都都市圈现状成效和制约因素出发，以"创新突破"为导向，研究总结了纽约、伦敦和巴黎三大全球性都市圈在创新领域的发展情况和创新模式特点，进而提出围绕国家产业创新中心推进产业建圈强链、建设"数字化都市圈"打造未来创新高地，以及着力发展都市圈产业创新的"软链接"平台与网络建设三个方面的对策建议。本报告通过国际经验阐释都市圈持续创新等发展路径，为成都都市圈未来创新发展提供参考，助力加速成都都市圈绿色经济与数字产业的突破，推进成德眉资的协同创新发展部署，使成都都市圈永葆活力。

关键词： 建圈强链　数字化都市圈　成都都市圈

---

* 本报告系国家自然科学基金青年项目"空间交互网络视角下旅游目的地区域韧性的时空演化模式及机制研究"（项目编号：420001145）、中国社会科学院 2023 年度制度基础研究项目"面向碳达峰碳中和的绿色低碳先进技术分类识别、国际比较与支持政策研究"（项目编号：23ZKJC074）的阶段性成果。

** 刘培学，博士，南京财经大学副教授，硕士生导师，主要研究方向为区域经济、大数据与流空间；孙博文，中国社会科学院数量经济与技术经济研究所绿色创新经济研究室副主任（主持工作），副研究员。

在全球化浪潮下，都市圈成为全球分工的关键节点，发展格局与模式也在不断演进，创新日益成为都市圈发展的核心要素。党的二十大报告中明确提出"科技是第一生产力、人才是第一资源、创新是第一动力"的发展理念。为实现科教兴国、人才强国、创新驱动发展的战略目标，都市圈必须成为创新的引领者。近年来，成都都市圈在科技创新和产业升级等多个方面取得积极进展，为推动成德眉资的创新协同发展奠定了坚实基础。本文从创新突破角度出发，借鉴伦敦、纽约、巴黎三大都市圈的创新发展经验，结合对本区域创新现状的调研，深入探讨成都都市圈应如何通过创新促进区域经济在新一轮工业革命潮流中实现高质量发展，使成都都市圈保持持续活力，在国内外竞争中抢占先导地位。

一 都市圈创新发展的新要求、新挑战与新趋势

党的二十大报告指出"要以城市群、都市圈为依托构建大中小城市协调发展格局"，截至 2023 年 10 月国家已批复了 10 个国家级都市圈规划，国内都市圈建设全面提速。同时，随着创新科技驱动发展模式的兴起，都市圈在全球分工中的竞争也在不断加剧，创新已经成为都市圈发展的重要动力和核心竞争力所在。都市圈发展需要积极推动创新突破，不断适应和引领全球化的新趋势，以实现经济、社会和环境的可持续发展。

（一）都市圈创新发展的新要求

新型城镇化带来建设现代化都市圈的新标准。自改革开放以来，我国的城镇化水平获得了迅猛提升，截至 2022 年末，全国常住人口城镇化率已经达到 65.2%，比 2012 年末提高 11.6 个百分点，年均提高 1.2 个百分点。作为全球最大的发展中国家，中国的城镇化呈现蓬勃发展的趋势。《"十四五"新型城镇化实施方案》中强调要全面贯彻新发展理念，加快构建新发展格局，提出到 2025 年要在重点城市都市圈建设上取得明显进展，特别是提出增强创新创业能力，推动超大特大城市转变发展方式，增强全球资源配置、

科技创新策源、高端产业引领功能，提高综合能级与国际竞争力。

都市圈正蓄势迈向高质量发展的新阶段。党的二十大报告中提出"高质量发展是全面建设社会主义现代化国家的首要任务"。加强战略性新兴产业和高附加值产业的发展，注重绿色可持续发展，发挥突出优势和特色是当下都市圈内各城市发展的首要任务。当下，创新作为都市圈发展的关键引擎，直接影响经济增长、就业机会和居民生活质量的提升。都市圈需要通过加强合作、创新发展，紧密结合新型国际分工格局下的发展形势，才能更好地抓住发展机遇，构建国内国际双循环相互促进的新发展格局。

区域协同创新体系成为都市圈发力的新方向。在都市圈的更大区域内整合创新资源，不同城市可以获得高效配置的新选择。随着经济全球化和城镇化进程的深入，都市圈间一体化与协同发展已成为国际通行的区域发展模式。各国都市圈纷纷探索建设开放协同的区域发展新体系，提升整体竞争力。在这一背景下，建设区域协同创新体系也将成为我国都市圈规划与布局的重要方向。区域协同创新体系强调城市间资源共享与协同开放，实现各类创新要素如人才、技术等在区域内高效流通，形成区域创新网络。这不仅符合知识经济时代的发展规律，也将成为未来都市圈发展的新方向。

（二）都市圈创新发展的新挑战

都市圈作为一种新兴的城市发展模式，在推动经济增长和人口流动的同时，资源消耗和环境负荷也随之增加，这不仅影响到人们的生活品质，也制约了都市圈整体竞争力的提升，都市圈创新发展面临的挑战日益凸显。

一方面，区域内创新协同存在利益与路径差异。在都市圈中，中心城市通常具有较大的规模和较强的经济实力，吸引了大量的资源和人才。这种规模集聚效应使中心城市在创新方面具有明显的优势，能够吸引更多的创新要素和创新活动。中心城市周边地区能够借助中心城市功能的外溢效应，实现发展的虹吸效应，随着中心城市规模的不断扩张，其对周边地区的辐射和影响力渗透更强。然而，城市内部的高密度集聚和有限空间之间的矛盾导致了集聚效应的经济效益受限，中心城市面临资源有限、设施不整合等问题，而周边城市则追求更多的发展机会和资源配置，并限制了创新的关键要素"人"的流动，这导致了两者之间在经济利益和发展路径上存在差异与竞争。

另一方面，都市圈韧性能力的高诉求亟待创新助力。都市圈规模的扩大对其韧性能力提出了更高的要求，创新成为提升都市圈韧性的重要手段。而随着都市圈的发展扩大，年轻人群自由空间诉求激烈、人口规模膨胀、交通拥堵以及环境质量的持续恶化等"大都市病"问题不断显现。创新可以帮助都市圈实现绿色发展，减少环境污染和资源浪费。通过引入绿色技术和创新解决方案，都市圈可以改善环境质量，提高生态系统的韧性，为居民提供更好的生活环境。创新也可以推动城市规划和基础设施建设的优化，使都市圈能够更好地承载和服务更多的人口。都市圈面临更多的数字经济和绿色技术变化，需要创新培育新的产业和经济增长点，创新提高区域经济的适应性和竞争力。①

（三）都市圈创新发展的新趋势

全球化进程的升级推动全球城市理论进入新阶段。1957年法国地理学家戈德曼（Jean Gottmann）提出"Megalopolis（大都市带）"城镇空间发展理念。都市圈昭示了经济组织与聚居模式方向，是城市发展的一种高级形态，其发展是衡量一个国家或地区社会经济发展水平的重要标志。② 在低碳化、数字化和智能化时代的新背景下，创新成为全球城市发展竞争主战场。全球城市理论新阶段的主要研究趋势包括：全球城市理论研究更加强调城市间的相互联系和互动，特别关注非西方区域的发展和影响力；更加注重推动政策和实践的转变；更加关注城市的社会和环境可持续性。

一是都市圈创新过程趋向多元空间的交叉组合。都市圈协同创新是跨区的政府、企业、高校、科研机构等创新主体通过交互作用形成长期合作的过

---

① 杨凌、陈嘉盈：《推动数字经济与绿色经济协同发展》，《学习时报》2022年8月17日。
② Gottmann J., "Megalopolis or the Urbanization of the Northeastern Seaboard", *Economic Geography*, Vol.33, No.3, 1957.

程，① 不同的创新主体通过跨边界的交流和合作，实现知识溢出、技术转移和经验的共享，从而加速创新过程，提升整个都市圈的创新能力。同时，高校、科研机构、科技企业等创新要素会往空间的某些点上集中，空间集聚的布局推动产学研的交流与合作，促进都市圈的创新发展与经济增长。从外部来看，除了更好地与欧美传统全球城市的合作联系之外，新兴都市圈通过加强与非西方区域（如东盟、中亚、非洲）在产业上的耦合协调也是一种战略选择。

二是 AI 快速突进催动着都市圈数字驱动智慧决策。全球即将进入一个全新的数字世界，这为全球城市提供了巨大的创新机遇，使城市需要更好地应对数字化时代的挑战和需求。新的全球城市需要重新思考和适应全球化的新形势，打造有竞争力的产业和科技，数字技术可以建立更广泛的创新生态系统，可以进行创新预测和评估，从而帮助都市圈在产业升级方面做出智慧决策，智慧都市圈亟待成为创新的重要支撑，以增强在全球经济中的竞争力。

三是绿色技术创新成为活力与韧性的平衡策略。国家发改委、科技部联合印发的《关于进一步完善市场导向的绿色技术创新体系实施方案（2023~2025 年）》，确定了 9 项重点任务，其中重点要求强化绿色技术创新引领，壮大绿色技术创新主体，促进绿色技术创新协同。② 绿色技术创新与都市圈的联系是十分必要的，都市圈既是绿色技术创新的重要应用场景，也是绿色技术创新的主要推动者。都市圈必须积极加强绿色技术创新驱动，全面贯彻新发展理念，加快构建全新发展格局，以推动区域朝着高质量方向迈进，实现经济、社会和环境的可持续发展。这将为都市圈注入持久的增长动力，使其在全球竞争中保持领先地位，塑造出更具活力和韧性的城市发展模式。

面对这些要求、挑战和趋势，2019 年国家发改委发布《关于培育发展现代化都市圈的指导意见》，以坚持深化改革、创新发展为基本原则，

---

① 解学梅：《协同创新效应运行机理研究：一个都市圈视角》，《科学学研究》2013 年第 12 期。
② 国家发改委、科技部：《关于进一步完善市场导向的绿色技术创新体系实施方案（2023~2025 年）》，中国政府网，2022 年 12 月 28 日。

要求强化制度、政策和模式创新的引领，坚决破除制约各类资源要素自由流动和高效配置的体制机制障碍，科学构建都市圈协同发展机制，加快推进都市圈发展。成都都市圈作为中国西部地区的经济中心，承载着西部地区经济增长和社会进步的重要使命。需要加快推动基础设施全面同城同网，公共服务水平达到全域均衡。抓住绿色经济和数字经济双发展模式，减少对环境和资源的负面影响，寻找创新的解决途径，以实现都市圈的可持续繁荣。

二 成都都市圈创新的成效水平及其制约因素

成都都市圈在产业建圈强链、创新平台共建共享、创新中心建设等方面取得了重要突破，但当前仍面临区域内部发展不均衡等问题。加强区域间的协调发展，充分发挥各城市的优势，城市间实现有机的功能分工和协作是成都都市圈建设的首要任务。

（一）成都都市圈创新发展的现状成效

科技创新正在成为撬动未来发展的有力杠杆，而近年来成都都市圈围绕建设全国示范科技创新中心目标，大力推动科技创新，加快关键核心技术攻关，打造未来发展新优势，取得了诸多成效（见表1），主要可以总结为以下几个方面。

表1 2021年成都都市圈研究与试验发展（R&D）主要指标

成都都市圈城市	R&D 经费内部支出（万元）	R&D 人员全时当量(人年)	有效发明专利数（件）	科研与技术服务机构人员数(人)	R&D 经费内部支出（万元）
成都	6319174	37652	26876	24613	760033
德阳	877234	7567	3063	574	6709
眉山	154702	3260	1249	0	456
资阳	47735	929	389	71	54

资料来源：《四川统计年鉴2022》。

一是都市圈产业建圈强链通过深化合作初显成效。"研发在成都、转化在眉山"的双城经营模式渐成。成德合作的中航智—无人机项目为通航产业带来了重要的突破和进展,为无人机行业注入了新活力。高仙机器人、新石器无人车、优地机器人等企业形成了"总部在成都、基地在资阳"的模式,进一步推动了产业链的完善和优化。菲斯特激光显示光学屏创新产业基地项目致力于打造全球最大的激光显示屏制造基地和微细结构光学膜材料创新基地。总部(研发)在成都、基地(生产)在德眉资,促成了产业生态圈构建,为都市圈产业带来新活力,促进产业链优化,推动经济发展。

二是创新平台共建共享促进都市圈发展。成德眉资四市大力实施创新平台提能,"天府科技云"平台通过科技共享资源的方式,实现多方面的资源合理配置,提高创新资源的利用效率和价值,推动科技创新和经济发展。"科创通"平台全面覆盖四个城市,平台为创新创业者提供高效便捷的支持,推动都市圈科技创新与发展。成都大运会期间,"科创通"促使场馆和科技型企业紧密结合,"蓉宝机器人""掌上大运""智能翻译机"等科技产品和创新服务项目提升了比赛效率和观众体验,为大运会成功举办提供有力支持。

三是积极探索以特色产业园区为纽带融入都市圈产业布局的新模式。具体来说,成都都市圈成员城市发挥各自优势,实现产业互补。成都着力构建与德阳的产业合作机制,利用成都国际铁路和空港资源,支持德阳发展临港产业。眉山依托天府新区等高新区,聚集高新技术企业,提升产业水平。资阳与成都东部新区深入连接,共同打造临空产业园区,发挥航空航天产业优势。这些举措旨在发挥各城市区位及产业优势,实现城镇功能互补。通过特色产业园区建设,促进中小城市与成都在资源、技术和产业链等多个环节的深度融合,形成成都都市圈内部协同发展新格局,提升整体竞争力。

四是协同创新中心建设取得了显著成效。根据2022年国际科技创新中心指数(GIHI 2022)评价,成都排第77位。西部(成都)科学城作为创新引领高地，截至 2023 年成功引进了 26 家国家级科研机构；培育了 65 个校院地协同创新平台；吸引了 800 余名高层次人才和 5000 余名高端科研人才；聚焦重点企业 130 余个；引进高新技术服务机构 60 余个，培育高新技术企业 1000 余家。此外，2023 年 5 月 6 日成渝（兴隆湖）综合性科学中心也正式揭牌，该中心以核能、航空航天、智能制造和电子信息等关键领域为发展重点，着力打造综合性国家科创中心。

对于科创中心而言，科学探索过程不仅促进了知识的创造和传播，同时也推动了资本的吸引和产业的融合。专利合作网络中心度是衡量各个城市（都市圈）开放合作程度的一个重要标准。GIHI 2022 报告数据显示，中国的粤港澳大湾区、上海、北京、南京、杭州和成都等城市（都市圈）在这一指标上排名靠前。

（二）成都都市圈创新突破的制约因素

成都都市圈呈现创新主体多元并进的发展态势，但在全国范围内，其与强势都市圈相比在创新领域的差距较大（见图 1），创新活力有待进一步提升，由于发展合力尚未形成，仍面临一些制约因素和复杂挑战。

一是成都都市圈区域内部发展不均衡。成都都市圈的发展呈现成都增长极强，而德眉资等地发展相对薄弱的现象。2022 年四川各市 GDP 排名显示，成都综合排第 1 位，德阳排第 4 位，眉山排第 12 位，资阳排第 17 位，区域内发展合力不足。国外都市圈在发展的过程中也出现类似的现象，《金融时报》文章指出，根据英国人均 GDP（购买力平价计算）数据，除去伦敦后，英国其他地区的经济发展与美国最贫穷的密西西比州相当，凸显出英国经济存在明显的地区发展差异，同时也凸显了英国单中心发展模式所带来的负面效果。尽管英国和成都都市圈的情况不同，但我们仍可以从伦敦都市圈的经验教训中汲取启示。

二是在科技创新成果转化方面略有不足。科技创新是绿色发展的一条重要途径，是实现都市圈经济增长和产业升级的重要引擎。根据英国《自然》增刊《2022 年自然指数—科研城市》的数据，成都在全球科研排名中居第

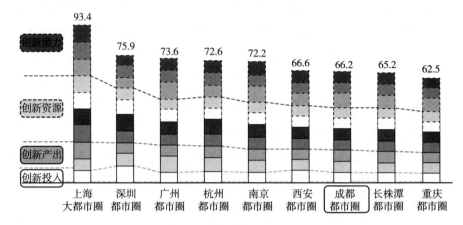

图1　中国主要都市圈创新发展水平对比

资料来源：《现代化成都都市圈高质量发展指数》。

30位。虽然排名较之前有所上升，但与龙头城市相比仍差距明显。特别是成都在 R&D 上投入还略显不足，从2021年成都市科技经费投入统计公报来看，基础研究经费投入36.03亿元，同比下降了14.9%，科技经费的不足在一定程度上限制科技创新成果的转化和商业化。

三　纽约、伦敦、巴黎都市圈的创新发展经验借鉴

根据2022年国际科技创新中心指数（GIHI 2022）评价，旧金山—圣何塞被评为全球科技创新中心的第1位，纽约列第2位，伦敦排第4位，巴黎排第7位，成都排第77位（见表2）。这些排名靠前的国外著名都市圈在创新发展上更加注重创新投资、政策引导、人才培养、创新交流与合作，致力于打造健康积极的创新生态系统和具有国际地位的创新中心，而纽约、伦敦、巴黎都市圈在科技创新方面取得了不俗的成就，它们在不同领域具有各自的特色和优势，参考这些国外顶尖的都市圈发展示例，可以为成都都市圈乃至国内其他都市圈的发展提供有益的参考和启示。

表2 GIHI 2022 都市圈部分城市综合排名

城市	科学中心得分	创新高地得分	创新生态得分	综合得分	排名
旧金山—圣何塞	97.93	100.00	100.00	100.00	1
纽约	100.00	74.77	94.52	87.13	2
伦敦	85.17	65.77	97.41	79.49	4
巴黎	80.80	66.27	81.73	73.67	7
成都	68.52	62.82	64.39	63.21	77

资料来源：笔者根据公开资料梳理。

（一）纽约都市圈的创新发展经验

1. 加大创新投资，注重科技创新和人才培养

创新是一场探索之旅，资金是创新过程中不可或缺的重要因素，孵化高科技成果、培养创新人才和推动创新项目等都离不开资金的投入。纽约作为全球重要的科技创新中心，在创新发展上纽约市政府出台了一系列重要举措，从2011年至2021年，纽约都市圈的初创公司数量从10349家增加到25451家，增长了146%，同时总估值为3710亿美元，与2020年相比翻了一番。在解决资金问题上推出了"融资激励"计划，设立多项创新创业基金，如"纽约市科技创新基金""纽约创新投资基金"等，以资金和资源支持科技创新发展。经费资助、税收优惠等政策也为高校、企业、科研机构等创新平台提供了多元化扶持，进一步激发了各类主体创新活力。

人才是纽约城市保持活力的基石。纽约市政府于2010年启动了"应用科学"计划（Applied Science NYC）。该计划不仅注重培养科技人才，还强调产业、学术和研究的紧密结合，弥补应用科学领域的短板，这一计划不仅夯实了纽约的科技基础，还培养了创新力量，推动了经济发展和城市功能的重塑（见图2）。自2010年来，纽约都市圈的科技行业增加了11万个工作岗位，占整个就业增长的17%，同时大大丰富人才多样性，黑人和西班牙裔占比20.8%。

2. 加强政策引导，推动产业升级和创新发展

作为美国最大的都市圈之一，纽约都市圈内各大城市在美国GDP排名

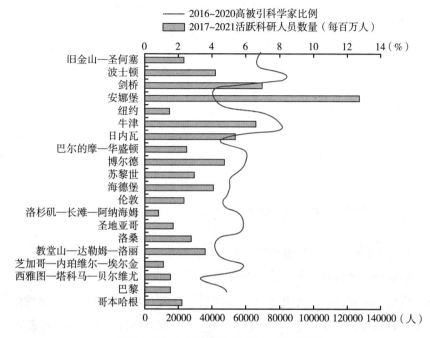

图2　科技人力资源前20城市（都市圈）

资料来源：《国际科技创新中心指数2022》。

中持续稳居前十，这一辉煌成就的背后离不开政策的引领与支撑。市场机制虽然为经济发展提供了自由竞争和资源配置的平台，但单靠市场机制调节是远远不够的。作为强大的金融中心，2008年爆发的经济危机使纽约市政府意识到单一的金融产业无法持续支撑城市的发展，需顺应时代趋势，积极推动科技创新，加快产业的升级和转型。为此，纽约市政府实施了一系列引导计划，如"应用科学"计划、"众创空间"计划、"融资激励"计划、"城市更新"计划等。这些计划的实施解决了发展中的许多难题，使纽约从传统单一的金融中心成功变成一个强大的全球科技创新中心。因此尽管遭到流行病毒的冲击，纽约都市圈在2021年的科技投资总额达到了550亿美元，是前年资金总额的3倍，源源不断的创新要素集聚于此，给都市圈注入更多新鲜活力。

3. 开放合作紧密，加强区域创新交流和合作

纽约都市圈建立了一系列的合作机制，如纽约都市圈联盟（New York Metropolitan Transportation Council）和纽约都市圈经济发展委员会（Regional Plan Association）。这些机制通过定期会议、合作项目和信息共享等方式，促进都市圈内各成员城市之间的合作与协调。2008 年，美国纽约创办了"世界科学节"，成为全球影响最大、组织得最好的科技嘉年华。纽约科技日（TechDay New York）则是美国最大的创业活动，每年有超过 3 万名与会者和 500 家参展公司。开放与合作是实现创新生态系统可持续发展的关键要素，这些机构与活动有助于吸引全球优秀的科研人才和创新企业，提供更广阔的合作机会和资源共享平台。

（二）伦敦都市圈的创新发展经验

1. 打造创新生态系统，鼓励创新创业和新技术的应用

Startup Genome（创业基因组）发布了《全球创业生态系统报告》（GSER 2023），对全球 290 个生态系统中 350 万家初创公司的数据进行了综合研究和分析。根据生态系统的划分，硅谷、伦敦和纽约居全球创新生态系统的前三名。报告还评选出了全球 100 个具有潜力的创业生态系统城市，其中成都排第 31~40 位。

伦敦市政府积极推动创新创业，制定有利于初创企业发展的政策和法规，提供税收优惠和资金支持等。政府还设立了专门的机构，如伦敦创新局和伦敦科技投资组织，为初创企业提供咨询、孵化和融资等支持服务。伦敦科技周（London Tech Week）是伦敦每年举办的一项盛大科技活动，旨在展示伦敦作为全球科技创新中心的实力和活力。

伦敦科技产业在过去的十年发展迅猛，共诞生了 101 家独角兽企业。吸引超过 1700 家海外科技产业公司直接投资项目，科技生态价值高达 6215 亿美元，稳居全欧首位。伦敦已经从一个新兴的初创企业中心发展成为一个可以支持国际科技业务扩展的地方。

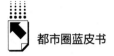

2. 积极引进和培养高端人才，提高创新能力和竞争力

成熟的创新生态系统能够吸引来自不同行业、不同国家和地区的人才。伦敦都市圈基于对人才的重视和国际化发展的追求，推出一系列的计划来吸引全球人才。"全球商业人才流动计划"（Global Business Mobility Scheme）就是英国在全球化背景下做出的一个创新举措，计划包括高管/专家工作签证、实习生工作签证、英国商业拓展工作签证、劳务派遣工作签证、服务供应商工作签证等五种签证类型，致力于吸引全球的商业精英和高端人才，以推动创新、促进经济增长。此外，2022 年 5 月 30 日政府推出的"高潜力人才签证"（High Potential Individuals Visa）正式实施，该方案面向毕业五年内除英国外全球排名前 50 的大学学生开放。这些计划的推出展示了伦敦在全球商业人才流动方面的开放和包容态度，为人才的跨国流动提供了更加便利和有利的条件。

另外，伦敦都市圈汇集众多国际高校，"金三角名校"拥有丰富的学术资源和研究机会，来自全球各个国家和地区的学生创造了国际化的学习环境，为伦敦都市圈的创新人才培养提供了一流的平台。丰富的人才资源能够满足都市圈的多样化需求，高端人才的集聚也将带动相关产业的发展，提高都市圈的经济竞争力。

3. 注重创新社会发展，推动经济和社会的可持续发展

根据 IESE 发布的城市动态指数，伦敦以其卓越的人力资本、国际影响力、城市规划而屡次跻身世界最智慧和最可持续的城市之列。伦敦都市圈在可持续发展的道路上注重生态环境保护和绿色经济的培育。通过数据驱动的创新解决方案，积极收集并整合各类城市数据，如交通、环境、能源等，以优化智能交通管理、气候调节和能源利用等方面的运作。这些数据驱动的创新举措旨在提升城市的运行效率，提高居民的生活品质。伦敦作为创新社会发展的典范，开放的数据库为各级政府和相关机构提供了丰富的数据资源，使不同部门能够深入洞察彼此的工作和需求，为解决问题搭建起坚实的合作桥梁，推动了城市规划、环境保护和经济的协调发展。①

---

① 《伦敦：全球领先的开放数据中心》，伦敦发展促进署，2023 年 4 月 7 日。

（三）巴黎都市圈的创新发展经验

1. 加强政策创新和政策引导，推动产业升级和创新发展

巴黎都市圈是一个具有跨国影响力的城市群，其范围横跨法国、荷兰、比利时和德国，涵盖了40个拥有十万人口以上的城市。为了实现区域间的协同发展和创新合作，巴黎都市圈采取了一系列前瞻性的创新政策，如设立了更高级别的管理机构——巴黎大区（Paris Region），其拥有行政自治权，能够更好地进行全局的统筹谋划。

巴黎大区为1.2万家初创企业制定了多种激励措施和商业支持计划，近年来加强和简化了区域创新支持，与Bpifrance合作创建"Innov´up"资助。近年来，该地区在人工智能领域进行了大量投资，制定了区域计划"AI Paris Region"和"AI Pack"，该计划旨在每年支持100家人工智能公司。这些措施旨在使巴黎大区成为欧洲的人工智能之都。在政策引领带动下，不同城市之间通过创新链、产业链和供应链的有机协同和互补，推动了生产力布局的持续优化。

巴黎大区通过创新节事活动有效地促进了全球合作与交流，推动了区域内的经济、文化和科技创新。巴黎大区通过举办Viva Technology等活动，成功地打造了一个全球性的创新交流平台，吸引了全球顶尖的创新企业和领导者，2023年第七届Viva Technology迎来了超15万名参观者。巴黎通过举办类似的活动，搭建创新生态系统，促进创新创业的发展，并吸引更多的投资和人才。

2. 打造创新中心，促进技术创新和新产品的研发

巴黎大区利用世界一流大学集聚优势，打造工程师、数学家和生命科学研究人员的高地，提供了超过法国85%的设计研究岗位。巴黎—索邦大学科技园区（Paris-Saclay）是一个集聚了大量科技企业和研究机构的创新生态系统，拥有多样化的潜在合作伙伴和资源——从巴黎萨克雷大学的多学科实验室到战略经济部门的工业参与者，从大型共享科学设施和基础设施到孵化器和创客空间网络。另外，巴黎大区创新税收减免政策为企业提

供税收减免，降低其研发成本，从而在研发领域吸引了超过16.55万名员工为各个全球性研发中心工作。巴黎大区经济高度多元化，为不同行业之间的合作提供了机会。2020年数据显示，巴黎市提交了7614项专利申请，占法国提交专利申请总数的61.6%，2家科研机构跻身欧洲创新能力前3强榜单。研发经费是欧洲最高，占欧盟27国研发经费的5.3%，占法国研发经费的40.2%。

3. 注重城市规划和建设，提高城市的品质和韧性

面对经济危机和去工业化的双重挑战，为了在社会和谐和环境可持续的前提下保持其国际地位，巴黎都市圈需要进一步提升城市的吸引力和加强大都市区的功能。为了应对这一复杂局面，巴黎都市圈于2014年实施了《巴黎大区2030战略规划》。

作为跨国交流的大都市圈，《巴黎大区2030战略规划》为区域协调发展提供了良好的监管机制。此项规划政策的目标是塑造巴黎都市圈的未来发展方向，以促进经济繁荣和城市进步。该规划强调通过推动创新、提高生活质量和可持续发展来增强城市的吸引力。在初创企业中推广清净计划（Sobriety Commitment）可持续的环保实践，如减少碳足迹、负责任地管理资源、提高对循环经济的认识、使用可再生能源等。

（四）经验启示

第一，政策引领蓝图有助于加强区域间协同共创。政策引领可以通过制定合理的规划和指导，明确发展的目标和路径，从而协调各方面的利益，推动产业升级，确保发展的有序性和可持续性。巴黎大区与伦敦创新局、纽约都市圈联盟等组织机构，对加强区域间的协调发展，实现都市圈城市间有机的功能分工和协作大有裨益。

成都都市圈要加强与其他城市和地区的交流与合作，实现资源的共享和互补，从而推动技术创新和产业升级。成德眉资四地拥有不同的资源禀赋和产业特点，通过开放的姿态与其他地区和国家开展合作，实现都市圈内资源的优化配置和协同创新的效果。推动创新主体"再合作"、创新资源"再组织"、创新网络"再拓展",是实现都市圈大中小城市协同创新的核心要义。①

第二,强化核心产业优势并紧盯培育新兴产业。都市圈需紧密跟踪科技前沿,及时进行统筹规划,并制定详细的产业发展方案,明确发展重点和方向。伦敦的发展离不开金融科技、医疗科技和绿色科技的支撑,巴黎也在强化绿色科技竞争力和人工智能产业。三大都市圈都强调通过降低创新型企业的税负,为创新创业者提供必要的资源和指导,以激励企业增加研发投入和技术创新。成都都市圈在发展的过程中也应强化绿色技术创新引领,瞄准自身核心产业和新质生产力,加快高新技术转化应用。

三大都市圈的发展经验表明,都市圈需要不断探索,建立更加开放和透明的环境,提供更多的支持和激励措施,提升创新创业的活力。都市圈需要培育更多具有创新能力与潜力的独角兽、瞪羚企业和隐形冠军。这些企业在技术创新、市场开拓和商业模式上具有突出的优势,能够引领行业的发展,并在全球竞争中取得领先地位。都市圈可以围绕这些明星企业打造一个繁荣的产业生态系统,类似热带雨林一样充满活力和多样性,这样的生态系统将吸引更多的投资和人才。

第三,重视高校科创能力,以主题节事促进创新交流。巴黎与伦敦都市圈的发展经验表明,加强高校创新能力,共同培养和引进高端人才,都有助于提高都市圈的创新能力和竞争力。各大都市圈都有其富有影响力的以大都市为名的科创节事,有助于促进不同领域的交叉融合,为创新带来更多机遇和合作模式。此外,三大都市圈都拥有丰富的历史文化和独特的艺术氛围。注重保护历史文化遗产与生态环境建设,维护都市圈的独特魅力,是保持人才吸引力的重要支撑。

对比三大都市圈的发展经验,目前成都都市圈内高校和科研机构的成果转化成效不明显,在发展中面临对高端人才的吸引力不强以及一些制度和政策设计仍然偏向管理而非服务等问题。

---

① 许竹青、赵成伟、王罗汉、巨文忠:《高效协同联动:都市圈创新发展策略》,《开放导报》2022年第6期。

四　坚持创新突破永葆成都都市圈发展活力的建议

政策的引领和支撑是都市圈创新突破发展的关键驱动力。《成都都市圈发展规划》中强调应加大对科技创新平台的投入，提升研发设施和技术装备的水平，为科研人员提供更好的科研条件和支持，建设成德眉资创新共同体。都市圈各城市应在《成都都市圈发展规划》的总体指导下，积极落实《成德眉资同城化暨成都都市圈产业建圈强链攻坚行动计划（2023～2025年）》等相关专项规划与实施计划。综合三大都市圈创新发展经验和成都都市圈实际，在区域顶层设计与政策的基础上，建议深化以下策略来加强创新突破，保持发展活力。

（一）围绕国家产业创新中心推进产业建圈强链

国家产业创新中心是整合行业内创新资源、构建高效协作创新体系的重要载体。国家级创新中心是突破产业格局，引导产业升级，成为保持竞争力和可持续发展的必然选择。在目前四川省首家国家级制造业创新中心"国家超高清视频创新中心"和"国家精准医学产业创新中心"的基础上，围绕《成都市产业建圈强链优化调整方案》的 8 个产业生态圈和 28 条重点产业链，积极培育新的产业创新中心，并在都市圈进行更好的产业布局。

一是打造创新集聚、高端智能的现代化航空航天产业生态圈。成都都市圈在高端装备制造、航空航天等领域具备显著优势，区域内不仅坐拥双国际枢纽机场，还孕育了主力战斗机和 C919 国产大飞机，从机头到航电系统处处彰显着"成都智造"的实力。深化落实《成都市"十四五"制造业高质量发展规划》，在航空方面重点发展无人机、通用飞行器、航空大部件、航空发动机等关键领域，力争在产业建圈强链上加速破局突围，将都市圈打造成国家重点高端航空装备技术创新中心。

二是让绿色科技创新推动成为重要抓手。绿色科技创新通过改善生产工艺、减少资源浪费以及进行产品创新等突破方式，实现能源效率的提升和能源结构的优化。遵循生态原理的技术创新和管理创新能够满足市场对更高品质、更高附加值的需求，从而提高产品竞争力，推动产业升级。成都都市圈在产业建圈强链中要以绿色创新为底色，积极探索绿色创新转型发展的路径，着眼构建可持续发展模式，实现经济增长与环境保护的有机融合。

三是注重区域合作构建完善的产业链和供应链。建立中心城市引领产业链协同机制，确立成都在产业链协同中的主导地位，以创新为驱动，以协同为核心，推动德眉资相关产业在产业链各环节之间的紧密合作和协同发展。这种集聚多个关键节点的方式，通过点带面的推动，能实现产业链创新链的高度融合。另外，完善"1+3+4"产业图谱体系，实施成德眉资四市"错位发展、优势互补"产业协作方案，推动省内干支联动共建先进制造业集群，促进都市圈内整个产业链向高质量发展。

（二）建设"数字化都市圈"，打造未来创新高地

为加快建设"数字化都市圈"，在深化智慧蓉城建设助推城市数字化转型的基础上，在都市圈全面做好以数字化为引领，全面做好三个"一网"——"一网统管""一网通办""一网通享"，系统打造数字创新创业发展高地。

一方面，需要加强各市各部门之间的协同管理，建立健全的数据统筹系统。全力推动数字产业化、产业数字化、数据价值化、治理数字化协同发展，加快补短板、强弱项、抢先机，着力打通数字价值增值链条，利用水电优势大力建设全国算力高地；深化数据要素市场化配置改革，积极开展数据要素价值试点示范。成都都市圈可以推动数据共享和数据分析，为城市决策提供科学依据。同时，加强智能交通系统的建设，并推广智能交通工具和应用，以减少交通拥堵，提高出行效率。还需建立数字化服务平台，为居民提供在线服务和社交互动，增强居民的参与感和归属感。

另一方面，生成式人工智能（AIGC）正在全球范围内掀起一股创新浪潮。将大数据、人工智能等信息技术深度融合进汽车制造、轨道交通、航空装备、生物医药等产业中，利用数据驱动的决策和智能化的算法，有效实现

生产、运营和管理的智能化转型。成都都市圈需尽快出台并落实一系列政策措施，以应对人工智能产业发展所面临的瓶颈和挑战，为人工智能领域的创新提供优越的生态环境，进一步推动数字化都市圈的建设，打造全球领先的创新高地。

（三）推动都市圈产业创新"软链接"平台与网络建设

在科技的驱动下，成都都市圈一体化将迎来崭新的发展机遇。基于科技的"软链接"将为成都都市圈带来更高效、更智能、更可持续的发展。科研机构、企业孵化器、科技园区等创新平台的建设是推动科技创新和产业升级的重要途径。

为了实现科技创新成果的高效转化和全面推动可持续发展，政府可与非官方组织达成战略合作关系，深化科技创新生态系统的构建，培育更多具备独角兽潜质的企业。通过这些战略性举措的有序实施，为科技创新成果的快速转化和社会经济的全面升级提供强有力的支撑。

进一步提升自身的"软链接"实力，打造以"成都"为名的国际创新创业主题活动。创意主题展和各类行业专题的国际会展作为高阶的商业活动形式，对于成都都市圈的发展具有战略性的意义。通过共享创新成果和资源，推动高水平的创意交流与合作。在精心策划和组织的会展活动平台上，创意系统之间进行着深入对话与合作，实现更深层次的开放合作，共同探索未来的发展方向和创新路径。

成都都市圈还应积极参与国际科技创新竞争，并加强与国际先进科技中心的深度交流与合作。可以通过开放的政策来加强国际合作，吸引国外优秀的创新资源和技术。在数字经济背景下，创新推广成都与白俄罗斯戈梅利市通过共搭"云"桥等开放合作的模式，促进知识和技术的跨国流动，引入更多的投资和资源，提供国际化的创新平台和合作机会，从而提升都市圈科技创新水平。

参考文献

杨凌、陈嘉盈：《推动数字经济与绿色经济协同发展》，《学习时报》2022 年 8 月 17 日。

解学梅：《协同创新效应运行机理研究：一个都市圈视角》，《科学学研究》2013 年第 12 期。

国家发改委、科技部：《关于进一步完善市场导向的绿色技术创新体系实施方案（2023~2025 年）》，中国政府网，2022 年 12 月 28 日。

许竹青、赵成伟、王罗汉、巨文忠：《高效协同联动：都市圈创新发展策略》，《开放导报》2022 年第 6 期。

《伦敦：全球领先的开放数据中心》，伦敦发展促进署，2023 年 4 月 7 日。

黄磊、朱江：《绿色技术创新、节能减排与成渝地区双城经济圈经济高质量发展》，《重庆工商大学学报》2023 年 7 月 7 日。

Gottmann. J. ，"Megalopolis or the Urbanization of the Northeastern Seaboard"，*Economic Geography*，Vol. 33，No. 3，1957。

B.13
强化产业协作激发都市圈协同发展动能

——来自东京都市圈、纽约都市圈、上海大都市圈等
都市圈的经验及启示 *

钱 慧 肖建宇 赖楚杨 **

摘 要: 都市圈内产业协作能够促进都市圈统一大市场建设、提升产业链
供应链现代化水平、推动区域协调发展,是都市圈协同发展的核
心。目前,成都都市圈已初步形成产业协作格局,但与国内外先
发都市圈相比,在产业协作政策和体制机制、产业协作基础、产
业协作园区建设、产业链协同性以及产业协同创新等方面仍存在
较大提升空间。本报告立足成都都市圈产业协作发展实际,在借
鉴国内外先发都市圈成功经验的基础上,从夯实产业协作根基、
深化产业协同创新、优化产业空间布局、提升协作载体能级、促
进产业链协同发展以及强化体制机制保障等六个方面提出强化产
业协作激发成都都市圈协同发展动能的对策建议。

关键词: 产业协作 协同创新 产业链协同

产业协作是都市圈协同发展的内在要求和客观规律,是优化区域生产力布

---

* 本报告系国家自然科学基金青年项目"中国清洁生产环境规制的减污降碳协同效应、机制与
路径研究"(项目编号:72303239)的阶段性成果。

** 钱慧,上海同济城市规划设计研究院有限公司城乡统筹规划研究中心副主任,高级工程师;
肖建宇,中国社会科学院大学硕士研究生;赖楚杨,上海同济城市规划设计研究院有限公司
城乡统筹规划研究中心副研究员,工程师。

局和经济发展空间结构、加快转变发展方式、培育新的增长动力和增长极的根本和关键。[①] 2021 年 11 月,国家发改委批复同意的《成都都市圈发展规划》中提出"全面推进现代产业协作共兴",并提出"全面增强成都都市圈现代产业协作引领功能"的发展目标。规划的出台对于促进成都都市圈产业协作具有重要的指导作用。当前,成都都市圈建设已由起步期步入成长期,2023 年 1 月发布的《成德眉资同城化发展暨成都都市圈建设成长期三年行动计划(2023~2025年)》中再次强调"全面推进创新协同产业协作"并将"现代产业协作引领功能稳步提升"纳入发展目标,这对于持续深化都市圈产业协作意义重大。

一 产业协作在都市圈协同发展中的重要意义

都市圈内部产业协作有利于破除各类隐性壁垒,促进统一大市场建设,推动建立比较完整且有韧性的产业链供应链,助力都市圈整体区域的协调、均衡发展,从而为都市圈协同发展提供有力支撑。

(一)促进都市圈统一大市场建设

经济学理论认为,各类生产要素只有大规模集聚才能产生效率。从现实来看,虽然当前生产要素在都市圈内跨区域流动已日益频繁,但制约产业和市场一体化的隐形壁垒依然存在,主要表现为地方保护和市场封锁。[②] 由于区域统一市场不健全,生产要素在都市圈内无法实现跨区域自由流动,阻碍了都市圈市场规模效应和集聚效应的发挥,不利于都市圈内不同城市之间形成规模化的市场结构。根据美国地理学家乌尔曼(Ullman)提出的空间相互作用理论,两个地理区域存在一种相互依赖关系,其中互补性、连通性以

---

① 宋立楠:《京津冀产业协同发展研究》,中共中央党校博士学位论文,2017。
② 刘长辉、周君、王雪娇:《经济区与行政区适度分离视角下跨区域要素流动与产业协作治理路径研究——以成渝地区阆中市、苍溪县、南部县三县(市)为例》,《规划师》2022年第 6 期。

及中介机会是空间区域相互作用的三大基本条件。① 都市圈内不同城市之间的产业协作，能够破除各类隐性壁垒，重构都市圈空间的流动性与连通性，在资本、技术、劳动力、土地、产权交易等领域建立一体化的开放市场，推动各类生产要素在都市圈内得到最优化配置。同时，通过协作联动整合生产要素促进城市之间优势互补，助力都市圈统一大市场建设。

（二）提升产业链供应链现代化水平

提升产业链供应链现代化水平是都市圈协同发展的重要环节。产业协作的核心在于发挥都市圈内各城市的比较优势，挖掘各城市产业发展潜力，通过优势互补、加强合作，助力各城市优势产业向专业化、精细化、特色化方向发展，从而促进都市圈产业链供应链现代化水平提升。具体来看，一方面，通过产业发展基础优势互补，并依托科技、体制等领域的协同创新，有利于推动产业结构一体优化提升，并依此打造产业协同发展的基础体系和技术支撑体系，有助于提升产业链的完整性和配套性；另一方面，通过促进不同城市相似产业的空间整合，能够推动都市圈产业集群的形成和发展，有利于整合和扩大市场，实现都市圈产业链和价值链的延伸。此外，根据各城市的资源禀赋和特色优势以及梯度发展规律，引导产业在都市圈内合理有序转移和承接，有利于推动产业发展和各城市资源禀赋紧密衔接，同时促进新旧动能转换，推动新兴产业发展，有利于维护产业链供应链的完整性。

（三）推动都市圈区域协调发展

区域协调发展是我国长期以来指导地区经济发展的基本方针。党的十九大首次将区域协调发展上升为国家战略，② 党的二十大再次就深入实施区域

---

① 陆军：《都市圈协同发展的理论逻辑与路径选择》，《人民论坛》2020 年第 27 期。

② 习近平：《决胜全面建成小康社会 夺取新时代中国特色社会主义伟大胜利——在中国共产党第十九次全国代表大会上的报告》，中国政府网（www.gov.cn）。

协调发展战略作出了明确部署。① 都市圈内的产业协作,是落实区域协调发展战略的重大举措。一方面,有助于优化都市圈重大生产力布局,推动不同城市之间基础设施衔接和产业配套协作,从而增强都市圈发展的整体协调性;另一方面,有助于提升都市圈中心城市的发展能级以及都市圈的发展承载力和要素聚集力,从而更好地引领带动相对落后地区的发展,缩小不同地区之间的差距,促进先发和后发地区协调发展。此外,有助于促进城市功能分工与互补,打造都市圈不同规模城市协调发展的格局。对于大城市而言,有利于城市产业特别是现代服务业高端化发展,进一步强化城市的中心定位、提升城市综合能级和核心竞争力;对于中小城市而言,有助于巩固中小城市的产业发展基础,培育和激发新的发展优势,增强中小城市的经济实力;对于小城镇而言,通过依托自身比较优势,加强与中心城市的对接,有利于提升小城镇的支撑作用和服务功能。

二 成都都市圈产业发展概况

自成都都市圈获批以来,都市圈成德眉资四市以《成都都市圈发展规划》为指引,协同推进都市圈建设并取得了积极进展。在产业领域,以全面推进现代产业协作共兴为导向,成德眉资四市大力推动产业创新融合发展,优势产业竞争力和产业体系现代化水平得到了显著提升。

(一)成都都市圈产业发展总体情况

成都都市圈是我国经济发展最活跃的区域之一,2022 年经济总量达到26218.08 亿元,约占四川省经济总量的 46%,占西部地区经济总量的比重超过 10%;人均 GDP 达到 87398 元,约为四川省、西部地区的 1.3 倍;三

---

① 习近平:《高举中国特色社会主义伟大旗帜 为全面建设社会主义现代化国家而团结奋斗——在中国共产党第二十次全国代表大会上的报告》,中国政府网(www.gov.cn)。

次产业结构由 2018 年的 5.6：43.5：50.8 调整为 5.0：33.2：61.8（见表1），第三产业优势愈发明显，"三二一"产业格局得到进一步巩固。

表1　2022 年成都都市圈经济实力及产业结构对比

项目		地区生产总值（亿元）	人均地区生产总值（元）	产业结构（%）		
				第一产业占比	第二产业占比	第三产业占比
都市圈成员	成都	20817.50	98149	2.8	30.8	66.4
	德阳	2816.87	81389	10.5	48.1	41.4
	眉山	1635.51	55273	14.8	40.2	45.0
	资阳	948.20	41072	20.5	30.6	48.9
成都都市圈		26218.08	87398	5.0	33.2	61.8
四川省		56749.80	67777	—		
西部地区		256985.38	67086	—		

资料来源：各省市 2022 年国民经济和社会发展统计公报。

目前，成都都市圈已基本建成以数字经济为引领，电子信息、汽车制造、重大装备、航空航天、生物医药等先进制造业和文体旅游、现代物流、商业贸易、金融服务等现代服务业"双轮驱动"的现代产业体系。具体来看，一是"天府粮仓"建设成效显著。成都都市圈各市通过推进高标准农田建设、打造西南种业中心等举措，协同打造新时代更高水平的"天府粮仓"。与此同时，积极推动现代农业园区建设，农旅产业得到良好发展。二是工业规模不断壮大。2022 年，成都都市圈实现工业增加值 6997.6 亿元，近三年年均增速达到 6.7%；成都、德阳、眉山、资阳四市规上工业增加值增速分别为 5.6%、3.4%、7.0%、5.6%。三是现代服务业优势明显。2022年，成都都市圈服务业增加值超过 1.6 万亿元，占地区生产总值比重从 2018 年的 50.84% 上升至 61.75%（见图1）。

（二）成都都市圈四市产业测度分析

成德眉资四市地理位置相邻、资源禀赋相似，使产业结构相近。从表1

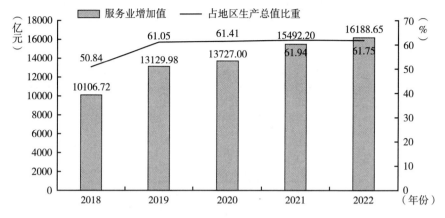

图1 2018~2022年成都都市圈服务业增加值及占GDP比重

资料来源：2018~2022年四市国民经济和社会发展统计公报。

中也可以看出，除德阳之外，其他三市产业结构均呈现"三二一"的格局。产业结构趋同会造成恶性竞争和资源浪费，从而影响和制约成德眉资四市之间开展产业协作。基于此，通过对成德眉资四市的产业结构相似性进行测度，可以更好地掌握成都市圈产业趋同水平。与此同时，通过对成德眉资四市的产业专业化程度进行测度，可以更加系统地了解四个城市的比较优势产业，为四市开展产业协作提供支撑。

1. 产业结构相似度测度与分析

产业结构相似度一般用产业结构相似系数来衡量，其计算公式为：$S_{ij} = \sum_{k=1}^{n}(x_{ik}x_{jk})/\sqrt{\sum_{k=1}^{n}x_{ik}^2 \sum_{k=1}^{n}x_{jk}^2}$，其中$S_{ij}$表示$i$、$j$两地的产业结构相似程度，$x_{ik}$表示$k$产业产值在$i$地区生产总值中所占的比重，$x_{jk}$表示$k$产业产值在$j$地区生产总值中所占的比重。一般情况下，$S_{ij}$的取值在0到1之间，$S_{ij}$的值越接近于1，说明两地的产业结构越相似。现有研究通常将0.9作为分界线，认为S_{ij}高于0.9时，说明两地产业结构相似程度较高。[1] 利用2022

① 丁宏：《产业同构对区域经济增长的空间溢出效应——以京津冀地区为例》，《首都经济贸易大学学报》2021年第5期。

年成德眉资四市国民经济和社会发展统计公报和上述计算公式得到成德眉资四市的产业结构相似程度，如表2所示。

表2 2022年成都都市圈成员产业结构相似系数

城市	成都	德阳	眉山	资阳
成都	—	0.9041	0.9377	0.9471
德阳	0.9041	—	0.9889	0.9425
眉山	0.9377	0.9889	—	0.9817
资阳	0.9471	0.9425	0.9817	—

资料来源：笔者自行计算得出。

从表2中可以看出，成德眉资四市产业结构相似系数均在0.9以上，说明四市之间产业结构相似程度较高。具体来看，成都与其他三个城市的产业结构相似程度相对较低，其中成都和德阳的产业结构相似系数最小，为0.9041；德眉资三市的产业结构相似程度相对较高，其中眉山与德阳的产业结构相似系数最大，为0.9889。由此可见，成都都市圈内各城市产业结构趋同现象较为明显，各城市比较优势尚未得到充分发挥。

2.产业专业化程度测度与分析

产业专业化程度一般用区位熵进行测度，主要从经济地理学的角度衡量某一产业的专业化程度或某一地区的优势产业。其计算公式为：$LQ_{ij} = \dfrac{\dfrac{q_{ij}}{q_j}}{\dfrac{q_i}{q}}$，其中$LQ_{ij}$表示$j$城市$i$产业的区位熵，$q_{ij}$表示$j$城市$i$产业的相关指标（如产值、就业人数等），$q_j$表示$j$城市所有产业的相关指标，$q_i$表示成都都市圈内所有$i$产业的相关指标，$q$表示成都都市圈内所有产业的相关指标。$LQ_{ij}$越大，说明$i$产业集中在$j$城市。通常情况下，$LQ_{ij}>1$，说明$i$产业是$j$城市的优势产业。由此可见，区位熵可以反映成都都市圈四市各自的优势产业。基于数据的可得性，选用三大产业增加值进行分析，相关数据来自各市国民经济和社会发展统计公报，结果如表3所示。

表3 成都都市圈成员区位熵变化

产业	成都		德阳		眉山		资阳	
	2018年	2022年	2018年	2022年	2018年	2022年	2018年	2022年
第一产业	0.60	0.56	1.96	2.09	2.63	2.95	2.78	4.09
第二产业	0.98	0.93	1.11	1.45	1.02	1.21	1.09	0.92
第三产业	1.06	1.08	0.80	0.67	0.81	0.73	0.72	0.79

资料来源：笔者自行计算得出。

从表3中可以看出，2018年和2022年，成都的第三产业区位熵均大于1，说明第三产业主要集中在成都市，是成都市的优势产业；第一、二产业的区位熵小于1且呈现下降的趋势，而第三产业的区位熵呈现微弱的上升趋势，说明第三产业的地位持续稳固。德阳和眉山相似，第一、二产业区位熵大于1且呈现递增的态势，说明德阳和眉山基于自身的禀赋优势，主要发展第一二产业。资阳第一产业的区位熵大于1且呈现上升的态势，说明第一产业是资阳的优势产业；第二产业的区位熵由大于1（1.09）变为小于1（0.92），说明第二产业不再是资阳的优势产业；第三产业的区位熵虽然呈现递增的态势，但是始终小于1，说明资阳不具备发展第三产业的比较优势。

三 成都都市圈产业协作现状与主要问题

产业协作是都市圈协同发展的重要动力。近年来，成都都市圈在产业协作方面取得良好成效，但与先发都市圈相比仍存在一些问题和不足，这将成为制约成都都市圈高质量协同发展的主要瓶颈。

（一）成都都市圈产业协作现状

成都都市圈四市坚持"政府部门—社会组织—企业"三级产业协作推进机制，以"成德""成眉""成资"三大产业带建设为重点，以交界地带

产业融合发展为先行示范,全面推进跨区域产业协作。目前,成都都市圈产业协作在顶层设计引领、重点领域协作、产业协同创新、产业协作载体共建共享等方面均取得了一定成效,具备了初步的区域产业分工合作格局,为建设成都都市圈现代产业体系奠定了基础。

1. 坚持顶层设计引领

在顶层设计引领方面,在成都都市圈"1+1+N"规划体系框架下,成德眉资四市共同编制并发布了具体实施方案,以全方位指导都市圈产业协作。如基于各市的产业基础和优势及资源禀赋,四市联合发布了《成都都市圈重点产业产业链全景图》,全景图重点围绕四川省的"5+1"工业体系明确了重点产业选择和分工协作格局;《成德眉资同城化发展暨成都都市圈建设成长期三年行动计划(2023~2025年)》中提出稳步提升现代产业协作引领功能的目标要求,为成都都市圈产业协作提供了方向。此外,《成德眉资同城化暨成都都市圈建设产业协同发展三年实施方案(2020~2022年)》《成都都市圈制造业协同发展规划》《成都都市圈制造业协同发展白皮书》《成德眉资同城化暨成都都市圈产业建圈强链攻坚行动计划(2023~2025年)》等方案规划的出台也为成都都市圈产业协作提供了思路。

2. 推进重点领域协作

在重点领域协作方面,成德眉资四市在先进制造业、现代服务业以及现代农业方面着力推动产业错位协同和特色化发展并取得积极进展。2023年5月发布的《现代化成都都市圈高质量发展指数》显示,2021年成都都市圈四市之间制造业经济联系、服务业经济联系强度比2020年分别增长了22.5%、22%。在先进制造业领域,通过建立成德装备制造集群建设领导小组"链长+链主"双链式推进机制、组建成德高端能源装备产业集群创新中心等方式,协同成德两市在产业集群建设、关键技术攻关、科技成果转化等方面开展深入合作;通过举办成眉电子信息产业协同融合发展研讨会等方式,协同成眉两市携手推进电子信息产业集群融合发展;通过举办云共享大会精准匹配都市圈内制造业企业的多样化需求,有力地推动了四市制造业高质量协同发展。成德高端能源装备、成都市软件和信息服务、成渝地区电子信息先进制造等 3 个产业集群已先后入选工信部公布的国家先进制造业集群名单。在现代农业领域，彭州市—什邡市川芎全国市场占有率超过 75%，蒲江县—丹棱县联合发布 3 项柑橘全国团体标准。此外，通过组建电子信息、新能源汽车、文旅等产业联盟，为相关企业搭建沟通交流平台。

3. 共促产业协同创新

在产业协同创新方面，围绕电子信息、高端装备、生物医药、航空航天、新材料等领域，成德眉资四市积极推动创新平台共建、资源共享，目前成都都市圈共集聚科创平台超过 2000 家。成德、成眉、成资协同创新中心发展态势良好，其中，成资协同创新中心服务企业超 200 家。"科创通"平台已实现都市圈全域服务全覆盖，第一只成德科创基金已完成组建，"科创贷"累计为都市圈企业融资 220 亿元。自 2020 年以来，举办"菁蓉汇·校企双进"成果对接系列活动 800 余场，组织 2000 余家成德眉资企业参与活动，促进企业与高校院所在平台共建、成果转化、技术开发领域达成合作。此外，正在加快建设的天府大道科创走廊和成都科学城为四市产业协同创新提供了无限可能。与此同时，创新平台的快速发展有力地推动了创新主体加速集聚，2022 年，成都都市圈有效国家高新技术企业数量达到 12082 家，比 2020 年（6519 家）翻了将近一番；独角兽企业共有 9 家，国家专精特新"小巨人"企业共有 240 家。

4. 推动产业协作载体共建共享

在产业协作载体共建共享方面，一方面，加快推进"成德""成眉""成资"三大产业带建设，推动成德眉资同城化综合试验区、成资协同开放走廊等平台载体建设并取得初步成效，共同推动四市高新区发布了《成德眉资协同推进高新技术产业开发（园）区高质量发展的倡议》，助力打造成德眉资创新共同体；另一方面，积极探索"总部+基地""研发+生产"等园区共建飞地经济模式，当前都市圈已初步构建成德以中国东方电气集团、成眉以通威集团有限公司、成资以爱齐医疗公司为代表的总部（研发）在成都、生产制造在德眉资的协同格局，圈内 1000 余家工业企业形成稳定配套协作产业生态。同时，园区共建不断取得突破。成德临港经济产业带与天府新区共建总部基地，凯州新城和淮州新城共建融合飞地园区，成眉共建大健康产业武侯总部基地和东坡生产基地，成资共建天府国际口腔医学城，金牛与什邡探索飞地合作园区建设等，为产业协作提供了有力的支撑。随着平台载体的建设与发展，都市圈产业协作规模不断壮大。2022年，都市圈共有1490家企业开展跨市域产业协作，较2020年提高了48.7个百分点。

（二）成都都市圈产业协作存在的主要问题

当前，成都都市圈聚焦重点产业加快推动产业协作，但由于规划和建设时间较短，都市圈尚处于产业协同发展的起步阶段。与先发都市圈相比，成都都市圈在产业协作政策和体制机制、产业协作基础、产业协作园区建设、产业链协同性以及产业协同创新等方面存在差距和不足。《现代化成都都市圈高质量发展指数》显示，成都都市圈产业协作指数得分69.0，低于上海大都市圈（97.0）、深圳都市圈（82.3），产业分工协作有待进一步深化。

1. 产业协作政策和体制机制有待完善

一是政策支持有待加强。一方面，虽然成德眉资四市联合编制并出台了《成都都市圈制造业协同发展规划》等总体规划，但针对电子信息、装备制造、航空航天等重点领域，尚未出台专项规划和具体实施方案，缺乏产业协作的规划指导和政策支持；另一方面，成德眉资四市人口、土地、金融等领域的政策缺乏协同性，也亟待进一步突破。

二是体制机制有待改进。虽然行政区和经济区适度分离改革取得一定成效，但是跨市域产业协作的成本分担利益共享机制尚待完善，其中"统计分算、财税分成"细则不清晰、落地性不强，这是制约成都都市圈深化产业协作的重要因素。

2. 产业协作基础有待提升

一是核心城市辐射带动作用不强。作为成都都市圈的核心城市，成都具有较强的经济实力和发展潜力，2022年经济总量达到20817.50亿元，居全国省会城市第2位，仅次于广州（28839.00亿元）。但与此同时，成都对四川省和西部地区资源要素的集聚效应突出，过度集聚和极化发展态势明显，导致对德阳、眉山以及资阳的辐射带动不足，这已成为成德眉资四市开展产业协作的制约因素。

二是成德眉资四市产业同质化现象明显。从产业结构来看，除德阳为"二三一"的产业格局以外，其他三市均调整为"三二一"的产业格局，四市三次产业结构基本一致，且两两之间产业结构相似系数均在 0.9 以上，产业结构趋同现象比较明显。从主导产业来看，成德眉资四市主导产业布局较为相似，如成都以电子信息、医药健康、装备制造、绿色健康、新型材料产业作为发展重点，这与眉山提出的"1+3"（新能源新材料+电子信息、机械及高端装备制造、生物医药）为主导的现代工业体系高度重合，这将带来重复建设、资源浪费、效率低下等问题。

3. 产业协作园区建设有待加强

一是园区体制机制不够完善。受行政区划的制约，产业协作成本分担、利益共享的体制机制还不够完善，成德眉资四市合作共建产业园区协调不畅、推进缓慢，除金牛—什邡合作园已组建合资公司、引进落户中航智项目外，成眉同城大健康产业先行示范园、成华乐至飞地园区等跨市域飞地合作园区仍处于前期筹划和签订协议的阶段，尚未开展实质性项目。

二是园区产业总体集聚度不高。除高端装备制造、电子信息先进制造以外，生物医药、汽车制造、新材料等先进制造业企业在产业园区等产业载体的集聚程度较低，不利于园区之间进行专业化分工和协作。

三是园区共建模式有待完善。当前，成都都市圈园区共建模式以产业转移和承接为主，"总部+基地""研发+生产"等模式处于探索阶段，仅有"点"的突破，尚未形成带状和网状的发展，产业协作层次和水平还不够高，产业融合程度还不够深。

4. 产业链协同性有待提升

一是缺少带动产业链整体发展的引领型企业。2022 年，成都都市圈拥有国家级制造业单项冠军示范企业 9 家、国家级专精特新"小巨人"企业240 家，与上海大都市圈（98 家、1182 家）、深圳都市圈（22 家、590 家）等先发都市圈相比差距较大，缺乏集聚上下游资源的优势。都市圈进入世界

500 强的制造业企业仅有 1 家,"链主"企业尚未实现跨区域优化布局。

二是重点产业链高附加值环节发展不足。成德眉资四市产业链中低价值产品供应多且散,中高端零部件依赖长三角、珠三角地区,部分关键配套依赖国外进口。如电子信息产业缺乏本土龙头企业和自主品牌产品,大多数企业为代工企业;能源装备产业位于产业链中下游,大多数企业以生产基础铸锻件、普通结构件等中低端产品为主。

三是产业链融合发展不足。德阳能源装备、资阳口腔医疗、眉山新能源新材料初具显示度,但整体发展水平不高,产业链之间融合协作不足。

5. 产业协同创新有待增强

德阳、眉山、资阳三市与成都在创新投入和创新产出方面均存在较大差距,2021 年,成都科学技术支出占一般公共预算支出的比重达到 8.37%,远高于德阳(1.23%)、眉山(0.48%)以及资阳(1.22%)的水平;R&D 经费内部支出占地区生产总值的比重达到 2.26%,虽不及德阳(3.30%)的水平,但高于眉山(1.00%)和资阳(0.54%)的水平。这在一定程度上造成产业链上各个环节发展不均衡,接续难度较大,从而制约了成都科技成果在德眉资三市的落地转化,导致成德眉资四市协同创新能力不强。

四 国内外都市圈产业协作的经验和启示

国外东京都市圈、纽约都市圈以及国内上海大都市圈、深圳都市圈等先发都市圈在顶层规划、产业一体化布局、产业集群集聚、产业协同创新、产业链协同发展、体制机制改革等方面具有丰富的经验,这些经验对于解决当前成都都市圈面临的产业协作问题具有重要的启发价值。

(一)东京都市圈产业协作的经验

1. 注重规划与引导

都市圈不同区域之间产业协作离不开政府合理的规划与引导。在东京都市圈产业发展过程中,日本先后出台了 7 次规划,在 2016 年出台的最新规划中提出打造跨区域协作轴以及城市协作集群等空间结构,并重点聚焦产业要素资源流动等核心问题。同时,日本先后颁布了有利于都市圈规划实施的法律法规,这些法律法规旨在打破行政区划的壁垒,促进资源要素自由流动。在此基础上,东京都市圈内各城市根据自身区位交通优势和资源禀赋,大力发展特色产业并与其他城市开展互补型合作。①

2. 科学布局产业发展

产业一体化布局是都市圈产业协作的前提和基础。20世纪60年代以来,东京都市圈内产业结构调整与空间重组并行,经过长期的发展,形成了分工合理、错位发展的产业格局,总体上有明显的"中心—外围"特征。具体来看,第一产业主要集中在外围地区,仅仅千叶县就集中了40%左右的第一产业从业人口。② 二三产业的空间分布总体呈现第二产业沿湾区和交通干线向外围疏解、第三产业向中心集中的态势。

3. 引导产业集群集聚

产业集群集聚发展是都市圈产业协作的重要动力。东京都市圈是日本产业最集中的地区,全日本1/3以上的制造业、建筑业和运输业,近一半的房地产业和零售批发业,以及超过一半的金融和通信信息业集中于此。都市圈内以东京都和各业务核都市为中心,基于其自然条件、交通区位和资源禀赋等基础条件,发挥其在区域中的比较优势,发展各自的特色产业和部门优势,不断提升专业化水平和产业集聚度,培育发展自身优势产业集群,打造形成都市圈分工合理、特色各异、有机协作的产业集群体系。

(二)纽约都市圈产业协作的经验

1. 发挥中心城市的龙头带动作用

中心城市是都市圈发展的动力引擎,在都市圈产业协作中具有重要的引

---

① 王新军、张宪尧:《基于国际经验的我国都市圈产业合作研究》,《商业经济研究》2021年第12期。

② 陈红艳、骆华松、宋金平:《东京都市圈人口变迁与产业重构特征研究》,《地理科学进展》2020年第9期。

领作用。在纽约都市圈发展过程中，纽约区域规划协会根据经济社会发展客观规律、都市圈经济发展和产业结构状况总共发布了4次规划。在规划的指引下，都市圈中心城市依托自身的资源禀赋、产业基础以及技术、资本等竞争优势，引领带动都市圈产业调整与优化，使都市圈内每个城市都得到了发展的机会。

2. 不同城市之间实现错位发展

作为纽约都市圈的核心，纽约以发展金融、商贸等产业为主。其中在金融领域，依托华尔街的金融市场及相关结构，纽约为其他城市提供了资金保障和金融服务。而都市圈内的其他城市根据自身的资源禀赋和发展特点，与纽约实现错位发展，形成了发达的城市群体系，如波士顿主要发展高科技产业，费城主要发展制造业等。通过产业错位互补发展，都市圈内各城市相互补充、相互促进、相互依赖，有力地推动了都市圈协同发展。

（三）上海大都市圈产业协作的经验

1. 注重产业协同创新

产业协同创新是都市圈产业协作的重要引擎。作为上海大都市圈的核心，上海积极鼓励本市企业、高校及科研院所在都市圈其他城市落户，其他城市也积极搭建平台载体承接上海的科创成果。如上海大众、复旦研究院都已经在宁波市前湾新区设立了研发机构和生产基地；而宁波的中科院宁波材料所杭州湾研究院，其主要功能之一就是承接来自上海的科技成果。这些举措加强了上海与都市圈其他城市的科创合作，有力地促进了城市之间的协同创新。同时，上海构建了"张江研发+浦东转化""张江研发+外区转化""张江外溢+回流上海""张江试水+全市扩张"等协同创新模式，这些模式促进了不同园区之间产业资源要素互补，推动了产业链错位协同。

2. 共促产业链协同发展

在上海大都市圈内，上海联动苏州、宁波等创新节点城市，聚焦机器人、集成电路、网联汽车等领域，统筹各产业优势环节的供应链配套与产业链联动，基本扭转了产业同质化、低水平竞争的"内斗"格局。同时，上海联动其他城市共同培育产业级互联网平台，并通过"菜单式""组团式"合作模式，分类分批推动制造企业、服务商与互联网平台开展产业链协同等深度合作。

（四）深圳都市圈产业协作的经验

1. 推动产业链协同发展

产业链协同发展是都市圈产业协作的关键领域。深圳都市圈积极培育和引进"链主"企业，支持将大面积连片土地出让给"链主"企业，并鼓励其对产业空间进行统一规划管理。这一举措有利于发挥"链主"企业的引领作用，促进产业链整体配套发展。

2. 全面推进体制机制改革创新

体制机制改革创新是都市圈产业协作的坚实保障。在深圳都市圈内，为加快优势产业集聚，深汕特别合作区实行了与深圳"同城同质同效"的产业政策，并且还制定了产业、科创、招商等多项区级优惠政策。

（五）国内外都市圈发展经验对成都都市圈的启示

国内外先发都市圈的经验表明，成都都市圈应开展科学合理的规划、优化产业布局、推动协同创新以及体制机制改革，从而强化产业协作。

1. 以规划为导向

从东京都市圈产业协作的经验来看，科学合理的规划不仅能够优化产业布局，还能加速产业集聚，对于都市圈产业协作具有重要的引领作用。同时，东京都市圈在遵循经济社会发展规律的基础上，根据自身经济发展现状和产业发展特点，适时调整优化规划方案，以更好地指导区域和产业发展。成都都市圈应在遵循都市圈发展规律的基础上，根据自身发展实际，动态调整都市圈和产业规划，促进各城市之间形成合理分工、有序合作的产业协作体系，提升都市圈产业发展的整体水平。

2. 以科学布局为重要抓手和切入点

为推动产业协同发展，东京都市圈、纽约都市圈各城市根据自身产业基础和比较优势，不断突破"大而全""小而全"的发展模式，大力发展自己的特色优势产业，从而与其他城市特别是核心城市形成错位发展的格局。在此基础上，都市圈内各城市不断推动优势产业集聚发展，为产业协同发展奠定了良好基础。成都都市圈应着力发挥成都的核心作用，引领带动各城市集聚全力发展自己的优势产业，从而形成错位发展、分工协作的产业格局。

3. 以协同创新为引领

协同创新对于都市圈产业协作具有重要的引领作用。上海大都市圈等国内先发都市圈高度重视协同创新，通过探索以"研发+转化"为主的协同创新模式，一方面带动了都市圈内产业协同发展，另一方面也促进了都市圈整体科技创新能力的提升。成都都市圈应积极借鉴先发都市圈的经验，大力推动"总部+基地""研发+生产""头部+配套"的模式全面落地，最大限度地发挥协同创新的引领作用，促进都市圈产业协同水平的提升。

4. 以体制机制改革为统领

体制机制改革创新有利于打破行政壁垒、促进政策协同，推动要素资源在都市圈内自由流动，从而有利于发挥都市圈内各城市比较优势，实现更合理分工。成都都市圈应进一步探索经济区与行政区适度分离改革，通过健全要素保障机制、建立成本共担与利益共享的机制以及产业协同评价机制等，不断推动体制机制改革创新。

五 强化产业协作激发都市圈协同发展动能的对策建议

为强化产业协作，成都都市圈应进一步夯实产业协作根基、深化产业协同创新、优化产业空间布局、提升协作载体能级、促进产业链协同发展以及强化体制机制保障。

（一）夯实产业协作根基

一是在制造业领域，发挥头部企业引领作用，推动成德高端能源装备、成都市软件和信息服务、成渝地区电子信息先进制造产业集群做大做强。搭建覆盖生产采购、技术创新、成果转化等多环节的区域产业协作供需对接平台，精准对接企业需求。二是在现代服务业领域，共建巴蜀文化旅游走廊，深入挖掘转化成德眉资四市文旅资源，推动三星堆—金沙遗址联合申遗，引导都市圈内市场主体共推精品线路、共同开发产品、共同拓展市场。共促金融服务实体经济，支持地方金融机构依法合规跨区域展业。深化同城化商贸合作，联合开展"川货全国行"活动。三是在特色农业领域，统筹布局建设成都都市圈农产品保供生产基地，完善农产品加工、储运、配送、供应网点，提升主要农产品协同生产保障能力。

（二）深化产业协同创新

一是大力引育独角兽企业、专精特新"小巨人"企业等创新型企业，引导企业在关键技术攻关、科技成果转化等方面发挥创新引领作用。二是以天府大道科创走廊和成都科学城建设为契机，大力整合都市圈内龙头企业、高校和科研院所等科创资源，提升电子信息、装备制造、生物医药、新材料等领域科创平台能级。支持有条件的企业布局建设以研发和转化为主的科创平台，吸引都市圈内同类企业联合创新。三是支持成都科学城"一核四区"与德眉资创新节点开展合作，围绕重点产业协同建设各类开源创新平台，激励都市圈创新主体依托区内重大创新平台进行技术研发活动。四是引导成德眉资四市以组团方式参加国家和四川省重大科技项目攻关，围绕产业重点领域开展专项研发，进一步提升协同创新能力。五是积极探索"研发在成都、转化在都市圈""孵化在成都、加速在都市圈"等科技创新模式，形成基础研究和科技研发在成都、科技成果产业化和规模化制造在德眉资的格局。六是引导推进德眉资共同举办"创交会""校企双进"等都市圈创新创业品牌活动，以满足科技创新需求为导向，推动与都市圈内高校、科研院所优势互补，协同创新。

（三）优化产业空间布局

一是从都市圈层面统筹优化产业空间布局，进一步引导成德眉资四市重点发展自身特色优势产业，从而形成有效分工、错位发展的产业空间布局。成都作为都市圈的核心城市，应在引领电子信息等重点产业发展的基础上，聚焦总部经济、研发和科技服务以及金融服务等现代服务业；德阳应以航天器及设备制造业、医药制造、材料化工等先进制造业为抓手，加快推进工业现代化；眉山、资阳应坚持协同打造新时代更高水平的"天府粮仓"，积极发展现代农业。二是以"三带"为载体，依托区位交通和资源禀赋优势，大力发展特色优势产业（见表4）。三是积极推动都市圈交通等基础设施和公共服务一体化进程，为产业布局的调整和优化提供有力支撑。

表4　成都都市圈"三带"重点产业

产业带	重点产业
成德临港经济产业带	航空航天、轨道交通、机械装备、材料化工、绿色低碳、数字经济等产业
成眉高新技术产业带	总部经济、数字经济、人工智能等产业
成资临空经济产业带	航空航天、智能制造、现代物流等产业

（四）提升协作载体能级

一是高水平共建"三带"，强化金牛—什邡、武侯—东坡、成华—乐至等产业园区合作，做大做强数字经济飞地园区，共建凯（州）淮（州）融合发展先行示范区等。二是引导成德眉资四市通过"一区多园""双向飞地"等方式，进一步加快合作园区和飞地园区建设，并与交界地带、产业相关的产业园区联动发展。完善园区内基础设施和生产设施建设，进一步强化产业承载能力和企业集聚吸引力。三是进一步探索"总部+基地""研发+生产"等园区共建模式，探索产业招商、委托管理、股份合作等园区合作形式。四是探索共建共享园区在 GDP、财政税收、节能减排等方面的成本分担、利益共享机制和政策安排，争取省财政向合作园区提供专项补助资金、税收留存返还等优惠政策。

（五）促进产业链协同发展

一是统筹制定成都都市圈企业招引目录，大力引育头部企业、配套企业以及平台企业等优质企业，提升产业链头部企业与配套企业的衔接水平。二是支持成德眉资四市联合培育一批"链主"企业，鼓励"链主"企业发挥其作用，通过并购、引进、参股等方式补齐产业链的短板，提升产业链的完整性。引导"链主"企业与上下游企业开展供需对接与技术合作，推进产业链向高端化跃升。三是进一步深化"链长+链主"双链式推进机制，为产业链协同发展提供保障。联合组建重点产业链工作专班，搭建产业链协同共建平台，为产业链协同发展提供强有力支持。

（六）强化体制机制保障

一是完善规划管理机制。根据都市圈产业发展态势，动态调整优化现有规划，提升规划的有效性。统筹成德眉资四市发展规划，推动各市产业专项规划相互协调。二是完善政策引导机制。建成"链主企业+配套企业+产业投资基金+中介机构+领军人才"资源库并动态更新，引导成都都市圈企业紧密合作。三是健全要素保障机制。推进都市圈内部要素市场的一体化建设，着力消除隐性壁垒，推动在都市圈内健全跨市域的人才、技术、资金、信息等要素流动和优化配置机制。四是建立城市之间产业转移税收利益共享机制，创新企业税收分配办法，合理分配企业注册地和投资地之间的地方税，推动成都都市圈内各城市之间形成互利互赢的合作机制。五是建立健全都市圈产业协同的评价机制。推进政府绩效考核制度等的创新，把产业协作的成效纳入对相关城市政府、产业园区管理主体等的考核，并根据不同区域在都市圈中的定位和分工，差别化地设置评价指标和体系。

参考文献

刘长辉、周君、王雪娇：《经济区与行政区适度分离视角下跨区域要素流动与产业协作治理路径研究——以成渝地区阆中市、苍溪县、南部县三县（市）为例》，《规划师》2022年第6期。

王新军、张宪尧：《基于国际经验的我国都市圈产业合作研究》，《商业经济研究》2021年第12期。

陈红艳、骆华松、宋金平：《东京都市圈人口变迁与产业重构特征研究》，《地理科学进展》2020年第9期。

姜佳：《日本"东京都市圈"制造业产业结构演变研究》，吉林大学硕士学位论文，2018。

杨晓慧：《产业集群与日本区域经济非均衡发展研究》，东北师范大学博士学位论文，2003。

郑国楠：《推进梯次配套首都产业圈建设》，《前线》2022年第8期。

陈林、周圣强：《构建广佛都市圈的产业分析——区域产业协作与布局研究》，《科技管理研究》2012年第15期。

宋立楠：《京津冀产业协同发展研究》，中共中央党校博士学位论文，2017。

陆军：《都市圈协同发展的理论逻辑与路径选择》，《人民论坛》2020年第27期。

丁宏：《产业同构对区域经济增长的空间溢出效应——以京津冀地区为例》，《首都经济贸易大学学报》2021年第5期。

B.14
成都都市圈通勤网络优化研究

——基于首都、广州、西安三大都市圈的经验及启示*

张珩 王楠**

摘　要： 通勤网络是都市圈一体化的重要基础，优化都市圈通勤网络对都市圈一体化发展具有强大的促进作用。系统研究成都都市圈通勤网络问题，对于加快成都都市圈一体化进程意义重大，同时对于国内其他都市圈也具有重要启发价值。本文从成都都市圈通勤网络建设进展出发，科学研判了都市圈通勤现状、特征以及存在的主要问题，系统分析了首都、广州、西安都市圈的基本特征、通勤现状及发展趋势并总结了其成功经验。在此基础上，探索提出成都都市圈通勤网络优化目标及相关要求，进而依据成都都市圈通勤存在的问题和国内外典型都市圈发展经验，提出成都都市圈构建高质量通勤网络的对策建议。

关键词： 都市圈　通勤网络　都市圈一体化

交通通勤是都市圈产业发展格局、城镇发展格局以及人口的分布和流动

＊ 本报告系国家社会科学基金后期资助项目"农村信用社改革与发展效果研究"（项目编号：23FGLB007）和中国社会科学院青年人才"培远计划"的阶段性成果。

＊＊ 张珩，博士，中国社会科学院金融研究所副研究员、硕士生导师，主要研究方向为区域经济发展、普惠金融；王楠，北京工商大学商学院副院长，教授，博士生导师，北京市哲学社会科学青年学术带头人（2021年）。

的先导引领。① 成都都市圈通勤圈建设与发展对圈内各类资源要素的合理流动、产业结构调整与布局优化以及完善都市圈空间结构和功能布局意义重大。《成都都市圈发展规划》要求充分发挥成都辐射带动作用和德阳、眉山、资阳区位优势，推动一体化、同城化发展，打造轨道上的都市圈，构建一小时通勤圈。随后，《成都市"十四五"综合交通运输和物流业发展规划》强调，成德眉资共建区域协同交通互联一张网、成渝"双核"之间1小时通达、基本实现都市圈1小时通勤。这些规划的制定与出台，为推动成都都市圈通勤网络建设以及一体化、同城化发展，具有重要的指导作用。

一　通勤网络对成都都市圈一体化发展的重要作用

推动都市圈通勤网络建设，不仅可以完善交通等基础设施，还可以促进各类资源要素顺畅流动和高效集聚，优化产业布局和结构调整，完善空间结构和功能布局，从而强化都市圈的集聚与溢出效应，为都市圈一体化发展夯实坚定基础。

（一）有利于人口及各类资源要素顺畅流动和高效集聚

各类资源要素特别是人口的顺畅流动和高效集聚是推动都市圈一体化发展的主要驱动因素。受地理区位和行政区划等因素影响，当前成都都市圈内仍存在交通出行耗时长、不方便等问题，人口等要素的自由流动仍面临障碍。通勤网络的建设与发展，有利于促进成都都市圈交通等基础设施的建设和交通网络的完善，打破中心城市与周边地区交通等的束缚和壁垒，一方面有利于打造多元高效的通勤方式，提升都市圈内人口的出行效率，从而为人口的日常出行创造更加方便快捷的条件，并且有助于推动都市圈内不同地区之间形成高密度的人流、商务流，促进不同地区之间形成密切的经济社会联

---

① 《解读成都都市圈①轨道上的都市圈如何让 2966 万人实现 1 小时通勤?》，https：//baijiahao. baidu. com/s？id＝1717817262631059964&wfr＝spider&for＝pc。

系，进而助力都市圈经济社会一体化发展。另一方面，可以间接地为资金、技术等资源要素流开辟流动通道，提升资源要素的流动性，同时也可以通过"压缩时空"和降低"边界效应"提高各类资源要素流的流通和配置效率，不断强化都市圈的集聚与溢出效应。

（二）有利于都市圈产业结构调整与布局优化

区域产业结构一体化和科学合理的产业布局是都市圈一体化发展的重要内容。当前，成都都市圈的产业主要集聚在成都市，导致成都人口密集和交通拥堵的问题较为突出。通勤网络的建设与联通，有利于引导产业由成都向外围地区转移，促使成都都市圈产业沿交通线进行合理分布，从而在更大范围实现产业布局的优化。与此同时，便捷的通勤条件也有助于加速人才流动，人才的流动有助于创造产业合作的机会，从而有利于成都都市圈内不同城市之间加强联系与沟通，促进都市圈不同城市产业链互补、产业结构错位发展。此外，通勤网络的建设推动人流、物流、信息流等要素的自由流动，也有利于都市圈内各城市加强商贸、物流、金融等现代服务业的快速发展，从而促进产业结构不断优化。

（三）有利于完善都市圈空间结构和功能布局

空间结构和功能布局的优化完善是都市圈一体化发展的重要举措。当前，成都都市圈"单核"集聚特征显著，各类要素资源过度集中于成都市，空间结构布局不合理、不协调问题较为明显，导致"职住分离"现象较为严重。通勤网络的建设与发展，有利于通过整合配置空间资源与产业要素，完善多层次交通系统，引导产业转型升级、拓展城市发展空间。[①] 城市发展空间的拓展，特别是新城的建设以及相关生产、生活设施的配套和公共服务均等化一体化建设，有利于推动都市圈空间布局优化，从

---

① 汪光焘、李芬、刘翔、高楠楠、高渝斐：《新发展阶段的城镇化新格局研究——现代化都市圈概念与识别界定标准》，《城市规划学刊》2021 年第 2 期。

而加快推动产城融合和"职住平衡"。与此同时,资源要素的合理流动和高效配置,有利于不同等级的城市发挥比较优势,立足特色功能定位,发展特色优势产业,从而促进都市圈形成大中小城市和小城镇协调发展的格局。

二 成都都市圈通勤现状、特征、成效及存在的问题

(一)成都都市圈通勤网络建设现状

自成都都市圈获批建设以来,成德眉资四市全面落实"1+1+N"都市圈规划体系,以同城化为导向,全力打造"轨道上的都市圈"。随着"两轴三带"建设的不断推进,以轨道为主的立体交通网络不断完善,城市之间联系日益密切,都市圈通勤网络加快形成。当前,成都都市圈"1小时通勤圈"已初步成型,圈内轨道交通一体化位居全国前列,为都市圈一体化发展奠定了坚实的基础。

1. 多规聚焦,为通勤圈建设提供指引

为了提高通勤效率,成德眉资四市以《成都都市圈发展规划》为引领,围绕《成都都市圈发展规划》明确的重大项目事项,细化编制通勤圈具体建设内容,为通勤圈建立健全提供全局规划(见表1)。

表1 "1小时通勤圈"政策体系

序号	政策	主要建设内容
1	《成都都市圈发展规划》	至2025年,推动成都都市圈基础设施同城同网基本实现,构建形成内联外畅的开放大通道,都市圈多层次轨道交通初步成网,城际"断头路"基本消除,加快形成轨道交通、高快速路一小时通勤圈,成都都市圈路网体系进一步完善
2	《成德眉资同城化综合交通发展专项规划(2022~2025年)》	明确提出"一圈一群一体系"目标。"一圈"即共建以轨道交通为主体、高快速路为支撑的都市圈"1小时通勤圈"。成都与德眉资三市之间均至少有3条高速公路、5条城际快速公路便捷直达,高快速路加速完善。力争到2025年,基本建成"多网融合、高效衔接、全域畅达"的都市圈现代化立体交通体系

序号	政策	主要建设内容
3	《成德眉资同城化发展暨成都都市圈建设成长期三年行动计划（2023～2025年）》	健全基础设施同城同网体系方面,包含加快建设市域铁路成资线、成眉线,开工建设成德线,畅通成都都市圈公路网等内容,为未来3年成都都市圈交通建设提供路径图和时间表

资料来源：根据公开资料整理。

2. 轨道交通引领，共建"1小时通勤圈"

（1）打造轨道上的都市圈

成都都市圈积极推动干线铁路、城际铁路、市域（郊）铁路、城市轨道交通"四网融合"，着力推进"两环三射"（两环：成都铁路枢纽环线、都市圈环线铁路；三射：市域铁路成德 S11 线、成眉 S5 线、成资 S3 线）都市圈轨道交通主骨架建设，轨道交通一体化位居全国前列。

（2）构建高速公路主骨架网

布局以成都为核心的 20 条放射状高速公路对外通道，并以 3 条环形高速公路强化放射状高速公路转换，形成"3 绕 20 射"高速公路主骨架网，打通城际"断头路"。目前，成都都市圈环线高速已建成通车，天眉乐高速正开工建设，"3 绕 20 射"高速公路主骨架建成 17 条，通车里程超 2100 公里，打通 11 条"断头路"。

（3）畅通城际快速通道

以东西城市轴线、天府大道北延线、天府大道南延线眉山段及成资大道、成资临空大道等城际快速通道的建设，加速推动都市圈"成渝发展主轴""成德眉发展轴"的构建。目前，东西城市轴线成都段二环至五环段已通车运行，龙泉山一号隧道提前 6 个月贯通，龙泉驿区界至金简黄段、资简段、乐简段正加快建设；天府大道北延线新都段通车运行，德阳段已具备通车条件；成都段剩余路段正加快建设；天府大道南延线眉山段已通车运行，仁寿段正加快建设，眉山城区段加快前期工作。此外，成德大道、旌江干线、中金简快速、剑南大道、锦江大道、成资大道等快速通道已建成通车；

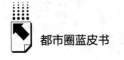

金简黄一期工程已具备通车条件。

（4）提升交通服务一体化水平

聚焦都市圈通勤、多式联运、公交"一卡通"、信息共享等关键领域，着力推进都市圈运输服务共建共享。成都都市圈 38 个区（市）县已有 26 个实现天府通"一卡通刷、一码通乘、优惠共享"，截至 2022 年 11 月底，实现成德间异地刷卡 158647 人次，成眉间异地刷卡 279105 人次，成资间异地刷卡 306864 人次。随着资阳主城区—天府国际机场、丹棱—蒲江、成都美术学院—天府国际机场等跨区域公交的开通，成都都市圈已稳定开行 14 条跨区域公交线路，投入定制客运车辆 126 辆，日均客流量 1.8 万人次。

3. 创新工作机制，共促综合交通同城同网专项合作

（1）构建专项合作机制

为坚定贯彻成渝地区双城经济圈建设战略部署，全面推进四川省委、省政府和省推进成德眉资同城化发展领导小组关于成德眉资同城化发展各项决策部署，推动成德眉资综合交通"同城同网"工作取得成效，成立由成都市交通运输局、成都市住建局为组长单位，德眉资三市交通运输局为副组长单位的成德眉资综合交通"同城同网"专项合作组，共谋交通规划"一张图"。

（2）建立会议协商机制

出台《成德眉资综合交通"同城同网"专项合作组工作规则》《成德眉资综合交通"同城同网"实施细则》，组织召开六次会议，研究年度工作要点及项目推进情况，研讨成都国际性综合交通枢纽、《成德眉资同城化综合交通体系规划》和《打通同城化城际"断头路"第二批行动计划》。

（二）成都都市圈通勤特征

成都都市圈总面积 3.31 万平方公里，2022 年末常住人口约 2997.4 万人。与重庆都市圈、南京都市圈、长株潭都市圈、福州都市圈和西安都市圈等国内其他 5 个都市圈相比，除了重庆都市圈由于直辖市属性、山地地形特征等影响成为数量之最外，成都都市圈无论是都市圈面积还是平均半径，均为仅次于南京都市圈的第二大地区（见表2），尤其是与国际上都市圈面积相差不大的伦敦都市圈（面积2.7万平方公里）相比，通勤出行半径相对要长得多（伦敦都市圈仅为30~40公里）。基于此，成都都市圈通勤呈现以下几个特征。

表2 成都都市圈与国内其他都市圈通勤要素比较

都市圈名称	跨地级行政区数量	跨中心城市外围的区(市、县)数量	面积(万平方公里)	平均半径(公里)
成都都市圈	4	10	2.64	92
重庆都市圈	22	—	3.5	106
南京都市圈	8	22	2.7	93
长株潭都市圈	3	10	1.89	78
福州都市圈	4	12	2.6	91
西安都市圈	5	13	2.06	81

资料来源：根据国家发改委已复函同意的福州、南京、成都、长株潭、西安、重庆等都市圈发展规划整理汇编。

一是中心城市通勤吸引力较高。作为都市圈中心城市，成都在经济规模、人口规模等方面保持绝对优势，2022年常住人口水平和GDP占都市圈比重均显著高于其他城市，"单核"集聚特征显著（见图1），同时成都就业岗位密集、公共服务水平较高，具有较高的通勤吸引力。

二是通勤人口流动表现出强向心特征。据统计，2021年成都都市圈城市间日均流动人次达60万人，其中成都与德眉资三市之间人口流动较为紧密，德眉资三市之间联系较弱。具体来看，中心城市与非中心城市的毗邻地区工作日通勤人口联系最为紧密，德阳市、广汉市、眉山市彭山区、仁寿县至成都的工作日通勤人口占本地就业人口比重达1.5%以上。

三是通勤人口以就业在中心区、居住在近郊区为主。研究显示，成都都市圈呈现中心区就业人口占比明显高于居住人口占比、近郊区居住人口占比

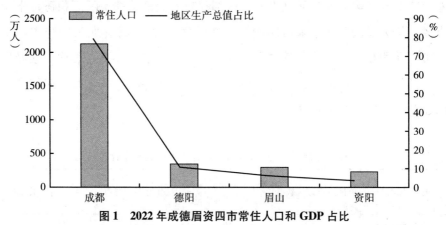

图1 2022年成德眉资四市常住人口和GDP占比

资料来源：2022年成德眉资四市国民经济和社会发展统计公报。

明显高于就业人口占比的特点，同时成都市就业郊区化进程慢于居住郊区化进程，中心区和近郊区存在明显的职住分离现象。[①]

（三）成都都市圈通勤改善带来的成效

随着成都都市圈通勤网络的建设，都市圈通勤空间边界不断扩张，通勤条件不断改善，跨城通勤的现象日趋显著。与此同时，其成效已经初显，这对于都市圈一体化发展意义重大。

一是随着交通网络的不断完善，都市圈产业布局正在调整和优化。如依托干线公路网络，都市圈产业正在向"三区"聚集。与此同时，沿成都都市圈环线高速公路，成德眉资四市因地制宜，布局了重型制造装备、汽车加工、白酒等产业，并布设了多个经济开发区和新区。

二是随着通勤条件的不断改善，都市圈各城市发展空间不断拓展，功能不断优化。如轨道交通资阳线对沿线城镇空间布局发挥了重要引导作用，促进了资阳对接东部新区、天府新区，推动了成资一体化发展。

---

① 张莉、余加丽：《成都都市圈职住分布与通勤格局研究》，载中国城市规划学会编《面向高质量发展的空间治理——2021中国城市规划年会论文集》，中国建筑工业出版社，2021，第9页。

与此同时，实现了空铁联运，并且扩大了成都天府国际机场的辐射范围，有力地支撑了天府国际机场临空经济区、东部新区建设，推动了成渝城市群规划的落实。

（四）成都都市圈通勤存在的问题

1. 通而不勤，公共交通基础设施使用效率有待提升

从都市圈轨道交通设施供给来看，以人均拥有轨道里程为例，成都都市圈与广州、首都都市圈同处同一梯次，人均轨道里程在 43~54 米/万人，处于这一梯次的都市圈开通的地铁线路超过十条，轨道交通原本应当成为居民日常出行的重要选择，然而从私家车情况来看，成都都市圈的私家车设施指数最高，广州都市圈人均拥车率在 20 辆/百人以下，私人交通出行率相对较低；首都、西安都市圈人均拥车率在 30 辆/百人以下，私人交通出行率较高；成都都市圈人均拥车率在 30 辆/百人以上，选择私人交通出行的比例最高。产生此现象的原因可能是成都都市圈公共交通布局与都市圈通勤就业的实际需求脱节，在外围地区超前建设交通基础设施。此举不仅造成资源的浪费，还容易增加地方政府债务负担，进而对经济长期可持续增长产生负面影响。

2. 公共交通衔接不畅，通勤效率较低

成都都市圈正在加快建设，中心城市与周边城市之间已经形成大量长距离通勤需求，城际轨道交通设施逐步完善，但城际公共交通通勤效率较低、时耗较长，无法满足通勤需要。从德阳、眉山、资阳到成都市天府广场，公共交通通勤时耗均在 2 小时以上，眉山、资阳接近 3 小时，如果选择驾车通勤时耗在 1~2 小时。产生此问题的原因在于忽视中间环节衔接、三网联通性不够、一体化统筹不足、城际交通存在"断头路"等。

3. "单核"集聚特征显著，都市圈内通勤流动强度偏低

都市圈在不同发展阶段，其内部呈现不同的结构关系。在起步期，中心城市建成区发展对周边城市产生巨大的人口吸引力；在成长期，中心城市建成区由于人口密度过大、服务能力不足、生态承载能力大等原因，逐渐向周

边城市扩散转移部分产业和非核心功能，分工体系开始形成，区域基础设施一体化加快建设；在成熟期，随着都市圈内部城市之间分工体系逐渐成熟与合理化，在中心城市建成区的人口与服务压力得到疏散和缓解的同时，周边城市的经济实力逐步提升、基础设施趋于完善，实现中心城市与周边城市的互联互通。

当前，成都都市圈"单核"集聚特征明显，在通勤空间上单向心性也极为显著，德眉资通勤联系较弱。根据百度迁徙"2023年春运迁徙数据"分析，德阳迁出目的地成都占比为66.14%，眉山、资阳占比分别为1.42%和0.90%；眉山迁出目的地成都占比65.11%，德阳占比1.32%，资阳占比1.32%；资阳迁出目的地成都占比54.45%，眉山占比2.52%，德阳占比1.92%。造成此现象的原因主要是成都都市圈处于起步期，成都市与周边城市的分工体系尚未完善，成都的经济实力、资源禀赋、产业结构、公共服务等优势明显，对德眉资产生强大虹吸性；德眉资三市尚未形成协同发展、优势互补态势，仅与成都单向联络紧密。

三 我国代表性都市圈通勤现状与趋势

我国都市圈1小时通勤圈相关研究及实践发展相对较晚，但是目前在较为发达的都市圈如首都都市圈、广州都市圈、西安都市圈等也积累了不少经验，其现状及趋势主要如下。

（一）首都都市圈通勤现状及趋势

1.跨界通勤规模趋大、距离趋远、来源趋广

《北京市推进京津冀协同发展2022年工作要点》明确提出，要加快建设定位清晰、梯次布局、协调联动的现代化首都都市圈，并将深化通州、大兴、房山等区与北三县、固安、武清等环京周边地区密切合作，引导北京适宜产业在环京地区发展。2022年，环京五市居民进京通勤的总规模超过30万人，通勤距离中位数为51.3千米，来源地分布最多的是廊坊，具体来源见表3。

表3 进京通勤来源地分布

单位：%

城市	廊坊	保定	天津	张家口	承德
占比	52.5	22.1	13.9	8	3.5

资料来源：《北京通勤圈范围识别、特征与跨界通勤模式研究》。

边界两侧相邻地区间的通勤占比达36.4%，非相邻地区间的通勤占比为63.6%，整体呈现通勤规模越来越大、距离越来越远、来源越来越广的趋势。究其原因，京津城际铁路、京张高铁等区域轨道交通设施的完善提升了更远地区的通勤效率。

2. 形成5条主要廊道，西南廊道发展的不确定性较大

首都通勤圈空间呈现"中心大团+5条放射形廊道"逐渐清晰的格局，其中全部跨界通勤人口近一半来自东向廊道上的廊坊北三县，区域的地理条件、发展基础决定了该方向廊道上的区县大概率长期维持较大通勤规模。东南向廊道上的人口基数大，但存在天津、廊坊两个劳动力吸纳能力较强的中心城市，进京通勤比例将稳定在较低水平；南向和西北向廊道上的人口基数小，当前发展策略是依托重大项目推进边界两侧组团式发展，预计跨界通勤规模继续增长，但总量有限且以短距离通勤为主；西南向廊道上的保定五县人口规模最大、通勤规模增长快，未来的不确定性较大（见表4）。

表4 5条廊道数据比较

对比项	东向(三河、大厂、香河)	东南向(武清、廊坊市辖区)	南向(固安)	西南向(涿州、涞水、高碑店、易县、定兴)	西北向(怀来)
2020年常住人口规模(万人)	158.5	217	57.6	251.4	34.9
跨界通勤人口占常住人口比重(%)	7.4	1.6	5	2.7	3.4
通勤人口规模占5个方向总规模比重(%)	48.6	14.6	10.9	22	3.9
平均通勤距离(公里)	32.3	49.2	45.3	64.7	58.6

资料来源：《北京通勤圈范围识别、特征与跨界通勤模式研究》。

3. 形成7个廊道串联组团和两个相邻地区一体化组团

跨界通勤网络子群划分结果显示：当前共形成 9 个职住对接组团，跨界通勤空间形态主要包括廊道串联组团和相邻地区一体化组团（怀来—延庆、三河—平谷）两种。廊道串联组团形态还有两种细分模式：一是区域交通基础设施供给造成的细分——燕郊、大厂主要对接京通快速路沿线及以北地区，香河主要对接京哈高速路沿线；二是高等级就业中心跨区域辐射能力造成的细分——中关村成为天津主城区、保定主城区、张家口等 100km 以外超远距离通勤的主要目的地。

4. 北京郊区新城和临界地区有效发挥截流作用

从跨界通勤目的地的节点主导性和通勤距离—通勤规模统计来看，北京中心城区、新城、临界地区等 3 类地区的节点主导性突出。各方向的跨界通勤人口被北京郊区新城和临界地区截流的比例差异显著（见表5）：西北方向可截流一半左右的跨界通勤人口，东南向和南向截流的跨界通勤人口约 1/3，而东向和西南向仅能截流约 1/5 的跨界通勤人口，使通州、房山大量承担环京地区和北京中心城市之间的过境交通压力。由此可见，北京城市副中心和河北雄安新区的规划建设对于减少这两个方向上的远距离通勤有较强的现实意义。

表5 各廊道跨界通勤目的地分布

单位：%

对比项	东向	东南向	南向	西南向	西北向
北京中心城区	62.4	53.3	48.9	52.3	39.7
进京廊道上的北京郊区	20.7（通州区）	34.8（通州区、大兴区）	37.5（大兴区）	21.3（房山区）	45.6（昌平区、延庆区）
北京其他区	16.8	11.9	13.6	26.4	14.6

资料来源：《北京通勤圈范围识别、特征与跨界通勤模式研究》。

（二）广州都市圈通勤现状及趋势

2020 年《广东省开发区总体发展规划（2020～2035 年）》中明确广州

都市圈包括广州、佛山、肇庆、清远、云浮和韶关。广州都市圈作为我国最主要的都市圈之一，经济、社会、文化、科技等方面发展程度较高，是我国珠三角地区经济高质量发展的重要增长极之一。

广州都市圈在空间形态上已初具规模，城市功能空间溢出效应明显，广州与周边城市形成高频率的双向通勤联系；都市圈内形成多个中心空间结构，各中心内部通勤向心性特征显著，围绕就业中心形成多个居住功能组团；城市交界地区仍存在通勤联系断裂带；广州都市圈职住空间和通勤联系受产业发展、生活配套、居住环境、交通设施等多种因素的综合影响，应重点考虑空间要素流动对区域空间格局的影响。

1. 广州与周边城市双向通勤联系较为平衡

就广州都市圈范围而言，广州市紧密联系通勤范围超出其自身的行政边界，就业和居住功能扩散到周边城市，城市功能空间溢出效应明显。广州单日流入、流出通勤量之比为 1.08，就业功能比居住功能更为突出，就业岗位吸引力较大，但差距不是很明显。广州周边城市在承接广州就业者的居住需求的同时，也积极发展产业功能，提供较多的就业机会。因此，广州与周边城市之间形成较为平衡的双向通勤联系，广州都市圈已初步形成多中心空间结构。从广州都市圈跨市通勤分布可以看出，广州都市圈核心半径为 20 公里，主要为广州市域范围，辐射区半径约为 40 公里，涵盖佛山、东莞大部分区域。

2. 不同区域呈现不同的通勤特征

广州都市圈已初步形成围绕就业中心的居住功能组团，组团内部通勤联系比组团之间更为频繁。广州市域内通勤联系以珠江新城和北京路能级最高，向心性特征明显。从佛山和东莞市内通勤来看，两市都表现出城市中心弱化的特征，中心城区无高能级就业中心，外围镇街形成多个就业中心。与市内通勤联系相比，城市交界地区跨界通勤联系相对较弱，具体表现在广州—佛山与广州—东莞交界地区形成明显的通勤联系断裂带。广州与佛山之间跨市通勤联系在荔湾与南海、番禺与顺德表现相对较强，广州与东莞之间跨市通勤联系在夏港与麻涌相对较强。

3.跨市通勤联系强度与通勤交通等时圈的匹配程度较高

就广州都市圈通勤交通可达性而言，广州都市圈核心区基本位于广州主要就业中心 1 小时通勤交通等时圈内，都市圈辐射区基本位于 90 分钟通勤交通等时圈内，广州都市圈跨市通勤联系紧密区域基本小于 90 分钟通勤交通等时圈的范围。总体而言，跨市通勤联系强度与通勤交通等时圈的匹配程度较高，但都市圈的职住空间分布和通勤联系格局与行政边界、空间距离和交通时耗不完全一致，都市圈空间格局由产业发展、生活配套、居住环境、交通设施等多种因素的综合影响形成。

（三）西安都市圈通勤现状及趋势

西安都市圈规划的总体空间结构为"一核、两轴、多组团"。主要包括强化核心区引领，推动形成东西、南北两条发展轴，推动重点功能组团建设，促进中小城镇发展。都市圈总面积 2.06 万平方公里，2022 年底地区生产总值突破万亿元。自 2022 年 2 月《西安都市圈发展规划》批复以来，西安都市圈建设逐步提速，取得卓越成效。

1.都市圈空间发展格局不断优化

西安市印发《西安市加快国家中心城市建设行动方案（2022～2023年）》，加快推进重大项目建设，都市圈核心辐射支撑能力显著增强；功能组团承载产业和集聚人口等重要功能进一步发挥，富平阎良、高陵泾河新城三原、西咸新区空港新城咸阳经开区、临渭华州、耀州、杨凌武功周至、乾县礼泉等 7 个功能组团建设统筹推进。

2.交通互联互通水平持续提升

陕西省制定《加快推进西安都市圈综合交通体系建设的意见》，谋划推进 46 个重大项目建设，加快完善 1 小时通勤圈；西安市主城区与西咸新区有序推进"6+1"市政道路建设；西安都市圈高速路网不断织密，都市圈环线高速公路（编号 G9908）列入《国家公路网规划》，西安外环高速公路南段项目已全线建成通车，京昆高速公路改扩建项目正有序推进；西安地铁16 号线一期提前完成 2022 年"洞通""轨通""电通"目标任务，西户铁路开始载客试运营；西安咸阳国际机场三期扩建工程全面实施；《西安都市圈市域（郊）铁路规划》启动编制。

3.通勤联系日益密切

都市圈内的现状出行活动中心集聚特征显著。都市圈的核心区包括西安市主城区、沣东沣西新城和咸阳市主城区，除了沣东沣西新城快速建设发展外，西安和咸阳主城区发展基本成熟，有完备的产业和基础设施，聚集了都市圈59%的人口。第七次人口普查数据显示，西安全市流动人口达到374.7万人，其中来自省内的流动人口占比达到67%。在都市圈核心区具体出行分布中，以西安市主城区内部各行政区间的交流以及咸阳市区、沣东沣西新城与西安市主城区的交流为主。

都市圈核心区与周边组团之间的联系逐渐紧密。西安都市圈是典型的单中心都市圈，在都市圈发展规划中提到的要重点发展的功能组团中，现阶段富平阎良组团、高陵泾河新城三原组团、西咸新区空港新城咸阳经开区组团、临渭华州4个组团与核心区交流相对较高，以通勤、公务出行和休闲旅游、探亲出行等为主，而耀州组团、杨凌武功周至组团、乾县礼泉组团与核心区的联系较为松散，随着都市圈建设发展，核心区与外围组团之间加强同行联系的需求逐步凸显。

都市圈对外出行与市域（郊）客运通道多有重合。西安公路和铁路交通网络发达，是西北地区公路和铁路网络的中心，连霍、京昆、包茂、福银和沪陕等多条国家高速公路在此交汇，"米"字形高铁网布局完善，对外通达包头、太原、郑州、武汉（合肥）、重庆、成都、兰州、银川等八大方向，占据了主要客流走廊，在都市圈范围对外通道与市域（郊）通道多有重合。

总体来看，西安都市圈单核特征显著，随着西安都市圈发展，都市圈范围内市域（郊）通勤需求逐步凸显。

（四）国际都市圈通勤现状与趋势

从国际上看，未明确出现都市圈"1小时通勤圈"的相关概念，但普遍存在统计意义上的通勤时间和通勤距离，且通勤量与通勤距离、时间的关系呈现规律[①]，即都市圈以核心城市为圆心的通勤半径在 50 千米以内，一般通勤时间控制在 1 小时之内。近些年来，随着都市圈经济发展和所占土地面积或辐射范围的扩大，多数都市圈通勤时间呈现不同程度的增加。这一方面会造成通勤者通勤压力的增加，甚至患抑郁症、失眠等病症风险提高，另一方面，对都市圈相关政府改善通勤方式、完善通勤网络也产生了较为明显的压力。

根据美国人口调查局、法国国家经济研究统计局、伦敦数据仓库和日本国土交通省等专业部门的调查，以纽约、巴黎、伦敦和东京为中心城市的都市圈通勤主要有以下几方面的特征：一是通勤距离相对较短，多数半径在30 千米范围内，超过 50 千米的占比仅约为 5%；二是通勤时间相对较短，平均通勤时间均在 1 小时之内；三是通勤方式多样化，主要包括小汽车、轨道交通等公共交通。

（五）经验借鉴

通过对国内国际都市圈通勤网络发展现状、特征等比较分析可知，发达都市圈通勤网络的通勤距离、通勤时间和通勤方式等方面具有较为先进的经验可供借鉴。

一是通勤范围不断扩大、通勤空间圈层分明、通勤方向不断增加。较为发达的都市圈早期通勤距离从中心城市出发多数在 30 公里以内，超过 50 公里的相对较少。但是随着都市圈的不断发展壮大，都市圈通勤范围会不断扩大，尤其是跨行政边界的中心城市或都市圈辐射地区，通勤范围会跨越县（市、区）甚至是地市，跨行政区数量多、半径长特征不断显现。在现代化都市圈中，中心城市与周边地区或外围地区的主次空间圈层化特征凸显，通勤联系日益密切、通勤方向不断增多，形成了越来越多的通勤廊道以满足都

[①] 高国力、邱爱军、潘昭宇等：《客观准确把握 1 小时通勤圈内涵特征　引领支撑我国现代化都市圈稳步发展》，《宏观经济管理》2023 年第 1 期。

市圈通勤需求。

二是通勤时间动态变化性较强。多数都市圈通勤时间一般控制在1小时之内甚至更长，部分相对较小的都市圈则通勤时间相对更短。超过1小时的通勤时间的都市圈，事实上对上班族的身心健康和工作积极性等方面可能会产生不利影响。但不可忽略的是，随着交通基础设施建设更新的速度加快、交通运营效率的不断提升、交通管理和维护的能力逐步强化，通勤时间反而会不断缩短，这也正是通勤网络建设的主要改进方向和发展目标。

三是通勤方式多样化。国外多数是小汽车、轨道交通等公共交通，这方面与我国多数都市圈通勤方式表现较为一致，且我国地铁也较为发达，在都市圈的结构布局越来越完善，这为进一步缩短都市圈通勤时间创造了有利条件。

四　优化成都都市圈通勤网络的目标导向和对策建议

（一）优化成都都市圈通勤网络的目标导向

结合国内外发达都市圈通勤网络发展经验和启示、成都都市圈通勤网络建设现状、特征和存在的问题，提出优化成都都市圈通勤网络的目标和相关要求。

1.成都都市圈通勤网络优化总目标及要求

推动成都都市圈干线铁路、城际铁路、市域（郊）铁路和城市轨道交通四网深度融合、实现无缝衔接，建成快捷高效的都市圈通勤网络，通勤时间大幅缩短，比国际大都市圈通勤效率更高、通勤方式更为多样。其中，中心城区轨道交通占公共交通分担率超85%，中心城区建成区平均通勤时间低于15分钟。

2. 成都都市圈通勤网络优化阶段目标及要求①

到 2025 年，基本形成以成都为中心枢纽的多层次轨道交通网络，"四网融合"进一步深化，基本建成轨道交通、高快速路 1 小时通勤圈。其中，中心城区轨道交通占公共交通分担率超 50%，中心城区建成区平均通勤时间低于 30 分钟。

到 2035 年，建成以成都为中心枢纽的多层次轨道交通网络，顺利实现"四网融合"，建成轨道交通、高快速路 1 小时通勤圈。其中，中心城区轨道交通占公共交通分担率超 65%，中心城区建成区平均通勤时间低于 25 分钟。

到 2050 年，成都都市圈干线铁路、城际铁路、市域（郊）铁路和城市轨道交通四网深度融合，多层次轨道交通网络无缝衔接，建成快捷高效的都市圈通勤网络，通勤时间比 2025 年缩短一半左右。其中，中心城区轨道交通占公共交通分担率超 85%，中心城区建成区平均通勤时间低于 15 分钟。

（二）优化成都都市圈通勤网络的对策建议

1. 以经济区与行政区适度分离改革为牵引，推动交通运输体制机制改革

优化都市圈通勤网络，交通运输领域体制机制改革是关键。成都都市圈要以经济区与行政区适度分离改革为牵引，大力推动交通运输领域体制机制改革。一是健全交通运输协调机制，统筹各市交通领域专项规划，推动四市规划对接、协同发展。出台都市圈通勤网络建设总体规划，从整体上谋划通勤网络，推动都市圈通勤网络建设迈上新台阶。二是完善交通运输协商机制，共同研究制定都市圈轨道交通建设标准、运营模式与规则等统一的规范与标准。如以"门到门" 1~2 小时、"站到站" 1 小时为发展导向，研究制定成都都市圈轨道交通建设标准，加快服务范围、客流强度、服务水平等具体指标标准化建设。② 三是建立交通运输管理机制，在公交"一卡通"基础

---

① 本部分主要根据《四川省"十四五"综合交通运输发展规划》、五大片区"十四五"发展规划交通基础设施相关篇章、成都等相关市州交通"十四五"规划综合预估判断而确定。

② 欧心泉：《新型城镇化背景下市域（郊）铁路发展的思考》，《中国铁路》2017 年第 7 期。

上，支持成德眉资四市联合委托第三方专业机构，探索除国家干线铁路之外的跨市域多层次轨道交通的统一建设、运营、管理与保障模式，鼓励其在有条件的地区尝试采用市域（郊）铁路与城市轨道交通快线贯通运营的模式。四是完善要素保障机制。成德眉资四市根据各自财力等实际情况投入一定财政资金，共同设立都市圈通勤网络建设保障资金，一方面用于交通等基础设施建设，另一方面用于占地补偿。

2. 以轨道交通为引领，加快立体交通网络建设

立体交通网络是都市圈通勤网络的关键支撑，是都市圈一体化发展的重要保障。成都都市圈要加快推进以轨道交通为引领的立体交通网络建设，着力提高公共交通利用率和便捷性。一是统筹推动包括干线铁路、城际铁路、市域（郊）铁路、城市轨道交通等在内的都市圈多层次轨道交通网络建设，全力打造轨道一小时通勤圈。推动不同类型的轨道交通方式合理分工、衔接融合，建设多种轨道交通方式有机衔接的轨道交通网络。二是加快打通"断头路"，提升都市圈路网联通程度；着力推进"瓶颈路"改造扩容，畅通交界地区公路联系。加快推进高速公路扩容改造和提档升级，提高道路网络密度和通达性，提升都市圈高速公路等通勤网络衔接转换能力和效率，形成统一高效的骨干通勤网络。三是推动轨道交通、跨市公交以及市内公交有效衔接，打造多种交通方式融合的立体交通网络。

3. 以通勤便利化为导向，优化通勤网络格局

完善通勤网络布局、打造快捷便利的通勤交通，是提高通勤效率的重要途径。成都都市圈要以通勤便利化为导向，不断完善都市圈网络布局。一是以明晰通勤空间圈层、增加通勤方向为核心，打造"大中心+放射形廊道"空间网络格局。以成都对劳动力吸纳力度大的区（市、县）为中心，进一步完善成都周边区（市、县）以及德眉资区（市、县）有效衔接的轨道交通、高速公路等通勤网络，特别是加快完善直达"三区三带"的城际和市域轨道交通网络。二是根据成都都市圈辐射能力和范围、人口密度、人员流动速度、通勤距离远近等动态变化因素，合理布局并适宜增加多样化通勤方式和通勤方向，尤其要注意跨行政区数量多、通勤距离远的地区以及高峰时

期通勤方式和方向的增加，提升通勤效率。三是可探索推动"多中心＋放射形廊道"的通勤空间网络再布局。

4. 以数字经济为先导，加强通勤网络数字化建设

依托新一代信息技术、推动通勤网络数字化建设，是提升都市圈通勤网络能级的重要手段。成都都市圈要坚持数字经济为引领，不断提升通勤网络发展能级。一是利用信息化、数字化手段有效缩减通勤时间。加强出行信息服务，打通不同部门间、运输方式间的信息壁垒，为乘客提供全出行链的信息服务，提高智慧化管理水平，确保都市圈"门到门"全程便捷顺畅高效。二是依托"互联网＋"提升通勤服务数字化水平，增加对通勤人员的吸引力。如探索推进城际、市域铁路与城市轨道交通的票制票价互通、安检互信一体化信息系统建设，降低通勤时间损耗。三是打造都市圈通勤信息数据共享平台，为通勤人员提供及时、便捷的通勤信息数据服务。

5. 以协同推进为方向，强化政策支持保障

加强政策协同落实，是优化都市圈通勤网络的关键。成都都市圈要推动成德眉资四市政策协同，为通勤网络建设与优化提供保障。一是协同完善公共交通财税支持政策，有效降低都市圈通勤出行成本。由成都市政府牵头联合德眉资三市，初期运用财政资金，提高对都市圈公共交通的通勤补贴力度，加快打造重点通勤廊道，吸引培育人流。综合采用阶梯票价、封顶票价、多次套票、发放消费券等办法，降低公共交通常旅客的长距离通勤出行成本。定向发放可累计、可兑换、可交易的绿色积分或绿色消费券，鼓励通勤人员选用公共交通或者慢行交通等出行方式。二是协同优化产业政策，推动产业和交通融合发展。围绕交通设施建设，特别是都市圈轨道交通建设，不断优化都市圈产业政策，提高沿线产业功能的匹配度，推动都市圈"产业圈"与"通勤圈"深度融合，形成站城融合、职住平衡的新格局。三是联合推动都市圈内交通等领域政策沟通衔接，确保通勤圈范围内政策的一致性、通达性和落实有效性。清理取缔非必要、不利于通勤人员往来的地域歧视性政策，加强对跨行政区通勤群体需求的回应关注，消除人为制造的屏蔽门、软障碍，为通勤便利化创造条件。

参考文献

陈友华、苗国：《隔离的城市际性与都市圈一体化》，《探索与争鸣》2020 年第 5 期。

刘生龙、胡鞍钢：《交通基础设施与中国区域经济一体化》，《经济研究》2011 年第 3 期。

林雄斌、杨家文：《粤港澳大湾区都市圈高速铁路供给机制与效率评估——以深惠汕捷运为例》，《经济地理》2020 年第 2 期。

耿慧、焦华富、叶雷：《都市圈一体化共生网络系统的理论框架与研究重点》，《地理研究》2023 年第 2 期。

高国力、邱爱军、潘昭宇等：《客观准确把握 1 小时通勤圈内涵特征　引领支撑我国现代化都市圈稳步发展》，《宏观经济管理》2023 年第 1 期。

朱雷洲、黄亚平、丁乙宸等：《"通勤圈"还是"交通圈"：新时期都市圈内涵及范围划定再认知》，《城市发展研究》2022 年第 10 期。

王超深、赵炜、冯田：《成都都市圈空间组织特征判析及对国土空间规划的启示》，《现代城市研究》2022 年第 4 期。

陈心雨：《都市圈空间与通勤交通发展机理初探与通勤视角都市圈空间规模研究》，东南大学硕士学位论文，2020。

张超、王君慧、姚永玲：《通勤成本，地方品质竞争与都市圈空间结构演化》，《首都经济贸易大学学报》2022 年第 5 期。

谢睿丰：《成都都市圈一体化评价与优化策略研究》，西南科技大学硕士学位论文，2023。

耿慧、焦华富、叶雷：《都市圈一体化研究进展与展望》，《人文地理》2022 年第 4 期。

刘晓元：《都市圈经济竞争均衡与城际通勤成本优化研究》，北京交通大学硕士学位论文，2022。

吴挺可：《都市圈空间发展特征、动力机制及优化策略研究》，华中科技大学博士学位论文，2021。

单强：《中国都市圈空间结构的通勤绩效》，天津大学硕士学位论文，2021。

汪光焘、叶青、李芬等：《培育现代化都市圈的若干思考》，《城市规划学刊》2019 年第 5 期。

张沛、王超深：《大都市区空间范围的界定标准——基于通勤率指标的讨论》，《城市问题》2019 年第 2 期。

207

李永昌：《基于顺风车数据的北京都市圈通勤特征及通勤分布模型研究》，2023年9月13日。

凌小静：《四大世界级都市圈交通出行特征分析》，《交通与运输》2018年第6期。

王晟由、王倩、邵春福等：《都市圈通勤出行行为特性分析与建模》，《交通运输系统工程与信息》2019年第5期。

B.15
构建均衡共享优质生活圈
促进都市圈共享发展
——基于南京都市圈、武汉都市圈、长株潭都市圈的
经验及启示

李 好 卢晓莉 廖茂林 刘培学*

摘　要： 构建均衡共享优质生活圈是新时代背景下促进都市圈高质量和可持续发展的新要求，契合"人民城市"的建设理念，具有丰富的理论内涵和实践需求。本报告分析了均衡共享优质生活圈的特征意义与建设必要性，并总结目前成都都市圈共享共建的现状基础与未来挑战。报告借鉴了国内三个典型都市圈在生活圈共享建设上的成功经验，在此基础上提出成都都市圈建设均衡共享优质生活圈的发展对策，并指出成都都市圈未来应在通勤交通、协同共治、文旅枢纽、特色均衡和平急两用措施等方面发力，使生活圈建设成果惠及都市圈内全体人民。

关键词： 均衡共享　优质生活圈　数字都市圈

　　面对"人民日益增长的美好生活需要和不平衡不充分的发展之间的矛

* 李好，博士，成都市社科联（院）党组成员、副主席、副院长，主要研究方向为国际经济学和区域经济学；卢晓莉，成都市社会科学院同城化研究所（城乡融合所）副所长、副研究员，主要研究方向为社会治理；廖茂林，博士，成都市社会科学院同城化所所长、中国社会科学院生态文明研究所可持续发展经济学研究室副主任，主要研究方向为可持续发展城市建设和绿色发展；刘培学，博士，南京财经大学副教授、硕士生导师，主要研究方向为区域经济、大数据与空间研究。

盾"，共享优质生活圈作为一种重要的规划创新手段应运而生，成为各地城市建设重点内容与重要民生项目。目前，中国的城乡人居环境存在一些问题，一方面是人们多样化的生活需求与公共服务设施之间的不匹配，随着人们对生活质量要求的提高，现有的公共服务设施无法满足人们日益增长的需求；另一方面，居民对更高生活质量的追求与实际居住环境和服务水平之间存在差距。生活圈这种新型规划方法旨在通过优化城乡发展布局、完善公共服务设施、提升居住环境质量，实现人民对美好生活的共享需求。不同于城市内部正在推进的"一刻钟便民生活圈"，"均衡共享优质生活圈"为解决大尺度区域城乡人居环境问题提出了新的要求。自2019年国家发改委发布《关于培育发展现代化都市圈的指导意见》以来，国内的都市圈建设着力深化公共服务领域合作，不断提升公共服务水平和质量，使同城化发展成果惠及都市圈全体人民。而随着都市圈发展面临全新的机遇和挑战，人们对于生活圈的要求逐渐上升至均衡、共享和优质等多个层面。本文将从成都都市圈建设均衡共享优质生活圈的现状和挑战出发，借鉴南京都市圈、武汉都市圈和长株潭都市圈的成功经验，为成都都市圈的进一步建设提供一些启示。

一　均衡共享优质生活圈的新认识

国家发改委印发的《2022年新型城镇化和城乡融合发展重点任务》中明确指出，要持续优化城镇化空间布局和形态，加快推进新型城市建设，促进城乡融合发展。这意味着都市圈的发展不仅要关注经济增长和城市建设，还要注重不同区域、不同人群之间的平衡发展。通过合理规划和优质资源配置，都市圈各个区域都能得到均衡的发展。因此，均衡共享优质生活圈的建设势在必行，成为促进都市圈发展共享的新思路和新任务。

（一）均衡共享优质生活圈的内涵与特征

1.均衡共享优质生活圈的内涵

对于生活圈，不同的学者有着不同的理解，这个概念最早源于日本，日本地理学界关于生活圈的认知是大都市个人的日常生活范围，而当这个概念传入中国，学术界对其展开了不同角度的解读：有的学者认为生活圈是城市居民的各种日常活动所涉及的空间范围，是一个实质性的城市化区域，而有的学者则认为生活圈是居民社会生活所构成的行为空间。而从规划标准的角度出发，可以把它定义为满足居民生活需求的居住区范围，即"维持日常生活而发生的诸多活动所构成的居住空间范围"。① 虽然目前学界对于"生活圈"已经进行了较为深入的探究，但鲜有研究是围绕都市圈的背景而开展的，生活圈的尺度范围一般为社区尺度和城市片区尺度，比如"番禺粤港澳优质生活圈示范区"就是重点围绕以祈福新邨为核心的14.5平方千米规划范围进行建设。

《成都都市圈国土空间规划（2021~2035年）》中提出了均衡共享优质生活圈的理念与要求，表明其在规划和城乡建设方面有着重要的实践意义。研究都市圈中的生活圈共享需要更高视野，在兼容社区共享生活的同时在都市圈区域进行顶层设计。鉴于目前学术界尚未对"均衡共享优质生活圈"的概念内涵提出界定或讨论，仅有部分研究在学习借鉴国外都市生活圈建设时提到了"美好""宜居"等目标要求②，但并未展开深入探讨，因此本文在公共服务共建共享和社会共享等相似概念的基础上对均衡共享优质生活圈内涵进行剖析。

都市圈尺度下的均衡共享优质生活圈可以定义为充分发挥核心城市能级，在都市圈层面注重均衡发展、资源共享，提供全覆盖的优质公共服务，满足城乡居民优质现代生活需求，均衡普惠提高生活质量，并具有较强安全韧性都市圈保障能力的复合生活空间体系。

均衡共享优质生活圈强调均衡发展。均衡发展是核心理念，都市圈致力于在城乡规划和社区建设中实现各方面的均衡，追求在经济、社会、环境等

---

① 柴彦威、李春江：《城市生活圈规划：从研究到实践》，《城市规划》2019年第5期。

② 李沛霖：《伦敦都市圈生活功能建设经验及对我国都市圈发展的启示》，《中国经贸导刊》2021年第21期；欧阳慧、李沛霖：《东京都市圈生活功能建设经验及对中国的启示》，《区域经济评论》2020年第3期。

各方面平衡的发展模式。同时，要在都市圈内率先实现城乡融合发展，推进城市基础设施向乡村延伸，构筑功能一体、空间融合、和美特色的城乡体系。

均衡共享优质生活圈注重资源共享。资源共享是重要原则，中国城市建设发展模式由"增量开发"向"存量更新"转变，在有限的资源存量下，必须实现资源的有效配置和高效利用。都市圈建设旨在推动区域间资源的合理配置和共享，实现资源的优化配置和高效利用，不仅鼓励居民生活圈之间的资源共享和互助，同时也倡导城市之间的公共资源共享，通过合作交流实现互利共赢。

均衡共享优质生活圈提供优质服务。优质服务是内在要求，现代化都市圈的培育发展需要重点关注公共服务的规划与配置，政府通过不断提升公共服务的质量和覆盖范围，倡导公平、高效、便捷的服务，以优质公共服务打造特色磁极，带动都市圈整体发展。

均衡共享优质生活圈提高生活质量。生活质量是重要任务，政府要求创造宜居、丰富、品质的居住环境，因此需要提供多样化的旅游资源和景点，开发独特的自然风景与人文景观，开展全民健身和娱乐活动，丰富多样化的娱乐社交体验，促进文化交流与传承，整合文化资源和组织节庆活动，从而促进居民的身心健康和全面发展。

均衡共享优质生活圈聚焦精明规划。社区生活圈是都市圈的细分单元，它更关注人们日常行为的频率，以及相应的空间服务设施等要素，它是城市发展和社会治理的基层单元，也是人民生活最密切的生活单元。因此聚焦社区生活圈的精明规划，是从人民的角度出发构建均衡共享优质生活圈，尊重都市圈居民的物质和精神需求。

均衡共享优质生活圈坚持韧性思维。可持续发展与公共安全是优质生活的基本保障，大都市区域的食品安全等问题需时刻监管，还可能会面临自然灾害、安全风险等各类突发事件，因此需要建立健全应急预案和风险管控，加强灾害防控能力，提高城市韧性，使生活圈在面临冲击和挑战时，可以快速恢复、适应变化并持续发展。

2. 均衡共享优质生活圈的特征

在都市圈层面构建均衡共享优质生活圈的主要特征，可以概括为以下三点。

（1）均衡发展是促进都市圈发展共享的重要前提

不同城市在都市圈内具有不同的资源禀赋和发展优势，促进均衡发展可以实现资源的优化配置和互补发展。一是均衡产业布局，通过合理规划和布局，鼓励不同城市发展不同产业，形成产业协同效应，实现产业链的完整和产业互补；二是均衡劳动力流动，提供便捷的交通和住房条件，鼓励人才在都市圈内流动，实现劳动力的优化配置；三是均衡公共资源，加强区域间连接互通，提升人员信息与物资流通的便利性，缩小城市间及城乡间的发展差距，扩大交通、能源、通信等基本资源的覆盖范围。

（2）共享共建是促进都市圈发展共享的重要手段

通过加强城市间的合作共建，可以实现资源共享和互利共赢。一是共建基础设施，共同投资建设基础设施，如交通、能源、通信等，提高整体的运输和通信效率，促进基础设施服务都市圈全域；二是共享信息，建立信息共享机制，促进都市圈信息交流和合作，建立大数据共享数据平台，实现城市数据的共享和互通，为决策提供科学依据；三是共建公共服务，优化公共服务资源配置，扩大公共服务辐射范围，让都市圈居民同享公共服务。

（3）优质服务是促进都市圈发展共享的重要推力

提供高质量、广范围的优质服务，主要体现在：一是提供教育服务，提供高水平的教育资源，让都市圈居民享受到全面优质的教育；二是提供医疗服务，建设现代化的医疗机构，提高医疗服务的水平和扩大医疗服务的范围；三是提供公共交通服务，建设便捷高效的公共交通服务网络，缩短都市圈居民的通勤和出游出行时间；四是提供文旅服务，策划丰富多彩的文化艺术活动，打造复合特色的都市旅游圈；五是保障公共安全服务，营造安全稳定的社会环境，将健康、安全、韧性全面纳入都市圈规划的各领域之中，保障居民的人身和财产安全。

（二）均衡共享优质生活圈的意义

1.均衡共享优质生活圈支撑和引领都市圈经济社会发展

建设均衡共享优质生活圈能大力推动都市圈发展。均衡共享优质生活圈能够提供高品质的生活环境和便利服务，吸引人才和资本流入，并且能够打造具有竞争力的产业聚集区，吸引各类企业和创业者前来投资和创业。这些企业和创业者将为均衡共享优质生活圈带来更多的工作机会和经济增长点，为居民提供更多选择和发展空间。同时，均衡共享优质生活圈的建设还能够提供良好的创业环境和支持政策，为创业者提供创新创业的平台和机会。这将促进创新创业的活力和创造力释放，推动都市圈创新发展。

建设均衡共享优质生活圈能引领带动相关产业发展。一方面，均衡共享优质生活圈的建设需要建设和完善各类基础设施，如交通、能源等，这将带动相关产业的发展，刺激就业增长，提升经济活力。另一方面，均衡共享优质生活圈的建设将带来更多的消费需求，推动相关产业的发展。例如，均衡共享优质生活圈提供高品质的住房、教育、医疗、文化娱乐等服务，这将刺激相关行业的需求增长。人们愿意在生活圈中购买房产、就读、享受高品质的医疗和文化娱乐服务，这将促进房地产、教育、医疗、文化娱乐等产业的发展。同时，均衡共享优质生活圈还能够吸引更多的游客和消费者前来，促进旅游、餐饮、零售等服务业的发展，从而形成良好的产业生态系统，提升都市圈的整体经济实力和竞争力。

2.均衡共享优质生活圈加强和深化都市圈产业联动协同

建设均衡共享优质生活圈能深化城市间专业分工协作。均衡共享优质生活圈不仅促进中心城市产业高端化发展，同时夯实中小城市的制造业基础，这样可以实现城市间互补的功能布局，促进产业的错位发展和特色化发展，形成一个协同发展、优势互补的都市圈经济体系。

建设均衡共享优质生活圈能完善产业链和价值链。均衡共享优质生活圈可以使不同城市和地区的优势产业相互依托和支撑，彼此之间形成互补，提升整个都市圈的产业竞争力。建设均衡共享优质生活圈强调产业的互补性，鼓励不同城市和地区的企业开展合作，形成产业链、供应链和价值链的协同发展。通过产业联动，实现资源共享和优势互补，提高整个都市圈的经济潜力和核心竞争力。

建设均衡共享优质生活圈能健全基础设施支撑。聚焦都市圈内基础设施的建设，包括交通、通信、能源等方面的建设，可以增强各城市和地区的互联互通能力，促进资源的流动和共享，可以实现都市圈内产业的联动协同，实现资源的共享和优势互补。

3. 均衡共享优质生活圈建设成为区域发展的指导方针

建设均衡共享优质生活圈能践行"以人为本"理念。在新的城镇化战略推行、社区人群的多样性增加以及居民对设施服务需求提升等一系列背景下，以往重视物质的、忽视人的城市发展观念发生了转变，开始转向以人为中心的发展观念。在人们重视个体需求的背景下，关注居民日常生活、结合物质和社会规划的均衡共享优质生活圈规划将是未来城市规划转型的重要方向。这种规划有助于实现公共资源的公平分配和满足居民不同需求，同时也促进了居民参与规划的积极性。

建设均衡共享优质生活圈能保障都市圈韧性底线。单一中心城市的发展模式容易面临冲击，人口密集的中心城市如遇重大事件可能面临较大风险，同时，一般中小城市和乡村的保障水平和能力受限。均衡共享优质生活圈的建设可以合理配置城市间资源，提高应急资源利用效率，提高各个城市应对突发事件和应急难题的能力，从而为谋求高质量发展、高品质生活打下坚实的安全保障。

二 均衡共享优质生活圈建设的现状与挑战

自成都都市圈获批建设以来，成都全面落实《成都都市圈发展规划》，而实现公共服务共建共享是成都都市圈建设的主要目标之一，至 2023 年，成都都市圈均衡共享优质生活圈的建设已经在教育、医疗、社会保障和公共安全保障等方面取得丰厚成果。但随着都市圈建设走上快车道，新时代对成都均衡共享优质生活圈的建设也提出了新的要求和挑战。

（一）成都都市圈优质生活圈建设的现状基础

目前成都都市圈的建设已经进入发展快车道，圈内建设卓有成效。圈内全面落实《成都都市圈发展规划》，成德眉资同城化综合试验区启动建设，完成起步期三年行动计划。2023 年成德眉资四市将重点实施 7 个医疗项目、6 个文旅项目和 1 个城市治理项目的建设，总投资超过 280 亿元，年度计划投资超过 47 亿元。[①] 成都都市圈围绕共享公共服务，突出均衡化、便捷化、人文化、品质化导向，整合资源制订发布成德眉资同城便捷生活行动计划，不断提升人民群众满意度、获得感。[②]

2021 年以来，成都都市圈突出基本公共服务便利共享、优质公共服务共建共享，先后推出三批次《成德眉资同城便捷生活行动》，涵盖交通服务、教育共享、文旅体育、养老服务、就业社保、医疗卫生等 10 个方面 80 项重点任务，一步一个脚印持续推动，逐步实现公共产品和服务跨市供给，共同打造便捷安逸的幸福家园，为成渝全域树立高品质生活的样板区，给都市圈人民群众带来了可感可及的发展变化（见表 1）。

表 1　第三批"成德眉资同城化"无差别受理事项清单一览

单位：项

事务类型	事务数量	事务内容	可全程网办数量	可异地委托数量	可线上领取数量
公共服务	21	学历公证、机动车驾驶证公证、学位公证、流动人员人事档案转出等	21	4	15
行政许可	36	企业设立、变更、注销登记，农业专业合作社设立、变更、注销登记	36	1	24

---

① 成都市发展和改革委员会：《推动成都都市圈公共服务共建共享，14 个项目总投资超 280 亿元》，2023 年 5 月 23 日。

② 成都市发展和改革委员会：《关于成都市 2022 年国民经济和社会发展计划执行情况及 2023 年国民经济和社会发展计划草案的报告（书面）》，2023 年 3 月 1 日。

续表

事务类型	事务数量	事务内容	可全程网办数量	可异地委托数量	可线上领取数量
行政征收	4	增值税适用加计抵减政策声明、误收多缴退抵税、车船税退抵税、纳税人放弃免(减)税权声明	4	0	4
行政处罚	2	电子监控违法处理、交通违法缴纳罚款	2	0	2
其他行政权力	2	增值税一般纳税人登记、跨区域涉税事项报告	2	0	2

资料来源：笔者根据资料梳理。

1. 成都都市圈发力推进教育发展共同体

成都都市圈开展成德眉资同城化教育改革创新试验区省级试点，探索共建全民终身教育区域网络体系，深入推进智慧教育、劳动教育、职业教育、教育督导等同城联盟发展，推进成都国际职教城、德阳产教融合试验区建设，支持职业教育联盟发展，联合争取成为国家产教融合型城市试点。成都都市圈深入推进"校对校"结对发展，加大教师（校长）互派跟岗锻炼力度，共享亚洲教育论坛、文翁大讲堂等论坛活动资源。成都都市圈整合都市圈教育实践基地资源，纵深推进研学旅行同城化发展，共享创业导师库和创业培训师资库，共同举办就业创业线上线下专项活动。自 2020 年至 2023 年，成德眉资四市结对学校由最初的 143 对增加至 280 对，高三学业诊断正逐步联合开展，随迁子女可在流入地接受义务教育。成都外国语学校德阳校区、电子科技大学成都学院什邡校区、四川音乐学院临空经济区校区美术学院相继建成投用，四川大学眉山校区正在加快建设，教育项目稳步推进，成都优质教育资源覆盖都市圈全域。①

2. 成都都市圈着力打造医疗协作共同体

成都都市圈推进医疗机构健康数据互联互通和"医疗卫生专家库"共

---

① 四川省推进成德眉资同城化发展领导小组：《都市圈这三年丨都市圈四地"如居一城"，便利共享的同城化生活圈加速成型》，资阳网，2023 年 8 月 10 日。

建共享，优化电子健康卡卡管系统，推动二级以上公立医院电子健康卡就诊"一码通"。圈内有序扩增检查检验结果互认医疗机构范围及互认项目，持续扩大医疗异地联网结算覆盖面，提升门诊特殊疾病直接便利程度。目前，四市实现了职工医保关系转移接续"一站式"办理，缴费年限实现互认，定点医疗机构异地就医直接结算应开尽开。自 2020 年至 2023 年，累计异地就医结算 922 万人次、医保支付 41 亿余元。在蓉三甲医院与德眉资医疗机构共建 18 个医联体、6 个专科联盟；四市 519 家公立医疗机构电子健康卡（码）互认互用，25 家三甲医院 99 项检查检验结果实现互认，互认项目累计惠及 53 万人次、减免费用 1600 万余元。

3. 成都都市圈致力塑造社会保障服务共同体

成都都市圈持续推进企业职工养老保险、工伤保险等待遇资格认证和企业职工养老保险、失业保险无障碍转移接续，持续拓宽"社保卡+"市民服务应用场景，实现长期护理保险失能人员等级异地评估。圈内联合开展养老服务机构评级，推动养老服务软硬件设施标准统一、等级互认，推动灵活就业人员住房公积金缴存试点，深化同城化区域公积金异地购房本地贷款支持政策。

4. 成都都市圈强力构筑生态环境治理共同体

成都都市圈协同开展林地建设、推进流域协同治理、加强大气污染联防联控，大熊猫国家公园、龙泉山城市森林公园建设和龙门山生态修复有序推进。自 2020 年至 2023 年，实现龙泉山城市森林公园增绿增景 20 万亩，修复大熊猫栖息地 12.71 万亩。探索建立成德眉资森林草原防火灭火预警监测平台，在与德眉资交界林区地带设置的 140 个林火视频监控点位已全面完成建设并投入运行。

（二）面临的新要求、新趋势和新挑战

尽管成都都市圈优质生活圈的建设已经取得了诸多成就，但从更高要求的均衡共享优质层面来看，其还存在一些问题：城市核心功能培育不足，区域辐射带动能力有待提升；生态环境保护还需加力加劲，绿色低碳转型发展

仍需持续用力;基层医疗体系建设和市民健康服务保障仍存在薄弱环节和工作短板;面对市民美好生活向往,民生领域补短板、公共服务促均衡等工作任重道远;面对超大城市安全发展新形势,缺少多方面的城市间公共安全保障机制,治理智慧化、精细化水平还需提高等。针对规划中提出的均衡、共享、优质的高标准,目前成都都市圈还面临以下新要求、新趋势和新挑战。

1. 新要求: 人民城市理念引领的新型城镇化

我国城镇化进入转型发展新阶段,以存量提质为主,城市发展方式亟须转变,城市发展面临的挑战与机遇并存。党的二十大报告提出,"坚持人民城市人民建、人民城市为人民,提高城市规划、建设、治理水平,加快转变超大特大城市发展方式,实施城市更新行动,加强城市基础设施建设,打造宜居、韧性、智慧城市",为新时期推进以人为核心的新型城镇化指明方向。

新型城镇化对均衡共享优质生活圈的建设提出了新要求。《"十四五"新型城镇化实施方案》中指出,要提升城市群一体化发展和都市圈同城化发展水平,促进大中小城市的小城镇协调发展,形成疏密有致、分工协作、功能完善的城镇化空间格局,分类推动城市群发展,有序培育现代化都市圈,健全城市群和都市圈协同发展机制,在提升大中城市功能品质的同时增强小城市发展活力。

2. 新趋势: 数字都市圈的智慧转型

《国家发展改革委关于培育发展现代化都市圈的指导意见》中明确指出,当前都市圈发展过程中,仍然存在一体化水平不高、分工协作不够等问题,而这些问题一定程度上来源于客观技术的限制,如数字平台和技术与社会实体融合的滞后、缺失。在国家大力发展新型基础设施建设之际,各项数字技术正在加快成熟,成为都市圈智慧转型的全新趋势。

城市边界、弹性的不断增大、空间区位与结构变化、功能转变与重组加剧,给超大城市带来了城市管理和社会问题的诸多挑战。数字技术可助力突破"大城市病"中的规模不经济困境,跨越物理限制,从居住、就业、商业等领域推动个体的变革,增加市民的幸福感。而公共服务共建共享是未来

都市圈成熟的重要标志。在未来，教育、医疗与政务服务等集聚于城市中心的公共服务资源，可通过线上的数字场景进行信息与服务的交互，从而缓解都市圈外围区域在这些方面的刚性需求。面对新一轮科技革命的机遇，成都都市圈如何利用数字化转型提供底座支撑，是迈向智慧城市的重要课题。

3. 新挑战：经济转型、社会变革与环境变化的三重交织

经济转型是一个关键挑战。经济转型的本质是通过结构调整和制度变革实现结构再平衡和结构升级。面对曲折向上的新经济格局，要稳步推进产业结构、消费结构等方面的转型升级，以结构转型赢得高质量发展的主动。这就要求成都都市圈要以服务领域为重点，促进现代服务业与先进制造业深度融合；适应科技结构升级趋势，深化科教体制、人才管理体制改革，释放科技创新潜力；适应城乡结构转型趋势，推进公共资源与生产要素双向自由流动的体制改革，加快完善城乡基础设施等。①

社会变革是一个重要挑战。其一，人口流动和城市化进程加速，人口集中到大都市圈内，居民需求不断增长，要求各大都市圈提供更好的基础设施和公共服务。其二，社会变革引发了产业结构的调整和转型，传统产业不断萎缩，新兴产业和创新型产业不断涌现，成都都市圈需要适应产业结构的变化，调整产业布局。其三，城市和农村之间的发展差距不断扩大，社会分层现象日益突出，成都都市圈需要解决城乡差距问题，提供公平的机会和资源分配，实现社会全面发展。

环境变化是一个紧迫的挑战。在全球气候变化不断加剧的背景下，自然灾害的突发性、异常性、复杂性也日渐增加，我国城乡灾害治理面临更为复杂的严峻挑战，而我国目前已形成以中心城市、城市群和都市圈为主体的城镇发展格局，人口、产业和基础设施的高度集聚加剧了城镇自然灾害的风险，而抵御灾害风险能力的地域性差异也日益显著。目前，成都都市圈应对重大突发公共卫生事件和自然灾害事件的能力有待加强，城市智慧韧性安全水平有待提升。

---

① 迟福林：《以结构转型推动高质量发展》，《经济日报》2023 年 3 月 30 日。

三 国内均衡共享优质生活圈建设经验借鉴

培育现代化都市圈成为国家推进城市群建设的突破口，其中在推动公共服务共建共享方面，南京都市圈、武汉都市圈和长株潭都市圈卓有成效。南京都市圈横跨两省，连通中东两大板块，衔接长江、淮河两大流域，是我国最早启动建设的跨省都市圈，其战略地位为"一高地一中心一区一圈"；武汉都市圈以武汉为圆心，覆盖周边八个大中型城市，其战略地位是以长江经济带为主轴的东中西部互动发展的关键接力点与推进器、内陆地区先进制造业高地和现代服务中心、促进中部崛起的重要战略支点；长株潭都市圈包括长沙市全域、株洲市中心城区及醴陵市、湘潭市中心城区及韶山市和湘潭县，其肩负着"三高四新"战略定位和使命任务，《长株潭一体化发展三年行动计划（2023~2025年）》涉及民生、教育、医疗、公共服务、资源覆盖共享等多个领域（见表2）。探索这些成功的发展经验，对于成都都市圈探索建设均衡共享优质生活圈，具有重要的现实意义。

表2 南京都市圈、武汉都市圈、长株潭都市圈和成都都市圈基本情况一览

都市圈	发展潜力排名	2021年常住人口（万人）	2021年GDP（万亿元）	面积（万平方公里）	规划获批时间	包含城市
南京	7	3529	4.67	2.7	2021年	南京、淮安、扬州、镇江、芜湖、马鞍山、滁州、宣城
武汉	12	2771	2.80	5.8	2014年	武汉、黄石、鄂州、黄冈、孝感、咸宁、仙桃、潜江、天门
长株潭	10	1484	1.79	1.9	2022年	长沙、株洲、醴陵、湘潭、韶山
成都	8	2761	2.50	3.3	2021年	成都、德阳、眉山、资阳

资料来源：笔者根据资料梳理。

（一）南京都市圈的均衡共享优质生活圈建设经验

1. 塑造一体化走廊叠加轨道交通的共建共享骨架

南京都市圈建设聚焦"同城化"和"高质量"。南京都市圈的一体化显然不会是单纯的"单中心一体化格局"。坚持极核带动、轴带辐射、多点支撑，都市圈逐步形成"一极两区四带多组团"的空间格局。其中"一极"为都市圈龙头南京市，强化辐射能力，发挥带动功能。"两区"为宁马滁、宁镇扬两个同城化片区，加快同城共建，起到先行示范。而"四带"为沪宁合创新服务中枢发展带、沿江绿色智造发展带，以及南北方向的宁杭滁和宁淮宣两条生态经济发展带。"多组团"为都市圈内的县城和重点镇，进一步加强顶层设计，配套公共服务，实现与周边中心大城市的共同发展。

都市圈生活共享以交通先行。根据《南京都市圈发展规划》，到2025年，南京都市圈将在基础设施互联互通方面位居全国前列，轨道交通将基本成网，南京与各城市之间的交通时间将缩短至1小时。此外，南京还将加快构建与其他城市一体化的交通系统，推动交通网络从基本的"互联互通"升级至"快联快通、畅联畅通、优联优通"，从而实现全面进入新时代的"轨道上的都市圈"。根据现有的城市群格局，南京都市圈可以分为"主要一体化走廊"和"次级一体化走廊"，多条走廊通过高铁、市域（郊）铁路和市内轨道交通共同构成层级分明的多级轨道交通发展模式。通往外市的宁句线和宁滁城际已通车，宁扬城际和宁马城际已正式开工。

2. 着重打造健康便民都市圈

南京都市圈发展规划提出了优化医疗卫生资源布局的措施，鼓励采取合作办院、组建专科联盟、远程医疗协作等形式，实现优质医疗资源的全域覆盖，并开放共享医疗卫生大数据。通过整合远程诊疗系统资源，鼓励各远程医疗中心高效对接，提高医疗资源的利用效率。同时，还将开展疑难疾病的联合攻关，建立疑难重症会诊和转诊绿色通道，确保患者能够及时获得高质量的医疗服务。统筹规划建设网络连通、信息共享的急救医疗体系和公共卫生应急管理体系。完善医疗保险异地就医结算信息沟通和应急联动机制，扩大异地就医直接结算联网定点医疗机构数量，有序推动药品目录、诊疗项目目录等统一。

案例：南京都市圈感染与肝病联盟成立

2023年8月，南京市第二医院（南京市公共卫生医疗中心）牵头成立了"南京都市圈感染与肝病联盟"，南京都市圈感染与肝病联盟学术会议顺利召开。联盟旨在集中都市圈范围内的相关病科专业力量，优化联盟成员的医疗资源，提升感染病及肝病的防治水平，提升预防、诊疗、科研、教学能力，联盟成立后优势互补、互惠共享、共同发展，不断增强南京都市圈在感染和肝病诊疗水平、医疗服务方面的核心竞争力，为患者提供分级、连续、节约、高效的医疗服务。

该联盟将致力于学术交流、院际会诊、人才培养、科研协作、慢病管理等多方面工作，打造转诊绿色通道，实现双向转诊，努力构建产、学、研一体化的感染病与肝病的诊疗技术综合平台和具有地区特色的疾病"分级诊疗"服务模式，实现资源互补与学科共同发展，更好地服务于广大感染与肝病患者。

资料来源：根据公开资料整理。

3.推动文化旅游合作发展

南京都市圈共同保护与传承金陵文化。南京都市圈以大运河国家记忆体系为引领，推动大运河代表性文物保护利用项目规划建设，共建大运河文化带和大运河国家文化公园。南京都市圈制定都市圈考古工作规划和政策，联合开展历史考古研究和文化遗产保护，实现都市圈地下文物的有效存护。南京都市圈加强历史文化名城、名镇、名村和街区保护，推动南京明城墙、江南水乡古镇等风景名胜区保护和申报世界文化遗产。

南京都市圈共建国际一流旅游目的地。南京都市圈依托圈内特色资源，推进全域旅游，联合塑造都市圈旅游形象品牌，探索推出"畅游都市圈""惠民一卡通""高铁+旅游"等文旅产品。南京都市圈举办宁镇扬马滁旅游

联合促销年会,共同办好南京名城会、宣城文房四宝文化旅游节、滁州中国农民歌会、中国盱眙国际龙虾节等文旅活动。南京都市圈推进智慧旅游建设,探索建设文旅大数据平台、旅游大数据信息库,实现圈内信息互联互通。大力发展"旅游+",推动文旅融合发展。[①]

4. 建立跨省级行政区区域治理新模式

2022年南京都市圈党政联席会议正式成立"南京都市圈建设办公室",这个新成立实体化运作的办公室分为综合协调部、规划协同部、科创产业部和公共服务部等十多个部门。全力服务好都市圈省际合作共赢,推动南京都市圈驶入高质量一体化快车道。

《南京都市圈发展规划》强调推动南京都市圈高质量发展,旨在形成跨省级行政区治理新模式,成为我国现代化都市圈建设典范。省级层面,苏皖两省发改部门联合印发了《推动南京都市圈建设省际合作重点任务》,从重大政策制定、重大载体平台建设、重大项目推进等方面加大省际协调推进力度,多角度多层次支持都市圈建设。都市圈层面,南京市与圈内城市共同商定年度工作要点,监督各项工作任务落实落地。这些举措有助于推动南京都市圈的发展,实现高质量发展目标,进一步提升区域治理水平。

(二)武汉城市圈[②]均衡共享优质生活圈建设经验

1. 开展政务服务"跨城通办"

武汉、黄石、鄂州、黄冈、孝感、仙桃、咸宁、天门、潜江等九城同步开设了"武汉城市圈通办综合窗口",联合推出了首批106项政务服务事项"跨市通办"清单,解决企业群众异地办事"多地跑""往返跑"难题,聚焦市场监管、公安、交通、民政、医保、人社、自然资源规划、公积金等领域。

武汉城市圈各城市以及武汉各区行政审批局均已在政务服务大厅设置

---

① 南京市人民政府:《坚持以人民为中心 打造幸福都市圈连锁化供给公共服务,有何可期?》,《南京日报》2021年5月6日。

② 武汉城市圈是由武汉、黄石、鄂州、孝感、黄冈、咸宁、仙桃、天门、潜江九市构成的城市联合体,武汉都市圈是武汉城市圈的主体部分。

"跨市通办"专窗。依托全省一体化政务服务平台，企业群众可实现内资公司设立登记、结婚登记等政务服务事项线上"一网通办"、线下"异地可办"。武鄂黄黄四城社保业务也可实现"一城通办"，四市第一批合作事项包括社会保险数据信息共享、待遇领取资格协助认证、灵活就业社保业务通办、工伤保险医疗协查合作、违规领取待遇异地协查等5个方面，逐步实现民生同保、资源共享。

2. 推动住房消费"互认互贷"

2021年9月24日，武汉等9个城市住房公积金中心共同签署了《武汉城市圈住房公积金中心关于推进住房公积金同城化发展的合作协议》，协议中坚持"九城即一市"的理念，发挥武汉城市圈的引领作用，推进住房公积金"政策互同、管理互动、系统互联、数据互享、风险互控、服务互鉴"，加快武汉城市圈住房公积金同城化发展。

在各城市公积金中心的共同努力下，住房公积金同城化发展取得了显著成果。武汉城市圈公积金中心搭建住房公积金数据共享互联平台，并于2022年12月正式上线运行。整合城市圈内各公积金中心的业务数据和信息资源，实现信息的互联互通、数据的共用共享，以此来实现数据的自动交流，减少职工的跑腿次数。同时，进行城市圈住房公积金自动冲抵异地贷款的可行性调研，为城市圈缴存职工带来更大的便利和实惠。这些举措将进一步推动住房公积金同城化发展，提升公积金制度的效率和便利性，为城市圈缴存职工提供更好的服务和保障。

3. 打造交通线网"优质服务"

武汉地铁坚持群众主体地位和问题导向，倾听市民呼声、乘客期盼，探索建立"地铁知心日"，通过实地走访、现场调研、专题座谈、征集建议等方式，充分听取、认真研究市民乘客的意见建议，探索建立了"乘客点单、总支配单、支部买单、组织评单"的"四级递单"工作模式。

全线网车站以"对标+特色"为原则，在武汉市"双评议"工作"十优满意单位"考评及重点窗口行业群众满意度测评的标准之上，9个方面对标创建"十佳车站"，收集市民乘客需求，以问题为导向，推出特色服务举

措，做实服务品质提升工作。

4. 推动旅游景点"跨城通赏"

武汉城市圈积极依托资源优势，围绕"旅游+生态""旅游+工业""旅游+农业""旅游+红色文化"，因地制宜推进文旅融合，深度开发旅游产品，讲好文化故事，吸引无数人到圈内"打卡"，感受其独特魅力。

武汉城市圈9个城市文旅局联合发行，武汉旅体集团腾旅科技公司建设、运营的"武汉城市圈旅游年卡"在首届中国（武汉）文化旅游博览会上首次亮相，由此开启武汉城市圈文旅产业发展新篇章。以武汉城市圈同城化为契机，科技赋能，通过"武汉城市圈旅游年卡"大力推进九城旅游"同城化"，这意味着武汉城市圈在旅游观光、文化体验方面实现"同城待遇"，无论是游览长江风光、体验江城情怀，还是探访刺激的互动项目，只需一张年卡即可实现365天内圈内相关景点随时随地畅游。其计划用三年时间打造成为拥有百万用户群体，兼具文旅服务、消费支付、线上预订、线下核销、精准营销、引客导流等功能，且覆盖全面、体系健全、功能强大、运转高效、使用方便的"一卡通"旅游年卡。

（三）长株潭都市圈均衡共享优质生活圈建设经验

1. 促进教育资源延伸覆盖

长株潭都市圈推进教育高质量发展。长株潭都市圈紧抓一体化建设的历史机遇，大胆探索教育优质均衡发展新路径，采取集团互建、资源互享、教研互促、学生互动、名师互教、管理互学的"六互模式"，推进"融城"基础教育深度合作，让优质教育资源在三地"流动"起来。长沙积极促进长株潭三市高端、优质职业教育资源需求全覆盖，助推优质职业教育资源共享，截至2022年，长沙所有职业院校均开展校企合作，开设预备员工制班级近100个，吸引近700家企业深度参与预备员工制培养，累计提供实习实训工位15000多个。[①]

---

① 《长株潭都市圈教育共享：为每个学生全面发展提供更好的教育》，澎湃新闻，2022年3月8日。

除此之外，长株潭三市教科院合作成立长株潭教研共同体，以教研年会为契机，围绕教研核心内容，通过多元研讨形式，推进都市圈教研水平共同提升。长株潭三市在合作办学、教研合作交流、打造研学实践基地、共建共享实习实训基地等方面合力推进，保证优质的教育资源辐射到长株潭都市圈的每一所学校。

2. 推进长株潭政务管理一体化

长株潭都市圈不断推进政务服务"跨域通办、一网通办"。长株潭都市圈制定都市圈数据共享和政务服务联席会议机制，制订《长株潭都市圈政务服务一体化和数据共享工作合作事项》，在网络一体化平台开设"跨域通办"专区，在都市圈各政务服务实体大厅开设"跨域通办"专窗，实现高频政务服务在长株潭跨域"网上办""指尖办""大厅办"。至2025年，长株潭都市圈将实现百项政务服务事项"跨市通办"；推进就业、社保等领域常用证照电子化归集应用，实现百种电子证照互通互认；逐步完善"跨域通办"线下窗口沟通协作机制。长株潭都市圈大力建设企业登记跨域通办系统，推广企业登记全程电子化办理，全面实现企业登记业务跨域通办。

3. 提升都市圈公共安全质态

长株潭都市圈注重公共安全一体化发展。长株潭都市圈统筹规划长株潭都市圈消防站、人防工程、防洪堤坝等公共安全基础设施建设，将危险化学品企业设置在远离城镇生活区的地带，使危险源远离城镇上风向和人口稠密地区。长株潭都市圈建立健全公共安全风险预测预警机制，组织开展都市圈安全"体检"，系统性评估都市圈致灾环境、致灾因子、危险源（点）、灾害控制能力和承受能力，确定风险等级高的重点区域、重点部门和重点行业，实施风险预警。湖南省应急管理厅与京东企业签订《应急物资保障战略合作框架协议》，在应急物资资源和仓储物流资源方面开展全方位合作，并建立合作保障机制、联络响应机制、风险防范机制，有效提升在应对都市圈内自然灾害类和事故灾难类等突发事件中的应急物资保障能力。

四 构建成都都市圈均衡共享优质生活圈的对策建议

借鉴上述的南京都市圈、武汉都市圈和长株潭都市圈的建设经验，围绕均衡共享优质生活圈的内涵特征，在此对成都都市圈的建设提出以下五点建议。

（一）统筹布局都市圈立体交通体系，构建通勤圈

与先进都市圈相比，成都都市圈的交通通达深度不足，打造立体交通网是推进均衡共享优质生活圈的基础。成都都市圈应加快健全同城同网交通体系，实施内联外畅交通网络提升工程，加快建设市域铁路成资线、成眉线，开工建设成德线，加快构建一小时轨道通勤圈，推动多层次、一体化、高服务的轨道交通体系融合发展。成都都市圈还应构建一体化智慧交通服务平台，加快建设集路线优化设计、企业集成管理、政策在线监督和移动终端信息传达于一体的都市圈交通信息共享平台。

（二）协同多元力量共建共享都市圈，营造共生圈

共建共治共享是新时代基层治理的基本要求，也是成都都市圈均衡共享优质生活圈建设的关键。成都都市圈应完善都市圈的圈层结构，分区推进都市圈协同发展，内核圈强化成都核心带动作用，紧密圈加快成德眉资一体化发展，外围圈加强城市间协作分工。坚持以均衡普惠、共治提升为导向，促进公共服务共建共享一体化；围绕实施要素市场一体化改革攻坚工程，推进公共资源跨区域、跨层级、跨平台交易；围绕实施稳定公平可及营商环境建设攻坚工程，持续推进政务服务事项"同城化无差别"受理，推动公共数据金融共享应用和信用成都都市圈建设。

（三）强化文化中心和旅游枢纽作用，打造文旅圈

成都都市圈应高质量打造文旅经济发展核心区，彰显都市圈魅力。成都都市圈应继续发展都市圈文旅联盟，共建世界重要文化旅游目的地和巴蜀文

化旅游走廊示范区，联合挖掘都市圈自然风光与历史文化资源，协同打造龙门山生态旅游休闲走廊、两汉三国—秦蜀古驿道文化旅游走廊、龙泉山生态休闲旅游走廊和成渝古驿道文化旅游走廊四条文旅走廊，共建世界级旅游胜地；继续打造旅游业产业链建圈强链，实施文旅产业建圈强链人才计划，引育文旅产业领军人物，推动文旅产业高质量发展。聚焦文旅消费新业态，如元宇宙文旅、城市度假、郊野露营、博物馆文创、文旅夜经济等，促进成德眉资四城形成强大文旅合力，助力打造四地房车、露营、自驾等文旅新动向，抓住新的旅游消费增长点。

（四）特色建设全域均衡社区生活圈，创造个性圈

社区尺度的生活圈是都市圈优质生活圈的关键落脚点，成都都市圈应注重社区生活圈的精细建设，有机弹性布局公共绿地内部要素，满足多元人群服务要求，注重城乡差异化特色治理，落实到公共绿地内部要素，建立长效的维护管理机制，塑造有机秩序的社区生命体，使社区生活圈公共绿地适应城市空间结构，保证具有公平性的系统网络布局。应战略性推进社区更新微基建，统一规划并明确"微基建"清单和项目建设指南，推进社区服务业态升级，建立市场化运营模式，广泛吸引民间资本参与投资；促进片区间互通互联，打通特色社区间流动脉络，全面激活社区活力。

（五）均衡建设"平急两用"公共设施，塑造韧性圈

成都都市圈应稳步推进"平急两用"公共基础设施建设，积极盘活城市低效和闲置资源，按需新建相关设施，补齐公共卫生防控救治能力建设短板，加快周边乡村振兴发展，为都市圈发展带来新的增长点。完善常态化公共卫生联动机制，协同构建重大传染病医疗救治网络，筑起都市圈人民生活保卫墙。成都都市圈应进一步提升应急物资储备管理，科学制定储备标准，建立健全包括重要民生商品在内的应急物资储备目录清单，合理确定各级各类物资储备品种和规模并动态调整，完善水电油气粮食等战略资源跨市应急储备和应急调度制度，强化安全稳定保供。

参考文献

汪光焘、李芬、刘翔等：《新发展阶段的城镇化新格局研究——现代化都市圈概念与识别界定标准》，《城市规划学刊》2021 年第 2 期。

高煜、张京祥：《后新冠时代的都市圈发展与治理创新》，《城市发展研究》2020 年第 12 期。

傅娟、耿德伟、杨道玲：《中国五大都市圈同城化的发展审视及对策研究》，《区域经济评论》2020 年第 6 期。

徐毅松、廖志强、张尚武等：《上海市城市空间格局优化的战略思考》，《城市规划学刊》2017 年第 2 期。

黄志强、甄峰、席广亮、李智轩：《南京都市圈日常人口流动网络结构特征及影响因素》，《人文地理》2023 年第 4 期。

金云峰、万亿、周向频、陈静：《"人民城市"理念的大都市社区生活圈公共绿地多维度精明规划》，《风景园林》2021 年第 4 期。

权威报告·连续出版·独家资源

皮书数据库
ANNUAL REPORT(YEARBOOK)
DATABASE

分析解读当下中国发展变迁的高端智库平台

所获荣誉

- 2022年，入选技术赋能"新闻+"推荐案例
- 2020年，入选全国新闻出版深度融合发展创新案例
- 2019年，入选国家新闻出版署数字出版精品遴选推荐计划
- 2016年，入选"十三五"国家重点电子出版物出版规划骨干工程
- 2013年，荣获"中国出版政府奖·网络出版物奖"提名奖

皮书数据库

"社科数托邦"
微信公众号

成为用户

　　登录网址www.pishu.com.cn访问皮书数据库网站或下载皮书数据库APP，通过手机号码验证或邮箱验证即可成为皮书数据库用户。

用户福利

- 已注册用户购书后可免费获赠100元皮书数据库充值卡。刮开充值卡涂层获取充值密码，登录并进入"会员中心"—"在线充值"—"充值卡充值"，充值成功即可购买和查看数据库内容。
- 用户福利最终解释权归社会科学文献出版社所有。

数据库服务热线：010-59367265
数据库服务QQ：2475522410
数据库服务邮箱：database@ssap.cn
图书销售热线：010-59367070/7028
图书服务QQ：1265056568
图书服务邮箱：duzhe@ssap.cn

社会科学文献出版社 皮书系列
SOCIAL SCIENCES ACADEMIC PRESS (CHINA)

卡号：919715668295

密码：

S 基本子库
SUB DATABASE

中国社会发展数据库（下设 12 个专题子库）

紧扣人口、政治、外交、法律、教育、医疗卫生、资源环境等 12 个社会发展领域的前沿和热点，全面整合专业著作、智库报告、学术资讯、调研数据等类型资源，帮助用户追踪中国社会发展动态、研究社会发展战略与政策、了解社会热点问题、分析社会发展趋势。

中国经济发展数据库（下设 12 专题子库）

内容涵盖宏观经济、产业经济、工业经济、农业经济、财政金融、房地产经济、城市经济、商业贸易等 12 个重点经济领域，为把握经济运行态势、洞察经济发展规律、研判经济发展趋势、进行经济调控决策提供参考和依据。

中国行业发展数据库（下设 17 个专题子库）

以中国国民经济行业分类为依据，覆盖金融业、旅游业、交通运输业、能源矿产业、制造业等 100 多个行业，跟踪分析国民经济相关行业市场运行状况和政策导向，汇集行业发展前沿资讯，为投资、从业及各种经济决策提供理论支撑和实践指导。

中国区域发展数据库（下设 4 个专题子库）

对中国特定区域内的经济、社会、文化等领域现状与发展情况进行深度分析和预测，涉及省级行政区、城市群、城市、农村等不同维度，研究层级至县及县以下行政区，为学者研究地方经济社会宏观态势、经验模式、发展案例提供支撑，为地方政府决策提供参考。

中国文化传媒数据库（下设 18 个专题子库）

内容覆盖文化产业、新闻传播、电影娱乐、文学艺术、群众文化、图书情报等 18 个重点研究领域，聚焦文化传媒领域发展前沿、热点话题、行业实践，服务用户的教学科研、文化投资、企业规划等需要。

世界经济与国际关系数据库（下设 6 个专题子库）

整合世界经济、国际政治、世界文化与科技、全球性问题、国际组织与国际法、区域研究 6 大领域研究成果，对世界经济形势、国际形势进行连续性深度分析，对年度热点问题进行专题解读，为研判全球发展趋势提供事实和数据支持。

法律声明